法庭天平的兩端一樣重嗎？

法庭實戰攻略

蘭天律師

著

目錄

推薦序

心繫社會的文藝律師

王泰升

與蘭天律師是大學同班同學，也曾經同樣是執業律師，只不過我在擔任律師一段時間後到美國唸書，從此轉行成為專攻台灣法律史的教授。有幸在出版前先看了新書《法庭天平的兩端一樣重嗎？》的書稿，也知道蘭天律師已經有《在多變的婚姻危機中找出路——山盟海誓比不過一張紙》、《正義是你想的那樣嗎？——訴訟實戰攻略》等書問世。閱讀後第一個感想就是，老同學還是在律師業務之外，找到其以文藝關懷社會之道。透過絕佳的生花妙筆，讓社會大眾在看故事的過程中，更加了解十九世紀末日本統治台灣後，方出現於台灣社會的現代司法制度。

從台灣法律史的視角，蘭天律師所做的，乃是台灣的律師，自日治時期即不曾缺席的「法律大眾化」工作。一八九六年七月十五日現代法院開始在台灣運作之後，就出現以法律專業知識，為他人處理法院內民、刑事訴訟的律師業。起初在台律師全是日本人，大體上自一九二〇年代起，台灣人律師社群逐漸壯大。其中如鄭松筠，一九二三年在當時專為台灣人發聲的《臺灣民報》上，開闢專欄，藉回答問題，教導人民使用現代法院。一九二八年，由住在台南的日本人律師福地信夫及其事務員劉邦漢等，創設以法律知識大眾化為旨，用漢文編輯、每月發行的《臺灣法律新報》。一九三二年，曾任律師之事務員的黃永章等人，在台中創辦另一份以法律大眾化為訴求的《民眾法律》（有日文版及漢文版），介紹與一般民眾日常法律生活息息相關的法律。為該雜誌撰文或擔任顧問的律師有十位（三位台人、七位日人），且分布於台灣各地。戰後的中華民國時期，亦曾出現這類推廣法律知識的雜誌。在一九八〇年代，也可看到以敘述故事方式解說法律關係的出版品，台大法律服務社即曾在報紙上連載「別讓你的權利睡著」專欄。其後更多律師投入故事型法律書籍的寫作。兼有文采及精湛法律專業的蘭天律師，當然是箇中翹楚。

在本書，沒有法律條文的敘述，卻可顯現一般人法律生活的真實面向。蘭天律師不但從維護一方當事人法律上權益之律師的角色，描述法庭上各種攻防，及其背後的考量或情境，讓一般人明瞭現代法院的運作實況；也從社會觀察者的眼光，表達各種對人、對事的看法。如此看來，本書的意義不僅止於法律大眾化，還蘊含著作者對人生、對社會百態的省思。

其實這本書也提供了一些「文本」，可供學術研究使用。例如書中以引述當事人說詞的方式，寫到：「看看檢察官會不會判我們勝訴」，充分顯露現代的檢察官制度，雖然一八九六年之後就正式引進台灣，但迄今台灣社會仍有很多人不了解檢察官的角色。按檢察官就好比是民事訴訟裡的原告，在現代法院的控訴制度下，只能指控對方，亦即被告，有不法的行為，而不能做出勝訴或敗訴的判決，那是法官的權力。我曾經在學術論著中指出，這不是社會一般人愚昧，而是國家的法制設計者刻意混淆法官與檢察官在訴訟上的角色及分際，自然讓漢人傳統的「包青天」觀念續存。試問在包青天的戲劇裡，有在分法官、檢察官嗎？這本書亦引用當下台灣人常掛在嘴邊的「恐龍法官」一詞，並敘述了許多堪稱「恐龍」的法官言行。但是社會上很少人提及「恐龍檢察官」，恐怕就是因為把檢察官也算入「法官」。這個現象使得台灣人民沒機會認真思考，究竟應採取如美國法庭劇般，檢察官僅是與被告及其辯護律師平起平坐的原告，法官為維護其中立性，僅能就檢察官所控訴的罪嫌、所提出的證據作裁斷，還是應像古裝劇中的包青天，法官可站在被告的對立面，調查檢察官未提出的證據，審理檢察官未控訴的罪行。到底這兩種司法模式，各有什麼樣的利弊得失？哪一種司法觀才是「恐龍」呢？

本書以個別律師的親身經歷，所描繪的司法運作情景，是否係普遍的現象？以學術研究的標準，尚待秉持社會科學的實證研究方法，就更多樣本進行包括變數間交叉分析在內各種量化的調查，以及深度訪談等質性的研究。不確知司法「是」什麼，如何奢談司法改革？同樣出於對司法的關心，從律師轉換跑道為學者的我，曾根據日治時期台北地方法院各數萬筆的民、刑事判決，在《去法院相告：日治台灣司法正義觀的轉型》一書，闡釋當時的法庭活動及一般人司法正義觀。蘭天律師則以另一種較為輕鬆、但更為親民的講故事方式，在本書引領社會大眾認識現代司法並為反思。

無疑的，這是一本適合各行各業、各年齡層閱讀的好書！

（本文作者為台灣大學講座教授兼出版中心主任、中央研究院台史所暨法律所合聘研究員）

推薦序

理性的專業法條成為感性的案例

馮亞敏

在新加坡國立大學商學院就讀時，讀到了許多商業案例；時尚產業領域中，我實際參與完成了許多時尚產業商業實例。在時尚產業工作中，與國際之間我們需要簽訂許多的合同及讀取繁複的條款內容及含義，一直以來我有位御用、專業的律師好友蘭天律師，陪伴著我及喜事國際時尚集團簽下無數的國際合同，給予我們專業指導與友誼建議。一份正式商業合同的完成是非常細節與繁瑣的，我們的共識是理解國際合同的內容，如何在國際法律的規則中，文字敘述方式中，完全理解合同是否反映甲乙兩方的共同目標。有專業律師並不是要對簿公堂，而是請律師給予我們在法律知識及在遇到有關法律困境中找到一盞明燈，覓得共同方向，保護自身的權利。

在勞工方面，同樣的想法，經營一家公司，我們想應徵專業的人才，專注的完成在組織架構中的工作目標、達成營業額。擁有一位理解經營者想法的專業律師，亦師亦友，也讓我們公司在處理勞工問題上，減少了許多勞資糾紛問題。在著作權的法律知識，是蘭天律師的專長，我們帶著時尚產業的經驗常常與蘭天律師學習與交流。這些年來有位專業律師好友陪伴成長，熟悉理解我們公司經營布局，在重要時刻給我們專業分析，平時也給予建議提點，這對雙方都是非常重要的信任關係。

近年來，蘭天律師的工作重心，一部分從訴訟案件轉移到教學演講，計畫推廣文創的智慧財產權的法律知識，還撰寫改編法律案例故事，讓我非常期待地想閱讀。好似福爾摩斯的精神，觀察、推敲、判斷、求證，這樣整理過的案例，如同一篇一篇的故事，更像是一部部的電影，讓讀者不是懼怕法律，而是成為生活常識，讀懂了，更可減少合約爭議。蘭天律師將理性的專業法條，轉化成為感性的案例，如同她本人的真性情；在時代的轉變中，蘭天律師為她個人一生所貢獻的律師生涯，創造了人生的價值。

（本文作者為喜事國際時尚集團董事長）

推薦序

司法改革成功的密碼

黃瑞華

這不只是一本律師的「法庭實戰」紀錄，更是一個司法的人性舞台；裡面潛藏司法改革成功的密碼，也有人生智慧的修煉。

法律是民主法治社會的日常。不管你喜不喜歡法律，它都如影隨行；而要不要進入法院，常常不是你自己說了算。每一個人都與國家的司法制度利害攸關；所以，司法不是法律人的，是全民的；司法改革不是法律人的事，是全民的事。司法改革的成敗，直接影響政黨競爭的結果。

二〇一六年初的總統大選，得票率 56.12% 的民進黨，大贏 31.4% 的國民黨 3,081,379 票。勝選者執政近三年後，二〇一八年底九合一大選，民進黨得票率僅有 39.16%，慘輸在野卻得票率衝到 48.79% 的國民黨 1,205,146 票。選票流失達 16.96%，來回票數有 4,286,525 票。這是令人驚駭的數據。從民進黨基本盤的流失，證明英仁配的執政或改革，不僅沒有開拓中間選票，更讓部分傳統支持者因失望而離開。

人民不滿意什麼？經濟方面，有客觀數據顯示英仁執政時期，經濟成長明顯優於前朝，而外交、國防的突破，更是有目共睹；是否因為司法、內政的改革，沒讓中間選民感動，卻讓殷切期盼的傳統支持者失望所致？實可合理懷疑。

小英總統就職演說談到：「司法無法親近人民、不被人民信任，失去作為正義最後一道防線的功能，是人民普遍的感受」，進而信誓旦旦要司法改革時，獲得人民最多的掌聲。由此可知，人民對司法改革期盼至深。但新政府執政迄今，完成全國司法改革國是會議，也立了勞動事件法、憲法訴訟法，並建立終審法院大法庭制度；這些究竟能帶給人民多少感動？人民是否更在意：不適任法官、檢察官的淘汰，開庭態度、裁判品質好一些，法官、檢察官更公正、客觀一些？

因為人民對司法改革「成果」無感，司法公信持續低落，司法院許宗力院長在今年司法節致詞時，無奈地說「司法至今彷彿命懸一線」；中正大學在今年二月底的民調顯示，只有21.9%的民眾相信法官可以公平、公正地審判。人民對司法的信任度，已創下歷史新低。

司法到底要如何改，人民才會有感？關鍵在執掌審判權、高坐法檯的「人」。也許「還權於民」，推動「陪審制」，可以挽救司法公信，也能實踐目前執政黨行動綱領的「建立陪審制度」承諾，洗刷對其選民的毀諾罵名。如果要由職業法官繼續掌握審判權，前面所述人民在意的問題，不能不被有效解決。

人民有接受公平法院公正審判的權利。這是我國憲法保障的基本人權，也是文明世界共通的主流價值。法官、檢察官行使職權時，法律與良心是外部及內部的界限，標準如何，一般人往往無法精確掌握；但是執行職務過程的外觀，看起來是否公平、公正，一般用人人具備的正義感情，就可以感受或理解，是檢驗的客觀標準。

法官、檢察官在執行職務時，至少讓整個外觀看起來公平、公正，讓法庭的天平兩端，看起來一樣重，是建立人民對司法信任的第一步，也是人民能獲得公平、公正審判最卑微的要求。讓人民感受法院的天平是公正不偏倚的，才有進一步相信司法的可能。這其實就是司法改革成功的密碼。

我們要問的是：當今的司法，不論院檢，有普遍做到嗎？當司法天平的兩端，有明顯的傾斜，而司法人又集體緘默，不正是侵蝕人民對司法體系信任的元凶？如果司法人現正集體承受信任低落的苦果，或許是之前種下的因，結成今日的果？除了盡速建構司法體系內的自省、自律文化，還能怨誰？

同窗好友蘭天律師，她撰寫的這本《法庭天平的兩端一樣重嗎？》，以說故事般的生花妙筆，讓讀者輕鬆進入法庭劇場，觀賞一部部人生的法律故事。

她以細膩的觀察、發人深省的文句，從靈魂深處透析法庭劇場中每一位參與者的「演出」。這個劇場不大，但裡頭有訴訟技巧，可以做新進律師的教戰手冊；有人性的光明與黑暗，可以學習人生的豁達；有司法人的鏡子，可供學習與自省；也可以是一般非法律人親近司法的有趣橋樑。

相信書裡的故事，都會讓人不忍釋手。

（本文作者為最高法院法官）

推薦序

每個人都該有個對的律師朋友

蕭雅全

有兩種人叫你做事你就做，不要討價還價，討價還價對自己不好：一個是你的媽媽，一個是你的律師。蘭天律師很客氣問我，可以幫她的新書寫序嗎？

你說呢？

來吧，從哪裡開始呢？從與律師當朋友說起吧。人能力有限，比如你很會做菜，但搞不定電腦——不論當機，中毒，或想裝免費軟體（別讓律師知道）——所以我們常說：「一定要認識個懂電腦的朋友。」更年輕的時候，為了想補強別種能力，我們說：「一定要認識個讀女校的朋友。」現在，身處現代叢林，我們則說：「一定要有個律師朋友。」

但我們多半說說而已，並沒真的有。

我發現若統計全球笑話，最熱門的主角不是小明，是政治人物，極權警察，神父，以及律師。這表示很多人與我相同，認定律師是對面國的人，覺得自己被律師欺負的機會高過被保護，於是廣用精神勝利法來修理他們。我無法解釋別人或我心裡為何存在這條界線，可能我認定律師在乎的，正好與我在乎的顛倒。

但蘭天律師喜歡音樂，喜歡電影，認識之初，她對我提了一些她對台灣音樂的看法，不是法務的，是審美的，那些內容擄獲了我的心。

很久以前，我認識一個在國外讀書的人，我問她就讀科系，她覺得很困難解釋，就這樣對我說：「這世界有兩種人，一種負責寫秩序，一種負責遵守，我是學習前者的。」我至今仍沒搞懂她學的是什麼，但那個答案深深威脅著我。是的，依照《人類大歷史》一書的說法，智人虛構出許多信念與秩序，並讓人據以生存發展。那麼那些信念與秩序，你要嘛不理會，要嘛得了解，或至少有個了解它的朋友。

我是個藝術學校畢業的人，校園教育教導我如何面對自己，但不太教育我如何面對他人。世界紛亂，於是很多藝術人到了職場，不知該如何與雇主買家議價，或不知該如何拒絕被拗，更別說面對甲方所提，每個字都認得但其實完全不識的合約。

這樣無助的感受，我很深刻，在複雜的影片創作競合世界更是如此，於是理想的秩序，格外是安全的磐石。正如蘭天律師在她前作《如何面對合約》的觀察，我與我的同類（雖不見得是藝術天才）多半是「法律天兵」無誤，然而身處法治世界不識法律，實在很難保護所愛。人家說「為母則強」，我自覺必須學習現代叢林的法則，且決心與它一搏，正是來自想保護創作嬰孩的動機。

蘭天律師為我的創作提供了很多保障，從那刻開始，我不太開律師的玩笑。也許她隱隱地把我拉到線的另一邊，讓我感到安全。她的著作描寫了許多天兵的故事，我很慶幸現在她是詢問我可否代寫序，不是詢我可否入書？（或者其實我已在書裡？）

每個人都該有個，對的律師朋友。

（本文作者為電影導演，作品《范保德》）

自序

自學校法律系畢業，轉入職場，開啟執業律師的生涯，成為人生重大的轉捩點。從法律條文到真實人生，其間有著巨大的反差！雖然在學校上過審判實務的課程，也曾參與法律服務社，聆聽民眾訴說案情，追隨老師提供法律意見；但真正進入司法界，面對當事人一樁樁奇特苦難的案件，才真正感受到民間疾苦，體會人心嗔癡貪欲交織引發的衝突，甚至陷入良心與現實的掙扎、法律與人性的角力中。

「律師」一般被認為是自由業——接案自由、身分自由，可是人們卻不容易看到律師辛苦的一面，有位同道描述得較貼切，他說：「我們律師執行的業務是煩惱業，而且是專為別人煩惱！幸運的時候就解決當事人的煩惱；不幸的時候，當事人的煩惱就全變成自己的煩惱。」就在層出不窮的煩惱中，我們接受託付，引領著當事人走出生命的泥淖，嘗試突破法律的困境，謀求紛爭解決方案。

當事人來到事務所討論案情，通常須先經歷一段重啟傷口講故事的過程，讓律師在傾聽當事人的傷心往事之際，抽繹淬煉訴訟上的有利事實，作為攻防的利基。如果當事人夠誠實，願意同時揭露不利的事實，更能讓律師周全地評估案件的成敗，提前準備法庭攻防之道。然而有些當事人為了避免遭受心靈傷痛、情緒潰堤；或擔心律師產生負面印象，因而辯護不力；或當局者迷、感情用事，選擇性地面對部分真相，而逃避自己不想或不敢面對的殘酷一面，甚至掩蓋事實、隱瞞證據。等到日後法庭上發生關鍵性轉折慘況，導致案情翻轉，敗局底定時，又來搥胸頓足，悔不當初，甚至責怪律師、懷疑法官、怨天尤人……，讓我們慨嘆之餘，只能無語問蒼天。有時無法接受當事人的作風與想法，很想拒絕接辦案件，一位修佛的長輩說：「在妳執行業務的過程中，會來到妳面前的案子與當事人，都是跟妳有因緣的，妳就好好去渡他們，也等於在渡妳自己吧！」於是二十幾年下來，學習渡人，同時在觀天、觀地、觀眾生中，勤懇尋覓自我的終極解脫。

民眾鼓起勇氣走進法院，有時不是為了打贏官司而發聲，只是祈望把事實講清楚，爭取公平正義……。然而法官是人，不是神，卻須判斷人世間的是非對錯，偏偏各項「事實」送到法庭裡，大多經過包裝、設定或重新解讀，法官通常是審判庭中距離事實最遙遠的人，卻必須判定事實的真假虛實。讓人不禁懷疑，人類的司法制度真的可以伸張公平正義嗎？

身為律師總是期盼能透過法律程序的進行，是非善惡在司法的天平昭示精確的判定。自己內心深處有著法律人天生的正義感，希望善有善報，惡有惡報，更期許法律的責罰可以藉由法官的智慧判斷，達到懲處惡人、保護善類的目的；然而錯誤的判決或粗糙的和解，時而打碎了我對善惡分明的期待，最終惡人未受懲罰，善者未得彌補，心中的天平蒙塵了。於是案件結束了，心裡卻無法平衡，落寞失意……。不禁思索著，律師追求的最終境界是什麼呢？打贏官司、判決定讞還是和解落幕？

當事人的官司打到最後，有時已經不是財產保衛戰的議題，而是要不要爭這一口氣的決心——是可忍，孰不可忍？然而人生一定要經過這些惡性循環，悲劇的輪迴嗎？當兩造纏訟多年，兵疲馬困之餘，如若律師適時透過和解程序，引導當事人終結仇恨，放下恩怨，達成和解，帶來圓融的結局，也許心靈傷口可以不再惡化，生命才能往前走。倘使和解是訴訟的最高境界，是否所有的案件都可以藉由和解達到息訟解紛的目的？設若「和解」是法律人最值得推動的目標，為何社會人心以勝訴比例來衡量律師的能力與價值，卻忽視律師推動和解的心力與能耐？為什麼大學法律系師長極力教導我們如何善用法律條文，幫當事人爭取最大利益，卻沒指點我們如何盡力追求圓滿的和解？

人世間法庭的程序能戰亦能和，那麼天上的法庭呢？天道最終是期待訴訟分辨是非、判斷對錯，還是和解止息紛爭呢？中國傳統觀念認為「訟則終凶」，在二十一世紀的現代，我們要如何看待訴訟呢？審判過程中法院釐清事實真相，調查案情明確後，法官就該直接進入法律的價值判斷、決定輸贏嗎？還是在深刻感受到當事人內心深處的衝擊與糾結之時，可以耐心勸諭兩造進行和解，試著放下心結與我執，用原諒與接納和平解決一切的不公不義，使惡業不再輪迴作用，人生得以圓滿。

執行業務二十幾年來，一直深信公平正義可以在法庭實現，縱使歷經當事人惡鬥算計、對造律師失德卑劣、承審法官偏執怠惰、案件蒙塵誤判，訴訟程序中司法天平不完美地傾斜，原告被告不斷受到衝擊傷害……，我們法律人依然努力尋求符合公理正義與道德良知的平衡點。雖然每一樁訴訟難以滿足各方的期待，但仍忠誠勤奮辦案，期許台灣愈來愈清明的司法，可以為受冤屈的民眾帶來公平的審判，彰顯正義於人間！

二〇一九年五月四日

勝負之間——洩密侵權案

「泉水滴穿石，點點無差池」，古老諺語流傳在二十一世紀依然生動靈驗，因果業報在人生的帳本上計算得分毫不差。倘使大企業濫用了司法機制，胡亂報仇，針對小員工窮追猛打，企圖殺雞儆猴，終將賠上公司的金錢與形象！「司法」這把雙刃劍不是任何人可以亂砍濫殺的，出鞘的劍有時會折回傷了自己……。

去年政府開放電信5G執照，電信市場逐漸進入戰國時代，群雄割據，擁兵自重，新興業者拚命挖角，大將重臣伺機跳槽，行銷、財務、技術人才形成大搬風。新公司重金禮聘、老字號力保人才，威脅利誘，無所不用其極，老東家一俟員工帶槍投靠敵營，立刻發動司法戰，藉由民、刑事法律訴訟途徑，濫殺無辜，因而二〇一六年終、二〇一七年初法院湧入不少違反營業秘密法的侵權案例。

我的當事人——電信公司的高階主管也成為這一波鬥爭的被害者，他在轉換職涯跑道，任職新公司之後的一個月就收到法院傳票。剛開始是刑案傳票，檢察官通知他出庭說明，因為公司提告，認為他利用公司的公務電子信箱將公司的機密資訊寄送到個人信箱，有涉及違反營業秘密法的嫌疑，公司還同步向民事庭訴請違約賠償。他自認從無任何違法行為，於是面對刑事案件的追訴，自己到地檢署報到，法警帶他進入不公開偵訊的偵查室，當庭遭受舊公司委任的律師輪番攻擊，檢察官竟然也一面倒地指責被告：「你如果沒有不良企圖，為什麼要把公司的行銷話術寄到個人信箱？是不是準備寄給新的公司，或是已經寄了？如果有做，就承認吧，我還可以給你緩起訴；不要一味地否認，以後真的被起訴，公司追究下去，你會賠不完！」

被告心裡納悶著：檢察官可以這樣推測被告的動機嗎？不是說刑案「罪疑惟輕」，每一個被告在證實有罪之前，都有權被「推定無罪」，為什麼檢察官偵訊一開始，就用有色的眼光看待被告？

這位高階主管第一次接受司法偵訊，即遭檢察官重度不信任，語帶威脅，多方質疑，他不僅沒被嚇住，還鎮定地回答：「只是寄到我自己的 hotmail 信箱，當時我根本不認識新公司的人，也沒寄給其他任何人，公司怎麼會告我洩密呢？」

「寄到自己的信箱當然不行，我們公司有叫每個員工簽承諾書，裡面規定不可以使用公司郵件信箱寄送公司機密。」公司的律師與檢察官一唱一和，一邊翻出卷宗資料，呈交檢察官當庭查看。

「被告這是你在五年前進公司時簽的對不對？公司規定很明確，你是知法犯法。」檢察官微慍質問被告。

「這份承諾書是我簽的沒錯，可是當時上班的第一天，人資室的主管就叫我們簽一疊文件，否則不能辦健保、勞保，登錄人事資料。我當時有反映承諾書第六條訂得不合理，員工為什麼不能利用公司電子信箱傳遞公司訊息或機密文件？那麼公司的人事公告、會議紀錄、專案報告、產品目錄，這些文件怎麼傳送？難不成都要印出紙本一份一份交給每個員工？人資主管告訴我說那些規定只是形式，不用管它，簽了才能正式報到，我只好簽名了。可是這種規定很不合理，我們整個公司從老闆到工讀生，大家天天都用公司的 e-mail 在寄公司資料，也沒聽說誰被公司告過！為什麼我一離職就找我開刀？如果我這樣算犯法，那連老闆都犯法了，全公司都成了被告，為什麼只告我一個人？」被告高調喊冤。

檢察官面無表情地說：「公司其他人我不管，我只管這個案子，你既然簽了承諾書就該遵守，你剛剛也承認有寄這些文件出去，這樣就觸犯了營業秘密法，你有什麼證據要調查？」

「檢察官，我沒有寄『出去』，我只是寄給自己，這樣不行嗎？我是業務主管，成天在外面跑，要跟廠商說明我們公司的行銷政策，有些優惠或是配套措施，我到加盟店或客戶的公司需要打開電腦資料來參考，並沒有再轉寄給別人，公司說我洩密，要拿出證據啊！而且那份資料是兩年前的舊資料，我如果要給新的公司示好，為何不偷偷給最新的資料？電訊業的技術與行銷日新月異，別的競爭同業誰會要這種舊資料？公司只是不滿我跳槽，要秋後算帳而已！」被告冷靜地答辯。

「我不想知道你們公司之間的權力鬥爭，我只負責調查你是否洩密。」檢察官冷漠地回應。公司律師伺機見縫插針，強調被告離職前的可疑行徑，以及離職後不到一個禮拜就轉任新公司的營運總監，必然攜帶大量公司機密作為跳槽的籌碼。

「告訴人胡說瞎猜，當時有好幾家公司找我談，我是辭職後才去新公司 interview 的，律師講話要憑證據，不然我要控訴公司誣告。」雖然被告力持鎮定，但在氣氛肅殺的偵查庭孤軍奮戰，面臨告訴代理人的舉證歷歷、檢察官的嚴峻冷漠，平日口才便給、舌粲蓮花的他居然心情沉重到無法為自己辯解，開始後悔沒接受新公司法務的建議，選任可靠的律師陪同出庭，為他辯護。

檢察官一張撲克牌臉，轉向告訴代理人說：「告訴人有沒有其他證據要聲請調查？關於你們主張被告未保守公司營業機密部分，請再進一步舉證，並請說明承諾書第六條的法律上效力，以及員工寄送公司資料到個人信箱，是否構成洩密的法律評價，一週內具狀陳明。」檢察官表明不介入非法律面的問題，只交代本案的調查相關事項，就指示退庭。

當事人受此驚嚇與壓力，翌日就在妻子陪同下來到我事務所，以驚人的記憶力回顧昨天的偵查庭訊，唱作俱佳地轉述檢察官的嘴臉與對方律師的強勢作風，最後不放心地問道：「律師，我會被判有罪去坐牢嗎？」

「不會啦！檢察官只負責調查案件，決定要不要代表國家提起公訴而已，不會給你判有罪或去坐牢。如果檢察官真的認為你有洩密的犯罪嫌疑，也只是提起公訴，把全案移送法院，刑事庭法官受理後，必須重新調查，才能決定判你有罪或無罪，縱使判有罪，也可以上訴，不會那麼快就去坐牢的！」我邊解釋邊安撫他的情緒，當事人激動的神色慢慢和緩下來。

「不過，你倒是挺有勇氣的，在檢察官面前敢為自己作這麼多辯解。一般被告在偵查庭看到檢察官一面倒，就緊張害怕到語無倫次了，你還能理性分析洩密案的重點，真不容易！日後刑案你還是自己出庭，以你的表達能力，以及第一次開庭的答辯方向，應該沒有多大問題。」我先給當事人肯定，再解釋他真正要委託的民事洩密違約賠償案的答辯策略。

我分析道：「原告的起訴狀提到請求賠償違約金的依據，是你簽署的僱傭契約與承諾書，我想這兩份文件都是你親自簽署，因此關於文書形式真正，我們被告這一方不爭執，要爭執的是效力問題。你在偵查庭說得沒錯，承諾書第六條執行上是有問題的，公司人資主管當初在你強烈的質疑下還是要求你簽署，確實會發生民法第二四七條之二定型化契約顯失公平的問題，我們可以據此主張這個條文無效，公司請求權的基礎就動搖。再來是僱傭契約第七條只有規定公司機密訊息不可以揭示或洩漏予『第三人』，所謂『第三人』指的是僱傭契約甲方（公司）、乙方（員工）就是你本人以外的人，既然這些檔案你是寄到個人 hotmail 信箱，原告無法證明你有寄給別人，特別是後來任職的新公司，就無法主張你洩密，除非法官採取的法律解釋是禁止員工寄信到個人信箱，不過這樣很不合理，承諾書第六條禁止員工用公司電子信箱寄信，一旦使用就構成違約；可是如果員工用公司以外的信箱寄電子郵件更是違法，一樣要賠償。那麼請問你們到底要如何傳遞公務訊息呢？公司這麼不切實際的規定，員工動輒得咎，如何執行職務？」

「律師妳分析得很精確，而且挑出這兩份文件矛盾之處，我以前在公司不覺得承諾書與僱傭契約的兩個規定一起用居然會自相矛盾，現在經妳這麼一解析，發現公司簡直是強人所難，不知道法務室在幹什麼，怎麼會訂出這種莫名其妙的條文！」當事人立刻進入狀況，完全聽懂公司嚴密的規定中發生的疑義。

「我會在答辯狀中，先指出原告公司僱傭契約與承諾書違反民法之處，主張這些條文無效，原告不可以根據這些條文來求償，這是我方答辯的第一道防線。如果法院不接受這樣的主張，我們的第二道防線是強調你只有寄檔案到個人信箱，並沒有違背僱傭契約所謂寄到『第三人』信箱或提供給第三人。最後還可以要求原告舉證我方洩密的事實，因為從起訴狀以及你在刑事案件出庭接觸的資料可知，公司並沒有掌握到任何你提供營業機密給新公司的事實或證據，而且實際上你也沒洩密嘛！」我逐一整理訴訟策略與答辯方向，當事人頻頻點頭，擔任行銷業務工作的人似乎特別能透過傾聽獲得資訊，並且同步理解律師的專業意見。一席話下來，當事人完全接受我的建議，一週後答辯狀撰擬妥當，經當事人確認內容無誤，我就直接送法院，等候法官通知開庭了。

沒想到一等就是半年，中途曾數度電詢民事庭書記官案件進度，她只回覆法官通知原告補資料，原告律師補正不完整，所以還要再等一個月。終於在一個半月後接到言詞辯論開庭通知，當事人表示上次開庭的刑案石沉大海，並無進度，這件民事違約案他不想出庭，因為極度不能接受原告律師在法庭上張牙舞爪的霸道作風，不希望再與他們短兵相接，對簿公堂。

於是民事違約金賠償案件第一次開庭，我單刀赴會，出乎意料地審判長居然在長達兩小時的言詞辯論後一庭結案，其間法庭攻防與審判長的處斷令人訝異。承審法官非常資深，才有可能作成如此俐落的訴訟指揮，給了這些知名事務所仗勢欺人的大牌律師慘痛教訓！

法官一開庭劈頭就問：「原告為何上次本院通知說明請求權依據，前幾天你們送到法院的陳報狀卻未寫明？這份陳報狀的內容我也看不懂。」

原告律師有點心虛地答：「主要是依勞動契約第十條請求被告賠償違約金，其餘寫錯，我們再補正。」

法官再問：「原告訴之聲明第二項關於要求被告不得使用公司機密資訊的部分，你們寫得不完整，為何未補正？」

原告律師提出詭異的理由：「因為我們公司律師團還有歧見，下次再具狀說明。」

法官開始不悅：「之前通知你們補正，已經拖了三、四個月了，這個案子是不是要等到你們律師群統一歧見，一年後才能進行？目前你們起訴狀訴之聲明（法律專門用語）的寫法如果寫在判決主文，日後根本無法執行，如果原告不及時補正，我就可以立刻駁回。」

原告律師見狀立刻回應：「我們會盡快補正。」

接下來法官請被告答辯，我起身逐一說明答辯重點：「本案去年八月就起訴了，原告卻拖到今天才提出所謂被告洩密的檔案，顯然是在延滯訴訟。原告主張被告洩密，卻未舉證如何洩密給第三人，而且今天提出的書狀關於洩密之影響，都是以假設語氣說明，根本沒有證明公司造成什麼真正的損害，更無法證實被告因洩密而違約。」

法官似乎也認同我的答辯理由，進一步問對方：「原告關於主張被告洩密之事實，有何陳述？」

原告律師趕緊回應：「我們不是主張洩密，而是依據勞動契約第七條第二項規定，主張被告未經公司書面同意就複製系爭機密文件。」

我逮到機會攻擊：「原告今日提出書狀第二段皆寫明被告洩密，現在又說不是告洩密，只是不當地複製機密文件，為何原告兩位律師意見不一致？這樣我們被告如何答辯？而且被告只是寄送電子郵件，而非複製，根本沒有違約。」

法官臉上有了疑惑的神色，問道：「如果舉例來說，假設被告用公司電子郵件寄送資料到個人信箱，結果參考該資料後，為公司爭取一千萬元的訂單業績，公司還要處罰他嗎？」

原告律師顯然深不以為然，當庭批評法官：「台北地院如果支持這樣的看法，對於業界負面影響很大。」

法官聽了更加不悅，立刻指出：「我作這樣的假設只是要提醒你們，原告要檢討公司規定的合理性，為什麼原告訴代就作如此的批評？」

原告律師警覺惹惱審判長，立即堆起笑容，澄清方才的說辭不是針對審判長。法官疾言厲色地說：「你剛剛說『台北地院』，在這個案子、在這個法庭，我就是代表台北地院。」原告律師無言以對。

法官又提問：「關於勞動契約對於員工的處罰，是否要參考侵權行為究責原則，請原告陳述意見。」原告律師顯然沒準備，只好表示庭後再具狀說明。

法官於是轉向我問：「關於原告提出勞動契約第七、十條及承諾書第六條為本件之請求權基礎，被告有何意見？」

我說：「這些條文都顯示原告的勞動契約是定型化契約，被告簽署時無法提出反對意見，必須全部接受，否則無法進入原告公司任職。而且承諾書第六條約定員工不得利用公司的電子郵件傳送公司的機密資訊及內部訊息，違反業務需求，也不符合公司實際營運需求和業務操作，原告公司每一位員工每天幾乎都用電子郵件傳送公司訊息，是否每一個人都違約，必須賠償？倘使被告用公司的電子郵件傳送訊息，依承諾書第六條規定構成違約；被告如選擇用外部信箱傳送公司機密訊息，依僱傭契約第七條、第十條也是構成違約，員工動輒得咎，無所適從，也無法執行公務，顯示這份勞動契約非常不公平，依法應屬無效。」

法官問：「原告公司的員工是否有使用公司電子郵件傳送機密或內部訊息？」

原告律師拒絕作答，只表示：「此問題與本案無關。」一臉倨傲，真不知他們把法官當作什麼？對於法官與法院心裡有無一絲尊重？

法官看起來使勁兒忍住怒氣，再度詢問：「原告是否拒絕回答？」

原告律師依然堅持立場，答稱：「這跟被告違約責任無關，我方毋需回答。」法官作了結論：「請原告在法庭上坦承相對，勿任意拒絕回答問題，消極抵抗，本件原告對於侵權的主張需負舉證責任，上次通知原告陳報數項問題皆延宕未提出，剛剛又拒絕回答問題，我很遺憾！本件今日結案，三月三十一日宣判。」

原告律師聞言，臉色大變，立刻站起來婉言懇求法官給予機會補陳書狀，聲請調查相關證據。

法官搖搖頭說：「現在庭期已結束，剛才給你們很多機會，是你們拒絕，所以本院認為毋庸再調查。」

大事務所的知名律師在法庭上傲慢的態度，不敬業又不專業的處理手法終於踢到鐵板。法官宣布退庭後，原告律師們像鬥敗的公雞，沮喪地走出法庭。

我心裡想著，通常法官一庭結案，結局大好大壞，不過這個案件法官的態度及調查的方向，應該對我方被告有利，回到事務所告知當事人今日開庭的震撼歷程後，就靜待法院判決了。

兩週後，法官宣判原告之訴駁回，我們勝訴了！

小員工對抗大公司——員工洩密案

大企業惡鬥，小職員遭殃，無奈法院為大公司背書，以判決譴責離職員工違背保密條款、帶槍投靠，令人扼腕！

她來事務所辦理案件委任手續時，剛辦完出國簽證，公司要外派到歐洲出差半年了，她說：「沈律師，公司法務交代我來拜訪您，在我下週出差前辦好上訴的委任手續，跟您說明案情，律師才能幫我上訴、寫狀子，不然到時候我出國，人在飛機上或國外開會，又有時差，要聯絡會很麻煩。」

她連珠砲似地說完，就拿出印章準備在我遞給她的空白委任狀上簽名蓋章，典型的業務員作風，說話明確、動作快速，邊用印還一邊拿出一審的判決書正本交給我，說：「公司法務提醒我帶來，律師是不是要影印一份？」

我接過來看一下第一頁判決主文：「被告應給付原告新台幣捌拾萬元整及法定利息」，判得真重！

回想一週前她的公司法務來電，提到有一樁洩密案上訴二審想轉到我這邊處理，因為當事人不滿意一審的律師打輸了。我一向不喜歡幫別人敗訴的案件善後上訴，倒不是不願意接受挑戰，而是一審敗訴的案件如果不是先天不良、後天失調，多半肇因於律師誤判情勢、採取錯誤的訴訟策略、引用不合適的法律條文、提出無效的證據……縱使上訴，多數難以扭轉局勢、全盤翻案。因此當初在電話中，我立刻婉拒這樁給付違約金的案件，沒想到那位法務事後請託大學好友來說服我接案，好友的說法居然也打動了我。

她說：「這個案子很特別的地方是近幾年來在台灣大公司都要求任職的員工簽下保密的切結書，條文寫得廣泛抽象、包山包海。一旦員工離職跳槽，公司就拿這個保密條款提告，訴請鉅額的懲罰性違約金，也不先檢討真正的原因是公司制度逼走員工，高層卻惱羞成怒，找小職員開刀。偏偏法官不了解案件背後的商業惡鬥，常常不明就裡，抓到一點線索就判重罰。小員工離開公司了，手上都沒資料，打起官司很辛苦。一來找不到人證，因為其他員工都被下封口令，不敢出庭作證，二來物證都在公司掌控中，公司不提交到法院，小員工也很無奈，在法庭上任人宰割，這種亂象應該要有人出來告訴法院真相。年輕的律師經驗不足，在法庭上無法與大公司的律師團抗衡，只有像妳這種『個體戶』，獨立辦案，沒有任何包袱、敢言敢衝，才有辦法在法院為這些無辜的小職員發聲。妳知道這個案子多離譜嗎？在一審原告公司都拒絕提供他們控告員工的證據，法官居然也容認他們的聲請，禁止被告閱卷影印資料，根本違反訴訟法上『武器對等原則』，身為被告的員工看不到關鍵的證據，怎麼答辯？法官居然就這樣判了，這種判決員工怎麼會心服，根本就是輸得不明不白嘛！」

聽到她評論案情，吐槽法官，不禁回想當年我們在徐州路法學院第二十二教室，系上老師解說程序正義在訴訟法上實踐的上課情景……。老同學在法研所畢業後，沒走法律系傳統的老路子——參加國考、當法官或律師，因緣際會投入出版業，編輯發行法學叢書與心靈勵志書籍，離開法學院長達二十幾年，居然還記得法律學的基本原則，信手拈來，頭頭是道。

我只回了一句：「一審法官也太離譜了吧！」老同學的口氣立即改變，從氣憤難當變得如釋重負，接著說：「我就知道正義感超強的妳，一定看不慣法官一面倒向大公司的行徑，看在我的分上，就接下來吧。這個案子可憐的被告是我股東的女兒，那天拿判決書來公司找我，我也幫不上什麼忙，只能答應她，幫她介紹個厲害一點的律師給她！」再拒絕恐怕就會傷了老同學的情誼，當律師接案要堅守自己的原則，也得顧全人情世故啊！

可是等到這個可憐的房仲業小員工辦妥委任律師手續，我向法院聲請調出這件給付違約金的案件所有一審卷宗回來細讀後，幾乎要後悔一時正義感的驅策承接這種一審敗訴的案件！從調閱的卷宗看得出來，一審被告的律師幾乎什麼事情都在法庭上承認了，包括法官禁止調閱影印的公司資料內容，以及公司管制資料的方式、被告轉任新公司的投保文件。這下更難善後了，頭痛之餘不禁翻閱了律師通訊，才知道當事人當初在一審委任的律師甫出道三年，稚嫩得很，難怪對原告大公司律師的訴訟請求照單全收，被告該爭執的不利事實或證據完全棄守，允讓法官列入不爭執點；而且對於法官不合理的訴訟指揮全盤接受，無一反抗！

翻完全部一審卷宗書狀筆錄，真想問問這個柔順的被告律師：在法庭上面對不公平的待遇、無理的要求，如果身為律師都無法抗爭，那麼當事人要我們出庭做什麼？律師在法庭上的無知、無感或無力，與律師不專業、不敬業的作法，對當事人的傷害都是一樣的！

看來我要挑戰二審，試圖翻案，一定得重新構築防禦工事，建構法庭攻防的新局勢，否則高等法院的合議庭只要開兩次庭——一次準備程序和一次言詞辯論，就可以輕易駁回我們的上訴了！於是苦思多日，終於理出頭緒，布局訴訟策略：

＊第一步先請高等法院受命法官重新審視所有被上訴人（原告公司）在一審提出的證據，我代表上訴人（被告）對於這些證據形式的真正全部都爭執。對方律師一定會提出異議，表示被告在一審已經表示對這些起訴狀附的證據都不爭執了，為何到二審又有不同意見？

那麼我就要抗議在地方法院一審程序中，原告公司沒有同步提交證據副本給被告是違反民事訴訟法，法官禁止被告員工閱覽影印這些證據也是違法。從這些程序違法來爭取實體爭議重新進行法庭攻防應該是有機會的。

＊第二步提出實體上的主張，強調員工轉寄公司資料到自己電子信箱，是為了假日加班，因應履行公務所需；而且離職前幾天影印公司資料是為了填寫整理移交單，也是

工作上的需求，都沒有違反僱傭契約的保密條款。

＊第三步再說明這些轉寄或影印的資料，並未提供給離職後跳槽的新公司；影印資料已經在公司銷毀，沒帶離公司，轉寄的電郵也在離職當天已經在人力資源部門主管的監督下刪除，不至於有洩密的風險或造成公司任何損害；公司既然沒有損害，當然不得請求離職員工賠償。

訴訟策略大致底定後，開始著手撰寫調閱證據的聲請狀及上訴理由狀，一旦案件移送高等法院，我就要把書狀提交給承審法官，在開庭前讓法官理解我方上訴的理由，免得法官深受一審判決先入為主的影響。

上訴理由狀草稿同步寄給當事人與她新公司的法務，可是久久未見回音，我電詢法務，才知道當事人剛到歐洲，密集受訓，必須在一週後轉往英國總公司，才能聯絡。我只好先備妥書狀及相關證據擱置一邊，等候時日了。

兩週後接到當事人的簡訊說：「謝謝您！沈律師，書狀理由寫得很充分，我開始有信心了。」她在國外出差，儘量不要打擾她，三天後收到高等法院通知，上訴理由狀併同聲請調查證據狀一起送法院，期待開庭前法官先核准我方閱覽卷證的請求，那麼開庭時就更能掌握對方的證據內容，明確指出一審判決的錯誤了。

可是等到開庭前夕，依然沒有收到法官准許閱卷的通知，直接打電話問書記官才知道法官尚未批示准或不准閱卷，只好等到開庭再以口頭聲請了。

第二天開庭，雙方提出上訴聲明及答辯後，法官問起我的當事人寄送郵件及影印資料的目的時，我除了說明是為了加班及離職交接之外，趕緊把握機會向法官聲請閱覽影印公司提出的證據文件。我解釋聲請的理由：「被上訴人強調這些公司文件是機密資訊，可是上訴人已經離職兩年了，那些文件也沒留在手邊，當事人也無法提供給訴訟代理人參考，那麼我如何核對文件內容，分析是否符合被上訴人公司的僱傭契約規定的保密條款？這部分是本案的關鍵，公司控告我們，卻不讓我們看他們提告的主要內容，那我們怎麼答辯？」

公司的律師對於我們的聲請立即提出異議，他說：「當初是上訴人自己轉寄的郵件，怎麼會忘記，而且她影印完就帶走了，又沒留在公司，她可以拿那份給律師看呀！再說一審在地方法院開庭前，我們有拿到法庭讓上訴人跟她的律師看過，怎麼可能沒印象？當時她們都沒意見呀。」

對方律師挾著一審勝訴的傲氣，得了便宜又賣乖，實在欺人過甚，今天就要讓他看看驃悍的律師如何幫當事人在法庭上爭取該有的權益！沒等法官點名，我就站起來說：「陳大律師，一審才剛結束兩個月，您該看得出來我不是一審的律師，我又沒在那次的法庭上閱覽你們提出的資料，在二審我怎麼進行法律上的分析？更何況那些文件資料多達幾十頁，縱使可以在法庭上匆匆瀏覽，事後要分析答辯時，怎麼記得起來？我們律師回到辦公室的時候要寫書狀，也要一一核對文件，才能切中要點，您是資深的律師也很清楚，可是你們拒絕提供證據影本，嚴重影響上訴人的程序上權益，根本違反訴訟法的規定，大律師不是明知故犯嗎？」

法官聽我講完，點點頭直接下裁定：「是啊！沒有這些資料怎麼答辯呢？本院准許上訴人的訴訟代理人閱覽影印原證三號到十二號的證據。」正待回應的公司律師遲了五秒鐘舉手，已經來不及阻止了。

真是大快人心！第一關通過了，接下來啟動第二波的攻擊，我再度起身表達：「審判長，關於公司在一審提呈原證三號到十二號的證物，是否就是上訴人當初在公司轉寄及影印的文件資料，代理人也有意見。目前被上訴人公司提出的證據皆為影本，如何僅憑這些影印本證明確實是從上訴人離職時所使用的電腦寄件備份印出來？或是從電腦資料夾所列印的資料？證物形式的真正，被上訴人根本無法證實了。」

公司律師聽了臉色鐵青，不可置信地望向我，立即打斷我的說辭，大聲反駁：「報告庭上，上訴人在地方法院開庭時都已經表示，對於這些證據形式上真正不爭執，為什麼現在又爭執？」

早已料到對方律師會作如此的回應，這也是當初看完一審卷宗最擔心的地方之一，在法庭上律師就代表當事人，律師的發言，當事人必須概括承受，除非當事人當庭更正，而關於這些證據的真實性，在地方法院我的當事人隨同律師一起出庭指認文件的那一次開庭，筆錄上記得很清楚，被告及訴訟代理人均答：「無意見。」上訴二審，我要整個都不認帳，如何找理由呢？此時法官正凝視著我，想知道我如何合理化一、二審被告（上訴人）律師的不同主張。

我神色自若地回答：「倘使被上訴人在地方法院就提出這些證據的影本予上訴人，而上訴人經過仔細核對後回覆『無意見』，代理人當然今天不宜再質疑這些證物的形式真正。可是在一審當庭提示，時間那麼匆促的情況下，被告與訴訟代理人如何一一檢視？假設被上訴人公司提出事後假造的資料，我們如何辨別？因為電腦、影印機、資料文件及離職交接單都在他們公司，上訴人離開時都沒帶走，被上訴人口口聲聲說我們影印後的資料已經帶走，證據呢？有任何人看到上訴人帶走嗎？或是監視系統錄影帶拍到上訴人拿走影印的紙本嗎？審判長，您可以命被上訴人提出上訴人離職前辦公室及影印室的錄影帶，就可以知道上訴人到底有沒有帶走這些影印文件。」

法官轉頭問對方律師：「被上訴人可以提供嗎？」

對方律師沒料到法官有此一問，囁嚅地回答：「代理人不知道公司是否在這些處所有設監視系統錄影設備，也不確定錄影帶是不是保存到現在，請鈞長容我向公司確認後再陳報。」

看來法官似乎容許我方對於一審證據的真實性提出質疑，於是我再加碼，請求傳訊當事人離職時負責交接事務的人資室主管出庭作證，同時請法官命證人攜帶當事人離職時的移交單到庭，便於上訴人核對離職交接單與影印資料之相符程度，以證實上訴人影印這些公司資料純粹是離職整理文件的需求，而不是充當商業間諜洩密之違法用途。

法官聽完立即准許傳訊證人，對方律師發現法官愈查愈多，開始著急，起身發言說：「上訴人一離職，不到兩個禮拜就到競爭同業的公司上班，她帶走的是我們前一年度新開發的客戶名單，這對我們房仲業來說，是莫大的傷害，一旦被競業公司取得，這一百多位客戶轉移到別家，我們公司損失就無可估計了。」

法官淡淡地問了幾句，卻是一針見血，擊中要害，他問道：「實際上這一百多位客戶有轉到上訴人的新公司嗎？上訴人轉寄或列印這些資料造成被上訴人公司損害為何？」

公司律師趕緊翻卷宗，一時沉默不語，趁對方律師語塞之時，我趕緊順勢補充：「審判長，您說到重點了，被上訴人公司根本沒有損害可言，這些所謂的『客戶名單』，我們可以分兩部分來看，其中如果是房屋已成交的，被上訴人早就收到仲介費，不可能發生損害；未成交的客戶，後來一個都沒有到上訴人的新公司，被上訴人有何損害可言？只能怪公司在上訴人離職後，爭取不力、服務不佳，客戶不願接受他們的仲介服務，豈可責怪上訴人轉寄或影印資料？其中違約損害的因果關係都無法連結起來，原審法官判賠八十萬元顯然是錯誤的！」

對方律師聽到這裡，又突然起立，開始振振有辭地辯解：「庭上，我們是根據僱傭契約第十二條違反保密義務必須賠償懲罰性的違約金的規定請求的，既然是懲罰性的違約金，就毋需證明公司有損害，只要員工違反保密義務就要賠償。」

承接對方律師的說辭，我照樣造句，順勢發揮：「審判長，我延續被上訴人的代理人所強調的『既然是懲罰性違約金……』，既然要處罰員工違反保密義務的行為，那麼應該先讓員工知道這些文件是公司的機密資訊，員工明知還違反保密義務，公司加以處罰要求賠償，才能達到『懲罰』的效果嘛！如果公司沒標示文件是機密或極機密，也未設定最高法院判決書闡釋的『合理的保密措施』，員工根本不知道那是機密資訊，公司就懲罰八十萬元，豈不是『不教而殺謂之虐』，這種規定對員工很沒有保障。僱傭契約所謂的『機密資訊』包山包海，出事時公司說了算，可是事前又沒告知員工，事後翻臉時，公司才一一指出說這個是機密、那個不是，員工如何遵守?!」

法官聽懂我的關鍵字，立刻詢問對方律師：「公司有在原證三至十二號設定保密措施嗎？這些文件在公司伺服器資料夾中有設定專屬的路徑嗎？有沒有定出分級的瀏覽權限？」

對方律師臉上閃過一絲不安，小聲地說：「我們有設員工的帳號、密碼，有了公司給予的專屬帳密才能登入公司電腦。」

對方律師的解釋顯然不具說服力，我又趁機補了一槍，指出對方律師的回答不合理處，我說：「審判長，帳號密碼只是確認員工身分，並不是最高法院判決中特別指明的『合理保密措施』，這是必須針對每一份文件加密，有特殊的權限才能進去看，被上訴人公司的原證三號到十二號都沒設保密措施，上訴人根本不知道這些是所謂的機密資訊。」

法官聽懂我的指摘，再轉向對方律師諭知：「請被上訴人兩週內陳報原證三至十二號的保密措施及專屬路徑。」對方律師趁法官翻閱行事曆時，狠狠地瞪我一眼。我淡定地收回目光，盯著電腦螢幕，不想接收回應他的情緒，法官看過行事曆後，宣布下一次開庭是一個月後了。

退庭後走出高等法院，十一月中旬秋陽仍炙，今日開庭算是豐收，開啟二審重新調查所有證據的機會，希望第一次開庭努力的鋪陳，能夠帶來翻轉一審敗訴判決的契機……。

兩週後被上訴人果然遵守法官的指示，提出指控我方當事人違約寄送公司資訊到個人外部信箱的電子檔案保密措施，以及公司電腦儲存機密檔案的專屬路徑。大公司資源豐富，從對方律師提出的厚厚一疊附件中，可以看出他們動員公司資訊室大量人力詳細錄影拍照，一一截圖解說資訊加密的流程。

不過在法庭時，我只以一段話就推翻了他們陳報狀附件的證據價值。法官一開庭立刻詢問我，對於被上訴人提呈的公司加密措施證物有何意見？

我回答：「我的當事人（上訴人）已經離職一年多了，離職的時候此案尚未爆發，想必公司（被上訴人）一定循例將離職員工移交的電腦交給來接他職位的人使用，那麼如何證明這些列印陳報給法院的資料，就是上訴人離職前使用的電腦裡頭，點閱檔案的路徑？或是上訴人當時轉寄資料的電子檔案？」

對方律師沒料到我當庭否認他們提出資料的前提事實，一時之間不知如何回應。法官沉思片刻後，雖然覺得這麼一來調查程序上更加麻煩，可是也不敢忽略我的質疑，只好轉頭諭知被上訴人進一步查報如何證明這些檔案路徑與上訴人使用電腦的關聯性。

我坐在訴訟代理人席上，感覺到法官似乎受限於證據的程序問題，導致案件無法進入實體爭點的調查，顯得意興闌珊。我決定強調上一庭期曾經提出的爭執點，請求法官先行調查，以移轉法官的調查重點。

我起身說明：「審判長，上次我們主張被上訴人應該舉證說明上訴人寄送這些資料，究竟造成公司多少損害？因為這會涉及被上訴人訴請懲罰性違約金酌減的問題，倘使損害不大，原審法院判賠的金額八十萬元就過高，事實上我們認為公司一點損害都沒有，被上訴人才會迄今都無法提出事證。既然公司意圖迴避他們的舉證責任，我們只好請法院發函給這些被上訴人公司指稱我的當事人轉寄名單上的客戶，也不用寄到一百多家，只要前面的六十家詢問他們目前是否仍與被上訴人合作？有沒有任何一家客戶轉到上訴人的新公司？」投下一個震撼彈，看對方如何回應……。

法官立刻轉過頭要公司的律師表達意見，對方公司委任的三個律師交頭接耳，其中一位還回過頭來詢問後面旁聽席的公司主管，只見那位主管臉色凝重，似乎感覺事態嚴重，意圖延緩律師的發言，就在他們持續悄聲私語商議之際，法官不耐久候，問道：「被上訴人對於上訴人的聲請有何意見？如果要本院函詢這些廠商，在訴訟程序上是可行的，不過也不用這麼麻煩，請大律師回去問公司，就知道系爭資料中六十個廠商還有沒有繼續與被上訴人公司合作，如果有，就不用函查了，因為表示這些客戶沒被拉走，公司也就沒有損害了。倘使已經沒有繼續委託被上訴人公司提供服務，才需要進一步函查是否這些廠商轉到上訴人的新公司進行交易，被上訴人才有所謂『損害』的問題。」法官都解釋得這麼清楚了，對方律師也沒理由推託，只好允諾一週內查報。

當庭解決我方的一項訴求，又達到原先設定的目標了，我得打鐵趁熱，把握時間表明我方主要的上訴理由，我說：「審判長，當初上訴人寄這些資料到自己的 hotmail 信箱，是要跟公司廠商開會討論公務，也就是僱傭契約保密條款的『執行工作的需要』，所以並沒有違反約定。」

對方律師立即反擊：「庭上，這種說法根本不成立，上訴人在離職前三天寄資料到私人信箱，司馬昭之心，路人皆知嘛！這麼敏感的時間點，一定是為了新公司作準備的，都要離職了，哪裡還需要開會，公司主管也沒交代這些工作。」

法官聽懂了兩造爭執的重點，於是問道：「上訴人為了開會才寄資料的嗎？有證據嗎？在哪裡、跟什麼人開會？為什麼需要這些資料？沈大律師下次請上訴人自己出庭來說明。」

糟糕！當事人早就表明不想上法院，不願意與舊公司的人在法庭相見，而且人在國外出差，如何親自出庭？可是看目前的態勢，法官的指示是無法拒絕的，否則他反而會起疑！為了案件著想，只好硬著頭皮勸當事人提早返國跑一趟法院了。

法官看我點頭點得勉強，約莫也發現這個案子有些棘手，開始著手勸諭和解，試探雙方意願：「兩造之間有談過和解嗎？這種案子我覺得員工擅自寄資料到私人信箱，是有點踩到紅線，可是公司訴求罰得這麼重，也實在有點過度。當然合議庭還沒討論，我也還沒正式調查相關證據，可是我想員工賠個十五萬元應該是合理的，這個和解金額雙方可以接受嗎？」

對方一審勝訴，地方法院法官判員工須賠八十萬元，這下被高院法官減到十五萬元，當然不甘心，公司律師立即表示和解金額太低。法官看看我，我也不滿，帶著情緒回答：「審判長，您都還沒開始調查人證、物證，就判定我方得賠十五萬元，真是不公平，我的當事人一定不會接受的，如果要和解，當然可以，可是希望是公司無條件撤回此案。因為當事人還年輕，如果和解賠錢，外界還是會認為員工有洩密，這對她以後在這個行業要繼續走下去，心理上會有陰影，求職也會有阻礙的。」

法官聽到兩邊都反彈，我又當庭批評他不公平，也略有火氣，索性不勸和解了，直接對著我說：「大律師，下次庭期請妳帶上訴人出庭，說明寄送系爭資料的動機與後續使用的狀況，我也會問她和解的意見。」

一個月後，我遵照法官庭諭，偕同當事人出庭，法官看到當事人親自出庭，似乎較為寬慰，對我方尊重多了。法官先請當事人說明離職經過，當事人詳細敘述，去年提辭呈是因公司升遷及薪給制度不合理，為了維持家計，不得已才離開服務十年的公司，離職時也沒帶走任何公司資料，後來到新的公司任職雖然職務內容類似，但絕對沒有利用舊公司的資料謀取新公司的職位。

法官聽出她的誠懇，問話也更友善了，接下來在詢問她關於寄送公司資料到個人信箱的目的，我的當事人凝視著法官，娓娓道來：「離職前三天我寄了三份資料，第一份是我之前拜訪客戶回來之後打的草稿，因為怕忘記，後來有正式整理輸入到公司的客戶資料庫系統中，現在公司拒絕提供『客戶資料庫系統』中我以前輸入的資料，以至於我沒辦法向法官證明我說的話，我也覺得很無奈，因為東西都在他們手裡。我當初決定離職時，要清理公司的電子信箱，我想這是草稿，不是正式公文，就寄到我個人信箱，沒想到離職後半年，公司拿這個來告我，真的莫名其妙，而且這份資料我都沒帶到新公司，因為新公司主要是作預售屋代銷，客戶群、市場區隔跟原來的公司完全不同，根本不會用到這份客戶名單。」

書記官將上訴人的陳述大意輸入電腦筆錄後，當事人繼續解釋：「我寄第二、三份資料，是因為離職前一天，早就約好一家廠商——三葉公司來我們公司開會，要討論實價登錄資訊系統新產品的代理，我為了那次會議，就先調出公司之前的產品代理條件寄到hotmail信箱，前一天晚上在家裡複習，因為離職前很忙，在公司沒空看。到了第二天開會，三葉公司的副總及業務經理都有出席，我們部門有三個同事一起討論，也有作成會議紀錄，只是這份會議紀錄現在放在公司，如果公司否認，不願意提供，我也沒辦法，不過這個合作案後來聽說有談成，因為我走了之後，接手的經理繼續談，條件談好就簽約了。那天下午我開車到板橋拜訪一個經銷商，那是一個月前好不容易敲到的約，那家經銷商老闆很忙，可是他行銷力很強，公司鎖定他很久，終於他有意願要跟我們合作了，我當然不能失約。我到他們店裡的時候，就把公司的加盟店條件用筆記型電腦 show 給他看，就是我寄的第三份資料，這個老闆看過之後表示有些條件還要評估，離職時我移交給同事，就不知道後續了，如果法官需要證人來講，可以傳經銷商的老闆。」

法官聽完微微點頭，似乎認為上訴人的說詞合情入理，對方律師見狀趕緊要求要傳訊參與這兩次會議的廠商出庭作證，當事人表明可以提供人名、地址，呈給法官傳喚證人，法官宣布退庭。

走出法庭後，我問當事人如果這些證人出庭，是否願意說出實情？會不會受到公司影響，作出對她不利的證詞？

當事人說：「我也不確定，經銷商的部分應該沒問題，那個老闆很正直，相信他出庭不會亂講，至於三葉的副總我就沒把握了，因為聽說後來他跟舊公司交易額非常高，如果出庭供出實情，說不定訂單就全部取消，我想他會很為難，我也不好意思為了要作證，擋了別人的財路。另外公司的同事現在都還在舊公司，我跟這幾個沒什麼交情，他們為了自保，可能會站在公司那邊，我也不便去要求他們幫我講話。」

唉！打官司只要動到證人，就會平添變數，可是如果不傳訊證人，今天當事人出庭的陳述一定會被對方全盤否定，就白費了當事人專程出庭說明的苦心。案情發展至今，看來我們已如過河卒子，沒有退路，只能勇往直前了。

一句真話在證人席上會翻轉被告的一生，說或不說？
一旦走進法庭，說與不說之間，證人心頭萬般難！

證人的抉擇——違約洩密賠償案

過年後的第二個禮拜，法院陸續開庭，去年幫當事人向高等法院提起上訴，一直延續至今的員工洩密案，受命法官終於核准傳訊證人，而且一傳就是四位證人，考慮到雙方律師會有一番冗長的正反詰問，法官將庭訊提早在九點鐘開始，於是我八點多就到法院，一來觀察證人是否報到，二來再次複習案情，琢磨自己設計詢問證人的問題。其實案情已深入了解，當事人是一家服飾品牌的首席設計師，前年跳槽到另一品牌公司，老東家面子掛不住，徹查當事人的電腦資料，發現離職前兩週，她寄出不少公司設計圖稿及專案文件到自己 gmail 信箱，老板勃然大怒，認為她洩密，帶槍投靠競業公司，於是一舉提告。

在地方法院審理期間，被告（設計師）委任的律師費盡唇舌，在整個一審程序期間，完全無法說服法官准許律師閱覽影印被告當初轉寄到自己信箱的電郵資料，而且也不採信設計師為了工作目的轉寄公司資料到自己信箱便於回家加班使用，於是慘遭敗訴，必須賠償違約金三百萬元。

設計師接到一審敗訴的判決書後，震驚氣憤，淚水潰堤，透過朋友來委託我接辦上訴二審的案件。這種一審敗訴上訴到高院的案件，很多訴訟策略必須改弦易轍，需要律師特別用心，接了這個案件後，每次開庭前我都必須多作功課，反覆推敲法庭攻防過程，只盼有反敗為勝的契機。

今天走進高等法院，我的心情是矛盾的，一方面希望證人出庭，說明事實真相，當事人一審敗訴的案件才有翻轉的可能；另一方面又擔心證人出庭全都聽命於公司，在公司影響下，說出對我的當事人不利的證詞，那麼這個案件就全無翻案的機會了。所以當初要聲請傳訊證人時，當事人憂心忡忡，提出很多疑問，她說：「律師，我從頭到尾跟妳講的都是事實，如果證人出庭作證沒有偏袒，他們願意陳述事實，一定都跟我講的一樣。問題是這些證人都還在對方的公司上班，為了保住飯碗，一定幫公司講話，不會為我這個離職員工作證。妳聲請傳到執行長、人資主管，我都不敢奢望他們會講實情，甚至我自己的 Team member 我都沒把握她會講幾分真相；萬一他們都作偽證，那豈不是更糟？」

「再糟也不會判得比一審重啦！妳這個案子一審已經判賠違約金到最高額了，如果這些證人真的都站公司那一邊，不講實話，最糟也只是維持原判，不會再提高違約金的金額了。可是倘若證人良心發現，願意和盤托出；或者在法庭上有什麼契機翻轉，可以逼出他們的真心話，妳這整個案子說不定可以反敗為勝，難道不值得一試？」我分析利弊得失，而且透露我辦案時傳訊證人的原則——只要對案情有一點點助益，就不妨嘗試，不入虎穴，焉得虎子？至於成敗之間就看證人的良知，以及法官的智慧與我們律師的詢問技巧了。

當事人在沉默中接受了這個放手一搏的冒險建議，雖然從調查證據聲請狀的撰寫到詢問證人的討論，表面上我都很鎮定，免得引發當事人的憂慮或甚至轉變心意。可是一當法官當庭同意傳訊這些證人時，一股忐忑不安的情緒悄悄地從我心底升起，盈繞心頭，始終未見消散。整個九天的農曆年假期間總有一股隱憂徘徊不去，原先以為自己是為小女兒參加大學學測的考試結果擔憂，可是收假前兩天，在家中行禪後，心中愈趨清明澄澈，察覺小女兒準備學測期間表現穩定，從未造成自己的煩惱；仔細尋思，才發現煩惱的源頭是這個洩密案傳訊證人的結果吉凶未卜，令人懸念煩憂。

度過這段不安期，終於到了謎題揭曉的開庭日了。步上高院二樓的階梯，背著公事包走向第十五法庭，遠遠就看到對方律師正在穿法袍，旁邊坐了二位女士，應該就是我方聲請傳訊的公司主管了，走向報到處瞅了報到單一眼，果不其然三個證人都來報到了，只有一位缺席，看來今天有一場硬仗要打了。

法庭門口報到處庭務員不在，我自己在報到單上蓋個「到」字，突然感覺到有一道冷冷的目光在我身後射了過來，想必是證人在打量「敵營」的律師吧！我若無其事地穿上法袍走進法庭，翻閱卷宗資料等候，前幾天已與當事人約好，她不想出庭，免得與昔日眾主管當庭對質，勾起新仇舊恨，情緒崩潰、淚灑法庭。今日我一夫當關，且戰且走吧！

法官把我們這個案子排在今日庭期的第一件，可能是避免證人為了前案的庭審延誤而在庭外等候，看來法官也很重視這些證人。九點正受命法官準時進入法庭坐上審判長席，迅速對三位證人完成人別訊問及具結手續後，接著問我是否聲請證人隔離訊問？

今日三位證人皆是被上訴人公司員工，很可能在公司的壓力下，互相勾串或與公司套好證詞，隔離訊問至少降低串供的風險。於是我敬謹答道：「審判長，今天詢問三位證人的事項，有部分交集，請准予隔離訊問。」法官立刻准許，留下第一位證人——人資部門的經理，另兩位離庭在外等候。

我把已經準備好的問題攤在訴訟代理人席的桌上，開始進行證人的詢問，前面幾個基本問題包括證人任職期間、職掌工作內容、上訴人何時離職、離職手續等，人資主管作證都如實回答，俟進入關鍵問題——當事人何時提辭呈、何人決定翌日離職、離職日如何交接？人資經理開始迴避問題，不是避重就輕，就是推諉含糊作答。憑著多年執業經驗與律師直覺，我察覺問題就在這裡，必須往下挖下去，於是跳脫原訂提問的題組，我提出新的問題問道：「你們公司規定離職員工必須在三十日前提出辭呈，主管及人資部門審核離職申請也需要一段時間，為何上訴人七月一日提辭呈，公司七月二日就叫她離職？誰決定的？是妳嗎？」

證人連忙回答：「不是我決定的，當初她的主管電話告知我們人資部門時，就有提到七月二日要離職。」

我追問：「證人的意思是上訴人的主管決定上訴人的離職日期，人力資源部門都沒權限參與員工離職的決定？」既然證人要推卸責任，我就要逼出終局答案。

證人繼續推托：「我不知道是不是她的主管決定七月二日的離職日，不過直屬主管有比較大的決定權，我們人資部門只是建議。」頓時矮化了人力資源部門的地位，這跟當事人告訴我離職事宜全部都是人資部門在主導不符呀！證人到底想掩飾什麼呢？我決定繼續追下去，我轉向法官請求：「審判長，我們聲請下一庭傳訊上訴人的直屬主管，與人資經理當庭對質，說明上訴人離職這兩天究竟發生什麼事？」試圖擴大證人傳訊的範圍，讓法庭上的證人明曉整件事實不是她說了算，同時給她質疑與彈劾證詞的壓力，才不會愈說愈離譜。

法官可能也發覺事有蹊蹺，開口問證人：「郭小姐下次可以麻煩妳再來法院說明嗎？上訴人的直屬主管姓名是？」

人資經理臉色一變，不過畢竟資歷深、世面廣，一、兩秒鐘之內立刻回復平和的神色回答：「好，我願意再來一趟，直屬主管的名字是邱紹明。」法官記明筆錄後，問我還有其他問題嗎？

我說：「還有兩個問題，請問證人，妳何時知道上訴人要去競業公司上班？」

證人若無其事地說：「離職前兩天啊！」

我接著問：「知道之後，請問妳作什麼處理？」

人資經理開始侃侃而談：「通常員工離職要去競業公司，我們會通知資訊安全部門檢查他的電腦資訊與電子信箱，看看有無異常。七月二日下午資安主管查到上訴人從公司的郵箱轉寄很多封電子郵件出去，我就聯絡她的直屬主管與專案主管，請他們確認這些電子郵件的性質、內容與用途，專案主管有來我辦公室說這些郵件跟上訴人的工作無關，我還特別通知上訴人也到我辦公室解釋。經過查證後，確定上訴人不是為了我們公司的工作需求，而把這些郵件寄到她的外部信箱，公司才告她的。」

我不動聲色地問：「妳說的『專案主管』是何人？」

證人輕鬆地答：「就是律師妳今天傳的另一位證人陳副執行長啊。」她對於自己的證詞信心滿滿，完全沒料到下一個證人出庭後，竟然對她的證詞造成極大的衝擊。

我再開啟另一組問題：「請教證人，七月二日上訴人離職當天，交接手續辦理經過如何？何人監交？有無完成業務交接？」

證人不知我預留伏筆，直接回答：「我監督的啊！包括鑰匙、通行證繳回，結清薪資、勞健保費用、電腦權限終止等，至於業務交接是專案主管做的，要問他。」

我提出真正的問題：「辦理交接的過程中，妳是否邀集資安主管、法務及上訴人的直屬主管在會議室逼迫上訴人登入她的個人信箱，要求她刪除代號A、B、C的電子郵件及附檔？」

人資經理立刻警覺我的來意不善，神色開始陰晴不定，似乎憂心自己涉入妨害自由刑案的漩渦，於是含混其詞作答：「過程我不太記得了，我好像沒有全程在場，後來是我的經辦執行，資安主管也有在場，其他我就不太清楚了。」

狡猾的證人！只要碰到可能對自己不利的問題，就閃、躲、推……，我要讓她明白自己該負的責任是推卸不了的，我說：「妳剛剛不是說是妳監交的嗎？上訴人的離職申請書下方主管欄位核章，人資部門也是簽妳的名字啊！妳怎麼可能不在場？」

證人低頭看了一眼法官提示給她的離職申請書之後，閃爍其詞地答道：「我只記得我有提早離開。」

沒關係，這種「豬隊友」遲早會踢到鐵板的，我決定向審判長聲請傳訊人資經理的經辦人員及資安主管下一庭來說明，到時候看是誰可以推掉責任。法官明快地核准了，請人資經理提供經辦人員的姓名後，指示庭務員點呼下一位證人入庭。

原本第二位證人是造成我今天出庭壓力最大的源頭，因為他是對方公司副執行長，位高權重，想必會站在公司的立場，為公司發聲作證，在法庭上如何引導他說出事實，簡直是不可能的任務。可是萬萬沒想到第一個問題提出之際，證人就拋回令人意外的答案。

我先行禮如儀地問：「請證人說明目前任職何處？任職期間？上訴人在二年前離職時，證人擔任何職務？」

證人轉身朝向我，目光炯炯地聽完我的問題後，盯著我回答：「我原來任職於善水設計公司，十年前到職，去年年底離開，上訴人二年前離職時，我是善水公司的副執行長。」

吓！怎麼可能，證人已經離開對方公司了？當事人怎麼沒打聽到，害我一路擔心到今天，證人既然也離開了，就不必然站在對方立場作證了，心裡一邊放煙火，一邊仍不敢掉以輕心，小心翼翼地確認：「您說已經離開善水設計，請問您現在在哪裡上班？」說不定證人調職到對方的關係企業工作，我還是摸清楚，再提問本案關鍵問題，免得誤闖敵營，安危不明，還沾沾自喜。

證人依舊直視我的眼睛回答：「目前待業中。」哎呀！真不好意思，問出證人難堪之處，為了減少尷尬，同時避免對方律師懷疑證人與我串供，趕緊提醒證人：「請您面對審判長回答，或留意電腦螢幕上的筆錄，不用特別轉過來回應我的問題。」證人順從地轉過去跟法官微微點頭，法官示意我繼續發問。

我說：「請問證人，二年前上訴人離職前半年，是否被公司調派到您的部門支援『二〇一七秋冬時尚週』專案，跟您辦公室的團隊共同策畫這個專案？」

證人簡捷有力地回答：「是的。」

我接著問：「您何時知道她要離職的？」

證人答：「我到她正式離職前一天，她來跟我辭行才知道。因為我不是她的直屬主管，只是專案支援的主管，所以離職的事，我事先並不知道。」

看來副執行長似乎沒參與調查電子郵件的過程，我決定冒險向證人查核剛剛人資經理的說辭，我問道：「請問上訴人離職前，人資部門有與您討論什麼事嗎？或是有發生什麼不尋常的事嗎？」

證人聽了眉頭一皺，說：「『不尋常』的事？沒有啊！我回想她離職前幾天，我還陪執行長到巴黎參加時裝週，還有去好幾家知名品牌的 Show Room 採購下一季的服飾，一直到她離職前一天早上才回來，並沒有跟人資部門有什麼討論或互動。」所以剛剛人資經理證稱我的當事人離職前，她有跟專案主管也就是副執行長查證電子郵件信箱的事，根本不是事實囉！

賓果！真想回頭看看坐在旁聽席的人資經理的表情，她一定沒想到剛剛振振有辭的證言立刻被戳破了。

我立刻趁勝追擊，請法官提示卷宗內對方提出上訴人寄送到自己信箱的電郵及附檔資料給證人看，請他說明這是什麼資料？

證人端詳良久後，突然回想起什麼地冒出一段話：「我想到了，這是我出差去巴黎之前交代我的團隊策畫『二〇一七秋冬時尚週』的參考資料，因為我們公司好不容易敲到故宮的展示場地，執行長交代要擴大舉辦那一次的 Fashion Show，連國外的合作廠商品牌都要邀請。那次時裝展我們非常重視，所以我指示團隊的同仁一定要在我回國前做好前置作業，上訴人負責與設計師、舞台總監溝通，這些資料是設計師給的服裝式樣，還有模特兒的造型設計，另外一個檔案是舞台總監繪製的圖案，包括模特兒進場圖及觀眾席的設置……等等。」

愈來愈接近案件的核心了，我再提問：「請問你的工作團隊如果上班做不完，是否會帶回家加班？」

證人點點頭說：「這是很常發生的事，幾乎都會熬夜，他們甚至會配合我在巴黎的時差，半夜用視訊在家與我連線會議。」

我最後提出關鍵問題：「公司員工或上訴人是否會把這些資料寄到個人信箱，便於在家加班時參考？」

證人此時意識到公司管理規章的規定，語帶保留地說：「可能吧！我不是很清楚，不過我記得那段時間上訴人經常帶資料回去加班。」

一旦證人開始有所保留地作答，就要考慮結束提問，因為他已經有所防備，不太可能再知無不言，言無不盡了；何況他已經回答我最需要的答案，我幾乎可以全數引用他的證詞來證實我方的主張——上訴人寄送這些資料到個人信箱，是為了加班執行公務。而且還可以順道反駁人資經理方才的證詞：「發現上訴人電子信箱有異常，曾與專案主管會談確認」，其實完全沒這回事。

這就是隔離訊問的好處，相信法官看在眼裡，也會認定人資經理信口開河，證詞不堪一擊。於是決定收兵，我向法官表示沒有其他問題了，對方律師提出幾個無關痛癢的問題，企圖逼出證人不同說辭，不過證人不為所動，對方律師只好悻悻然坐下，法官接著下一個證人的詢答程序。

第三個證人入庭後，提出的說詞更支持副執行長的證言，因為這位證人是副執行長的工作團隊的小組長，與我的當事人擔任不同職務，但她也可以證實那段時間每位成員都熬夜加班，甚至須與出差國外的主管視訊，因此推論同仁會在家參考公司的設計圖檔。

詢問三位證人後，法官明確宣示准許我另外再聲請傳訊人資部門職員與資安主管。想必法官也對人資經理的證詞存疑，打算藉由這兩位共同參與並處理離職手續的目擊證人查證事實真相。

在法官宣布下一次庭期後，我收拾卷宗緩緩步出法庭，像似打過一場激烈的戰爭。整個人由緊張到亢奮，再到現在的鬆弛、虛脫，覺得自己需要一段時間整理心情，於是步出高等法院後，慢慢地走，沿著貴陽街、左轉重慶南路後，在總統府前轉到凱達格蘭大道，進了二二八公園，漫步在樹林中，心神才漸漸地平穩下來，望向藍天白雲，完全放空，過了好一陣子，覺得心情沉澱後，才搭車返回事務所，回到生活軌道中。

（後記：法官下一庭傳訊人資部門職員與資安主管作證後，準備程序終結，進行言詞辯論。三週後宣判，高等法院廢棄一審判決，認定我方當事人未洩密，毋需賠償，公司上訴最高法院，目前尚在審理中。）

經營權之爭，公司派與市場派惡鬥，猶如鷸蚌相爭，箝咬對方不放，雙方皆無法推動公司正常業務運作，只是消耗彼此資源，永無寧日。

走鐘的和解

——合作社決議確認之訴

他們是稻穀合作社，國民政府三十八年撤退來台，兩年後開始實施農地三七五減租條例，這一批桃園的農民基於農村同鄉宗親情誼，鄰里親族組成合作社，推動稻米的產銷。隨著家園擴大，瓜瓞綿延，社員逐年增加，營運四十年期間，父死子繼，到了八〇年代稻田土地漸漸被財團收購，興建高樓大廈，許多社員子孫進城謀生，不再留守鄉村，從事農地耕種，合作社成立的宗旨及種種機制均已無法運作，十年前三百名社員召開大會決議解散，同日選出十位清算人，依據合作社法及章程規定，理監事及社員各占半數，申報市政府社會局備查後，開始進行社產清算的工作。沒想到因而開啟長達十年的內鬥，合作社內訌源於社員無意中發現曾任理監事的清算人竟長期隱匿社產收入，侵吞入己，於是一狀告進司法單位。

桃園地檢署偵辦侵占、背信案期間，合作社的清算團隊與多數社員對立，一方面阻礙證據的蒐集，企圖影響檢察官偵查進度；另一方面私下迅速拋售社產土地，繼續集體牟利。正直的社員們急於解除這些不肖清算人的職權，多次行文社會局，奈何社會局長與合作社前任理事交情匪淺，對於社員申請五名涉案清算人的解任，屢屢敷衍了事。社員只得轉向地方法院請求解任五位牽涉刑案的清算人，民事庭法官從未處理過類似案件，拖延半年後，裁定駁回社員的聲請，社員向高等法院提出抗告的同時，經高人指點，在合作社例行社員大會中臨時動議，提出罷免涉案五名清算人的議案，並以迅雷不及掩耳的表決方式，發放事先預備的選票，出席社員以過半數之票數選出五位新任清算人，選票在被罷免的清算人錯愕、叫囂中當場彌封歸檔，決議通過。

翌日社員立刻向社會局申請新任清算人備查手續，遭罷免的清算人不甘職權無端被剝奪，早已漏夜作好反擊動作，賄賂社會局高層，並且偽造當日會議紀錄，載明社員大會中補選新任清算人選舉過程不合法，強調該項臨時動議未通過，更未記錄五名清算人遭罷免的決議，於是社會局依據這份偽造的會議紀錄，不費吹灰之力，立即回絕社員的申請。

社員獲悉行政機關的主管單位被買通後，只好循司法途徑救濟，於是持著真正的會議紀錄轉向桃園地方法院民事庭請求確認會議紀錄中重要的兩項決議：1.×××．×××等五名清算人罷免案通過；2.×××．×××等五名清算人補選案通過。經過半年的審理調查，地方法院判決原告社員敗訴，理由是不符民事訴訟確認之訴的程序要件。

社員們深感不服，捧著一審厚重的判決書來找我，劈頭就問：「法院這樣判合理嗎？我們社員大會的決議明明都符合法定要件啊，一審的委任律師昨天都跟我們解釋過了。可是我們還是覺得沒道理，明明就是法官不敢判嘛！他不是收對方的紅包，就是我們社產的金額太高了，他怕判下來影響那一帶土地的價格……。」

當事人在收到敗訴判決書時，常常會受到情緒因素的影響而責怪法官、律師，或把過咎推到對方身上，如此一來可能誤導上訴方向，也對承審法官不公平，更是消蝕民眾對司法制度的信任。我望著社員們一張張氣憤的臉，覺得有必要重新詮釋一審判決書，才能找出正確的上訴方向。

我細讀判決書之後，解析真正的理由：「民事訴訟法第二四七條的確認之訴規定，必須具備確認判決的法律上利益才能提出確認的訴訟，最高法院針對這一點有明白的判例解釋，必須對方的法律關係不明確，而且會讓你們的法律上地位陷於不安才算合法。一審法官說你們開社員大會之前寫存證信函給清算人催告他們開會，表示你們承認這五個清算人的身分，而罷免當天的會議主席是清算人，你們也沒異議，種種狀況都顯示社員對於這些清算人的身分地位，並沒有爭議，也就是法律關係並無不明確的情形……。」

話未說畢，社員立刻澄清：「那是因為社會局的科長在會議現場阻止我們換主席呀！社會局是主管機關，我們也不敢得罪他啊，這怎麼能怪我們呢？法官到底懂不懂合作社的運作啊？當官的人高高在上，根本不知道小老百姓的卑微與無奈！我們開會那一天為了要讓補選的清算人順利投票通過，面對社會局的干涉，只好忍耐下來。怎麼可以這樣就判我們社員輸呢？」

怎麼不可以？法官根據合作社法、民事訴訟法的規定就可以判了啊！怎麼可能為了不可確知的當事人內在感受而動搖心證。這往往是法律人與一般民眾的認知差距，民眾進到法院，通常會高度期待法官理解所有當事人的委屈與無奈，然而法官的職責只在於調查案情相關的事實，適用法律，作成判決；至於不相干的事實，或是相關聯的事實卻未被提呈到法庭、未被調查明確，民事庭法官根據民事訴訟法「不告不理」、「當事人進行主義」、「辯論主義」，當然無法處理，只能擱置。當事人就高喊司法不公，青天難尋；其實宅心仁厚、睿智公正的法官也有他們依法審判的受限與無奈。

我在心裡思忖著這些認知差距，沒再接續這個話題，尤其在當事人甫遭敗訴判決之際，多年的執業經驗告訴我，不論多麼理性明智的當事人在短時間內，都難以理解法官如此的心態與作法，索性暫先捺下不表，免得火上澆油，造成當事人與律師間的不信任或關係緊張。

於是我先針對案情，逐一分析可能的上訴理由，當事人似乎又燃起一線希望，允諾進一步蒐集有利證據，辦妥律師委任手續之後，約定下週先向法院提出上訴聲明狀，再來討論案情，撰擬上訴理由狀，展開第二審上訴程序。

兩個月後，高等法院第一次開庭，負責調查的受命法官和藹可親，積極勸諭和解，當事人就照我們開庭前討論的說詞，恭敬地向法官表示和解的大門始終敞開，隨時可以進行協商。倒是對方仗恃著一審勝訴的判決，當庭顯示拒絕讓步的態勢，他們的律師面有難色，不知如何回應。

法官見狀，誠懇剴切地勸說：「民眾進到法院，兩造都期待拿到勝訴判決，一旦輸了，就認為司法不公！以你們這件案子為例，不論哪一方勝訴，能真正解決問題嗎？敗訴的一方繼續上訴，纏訟的結果，永無寧日，因為牽涉的金額太大了，一百多筆土地，市價超過二十億，說不定你們這一代的社員等不到確定判決，又把問題留給下一代繼續吵。時日拖延愈久，事實愈來愈難查明，房屋土地閒置無法利用，造成社會資源的浪費，雙方都得不到好處，這是你們想要的結果嗎？如果今天願意讓法院協調，各自退讓一步，達成訴訟上和解，你們雙方可以趕緊清理出售土地，分配社產，年底前就可以完成合作社的清算工作，不是圓滿解決嗎？」

法官的懇切勸諭下，看來對方律師也很難拒絕法官的好意了。法官迅速定了兩週後的庭期，諭令兩造當事人全部到庭，由法官親自主持和解程序。退庭後，我提議當事人內部先溝通和解方案及底限，下次開庭才能及時提出。

沒想到下一次開庭審判長苦心安排的和解程序，竟被對方清算人的惡劣態度全部推翻，連承審法官都火冒三丈，憤而拋出一句話：「你們這個案子，我不會再勸和解了。」要讓一個溫良恭儉讓的高院法官動怒誓言不再勸諭和解，真是不容易，主因是對方的核心成員之一在庭上嚷著：「這些社員一直告刑事，逼我們上法院當被告，又在檢察官面前不斷羞辱我們，這樣怎麼和解？」

談和解何必先把其他案子捲進來，如果這個案子談成和解了，其他刑案自然會一併解決，包括撤回告訴，或向檢察官說明雙方業已和解，不再追究責任了，都有機會結束刑事案件；檢察官可能順勢以證據不足為由，直接不起訴處分，或是緩起訴結案，都不至於有後遺症，殘留未結案。這些程序問題上一次開庭法官已敘明，想必對方律師都有解釋，且如實地轉達法官的意旨，為何對方仍高調反彈？在對方五位清算人輪番抱怨，重砲轟擊中，我心裡打量著他們真正的動機……。

審判長和氣地再度說明，沒想到對方居然得了便宜又賣乖，繼續強調他們在刑事偵查庭受到的屈辱，以及社員不信任的對待，終於引爆我方當事人的情緒，反問：「不然，你想怎樣？審判長叫我們來和解，你們不提條件，只是一直抱怨、揭瘡疤，怎麼談？你們就是有侵占、背信，我們才會去告啊！今天又不是要講刑案，這邊民事的問題要先解決，你們簡直是來亂的……。」

我來不及阻止當事人發言，猛然戰火已被點燃，不只和解氣氛消失殆盡，兩軍對峙，情勢更趨險峻，對方律師倒是一副事不關己的旁觀模樣，我忽然意識到對方根本無意談和，正要提醒當事人勿再隨之起舞，無濟於事，沒想到此刻對方又不甘示弱，斥罵反擊：「你們才是來亂的，刑事、民事告一堆，又假處分，還走後門……」這句話觸動了法庭最敏感的神經，法官立刻宣布調解結束，全案候核辦，退庭。

雙方當事人走出法庭，在長廊上繼續叫陣互斥。我迅速把當事人拉離開現場，告訴他們：「你們看清楚了嗎？對方今天完全沒有和解的意思，只是在拖時間，可能背地裡有什麼詭計，你們不用再浪費時間在這裡跟他們爭論，免得又被激怒，說出不該說的話，慘遭錄音日後被當作呈堂證供，更加不利。既然和解不成，我們就好好準備所有證據，等著迎戰吧！」

多年處理訴訟中和解的經驗，深知「和解」不是法官、律師的意志可以掌控，當事人如果無心談和，決意窮追猛打，糾纏到底，連上帝也無法喊停，曠日費時的司法程序只好一審一審、一庭一庭糾結下去了。

官司打到最後，有時已經不是財產保衛戰的議題，而是要不要爭這一口氣——斯可忍，孰不可忍？而當雙方纏訟多年，兵疲馬困之際，如若律師適時透過和解程序，引導當事人終結仇恨，放下恩怨，將帶來圓滿的結局。

機械廠的悲歌——給付貨款案

穿過車流人潮，趕在晚間七點前走進國賓影城，甫坐定等著《太陽的孩子》電影開演，腦海中回想一年前，電影公司的製片邀請我擔任這部電影的法律顧問，幫他們處理所有合約、提供法律諮詢，終於歷經百轉千折，電影要在中秋節正式上映了，導演邀我來參加首映會。影片放映前，導演與男、女主角現身銀幕台前述說拍攝這部原住民電影的初發心與心情點滴，敦厚的鄭導演溫溫地細訴：「當初發覺部落很多美好的事物及傳統習俗漸漸消失，很想把它保留下來，剛好看了勒嘎‧舒米導演執導的紀錄片《海稻米的願望》，就找他一起合作……。」

突然手提包的手機震動了，我連忙取出，看到來電號碼是當事人機械廠經理，趕緊悄聲告訴她：「我正在看電影首映，快開演了，結束後再回電，好嗎？」話筒那一端是焦急的聲音，聽到我急促的話語只好客氣地說：「好！」掛斷電話，輕鬆的心情開始有一點點惦掛……。連下班後欣賞電影都難免公務的牽擾，律師的工作似乎就是要不斷地迎接當事人悲苦難解的煩惱。

思緒中斷後，又被觀眾席前方鄭導演溫柔的聲音吸引回來，只聽到最後幾句話：「各位在場的朋友待會兒如果看到花東海岸美麗的景色，那不是我們的鏡頭去創造出來的，而是我們生長的這土地原本就有的美麗；如果看到原住民人與人之間互動的美好，那也不是我們刻意營造的，而是原本部落就有的美好！」說完四個人緩緩離開台前，銀幕上出現了花蓮的海岸，美麗寧靜，令人難以置信這夢幻般的景緻就在台灣……。

電影　幕幕過去，結束時深深感受到這是一群傻子在台灣東海岸守候一整年，耐心癡情地細膩記錄的部落樸拙故事。走出電影院，我還在為劇中原住民究竟要守護祖先留下來的土地，還是融入現代化的生活需求中，思索最適合的出路時，手機又震動了，女經理焦急的聲音再度出現：「沈律師，電影看完了嗎？很不好意思，又來打擾妳了，上次跟妳提過的買賣糾紛，這幾天法院鑑定報告下來了，可是好像對我們很不利，想聽聽妳的建議，明天可不可以拿資料去給妳看？」

腦海中迅速搜尋到上個月這位女經理來諮詢繼承問題時，有順帶提到這個買賣瑕疵的案件。記憶中這樁給付貨款案訴訟標的高達一千多萬元，他們公司在兩年前挨告時，曾委託另一位律師承辦，不過可能由於那位律師是刑事庭法官卸任後轉任律師，對於如此複雜的民事買賣瑕疵擔保的糾紛似乎不太擅長，答辯策略與引用法條都不太適切，當時聽了當事人轉述開庭的狀況，就為他們捏一把冷汗。可是案件不在我手上，無法了解完整的案情，自然也不適合以事後諸葛的角度，批評同行的辦案方式，因此只能把擔憂藏在心裡，免得影響當事人的心情，沒想到案情的發展愈發不利，當事人這廂急著要尋求第三方法律意見了。

「好的，明天下午我正好有空，請妳帶鑑定報告與全案資料過來，我們討論看看。」反正她的案子在桃園地院審理，我也不可能去桃園代理出庭，只要提供法律意見，似乎沒有拒絕的理由，於是跟女經理約了會議時間。

不過，第二天走進會議室，看到桌上厚厚的一本鑑定報告與旁邊兩大落影印資料，就開始後悔了，怎麼才打第一審，訴訟文件就這麼多？翻了一下原告、被告的書狀，天啊！已經開了二年的庭，雙方各寫了準備書狀已經到第八份了，還沒結案，顯然是棘手的案子，真不想淌這個渾水……。

當事人似乎讀出我的心聲，趕忙解釋：「沈律師，因為這些書狀跟律師引用的條文我們都不太懂，我們的律師又很忙，常常聯絡不上。上次我出庭作證，律師前一晚交際應酬太晚，第二天他到法院開庭時還不太清醒，害我出庭很緊張，好幾個地方都講錯，律師也都沒發言，沒辦法及時補救，我真的很擔心。我們董事長說上次來拜訪妳，妳的分析與說明都很清楚，又很有道理，所以昨天要下班時，交代我趕緊來請教妳。請妳看看這份鑑定報告跟我們律師寫的狀子，對我們被告有沒有不利的影響？會不會害我們打輸？如果輸了的話，我們要賠對方一千多萬元，而且我們其他的損失也要不回來，算下來我們會虧損三千多萬元，很嚴重欸！」

說得我心理負擔更重了，可是似乎找不到拒絕法律諮詢的理由，只好硬著頭皮接下來，沒想到這是災難的開始，因為仔細研讀雙方律師的書狀及歷次開庭筆錄，才發現當事人（被告）的律師引用的條文完全錯誤。而且法官在法庭上的提問，被告律師一點都沒警覺性，最慘的是鑑定報告法官設定的問題，以及鑑定單位的結論都對被告不利。

研究案情一個禮拜後，我已經很確定這個案件被告一定會敗訴，可是回想當事人充滿期待的神情，實在不忍心告訴她這個噩耗，只能分析對方的法律立場，幫他們整理法官的疑問與爭執點，進一步建議請他們律師要再主張民法正確的條文。當事人感激再三地帶著提供給我參考的資料回去了，凝視她的背影，回頭收起桌上當事人支付的諮詢費信封，毫無荷包進帳的喜悅，反而心中的陰影愈來愈深……。

果不其然，兩個月後當事人轉寄判決書給我，判決主文載明被告必須支付新台幣壹仟伍佰捌拾柒萬元貨款與百分之五的法定利息給原告。當事人氣急敗壞地來電問我該怎麼辦？我翻著長達五十多頁的判決書說：「給我兩天的時間消化吧，星期三我們當面討論。」

於是接下來的兩天盡可能排開一切行程，專注地分析判決書的十大理由，交叉比對上次當事人給我的鑑定報告，因為判決理由多半根據鑑定報告而來，令人難以置信的是，一份產品的鑑定報告，法院居然沒有提供實體產品給鑑定單位，只憑產品設計的簡略圖說，鑑定單位就進行鑑定。而且原告、被告雙方提出不同的圖說供作鑑定標的，法官居然也接受，僅根據圖說及兩造的聲請，整理成為十個問題囑託鑑定單位一一答覆，包括產品是否有瑕疵？瑕疵造成的原因？有無其他外力干預之可能性？由於缺乏實物提供鑑定，法院問得籠統，鑑定單位答得模糊，因為一切答覆只能根據一紙簡略的圖示，而且加上當事人商業機密的考量，圖示的產品外觀尺寸、顏色、立體構造都是簡略的繪圖描述。最詭異的是，這個案件的爭執點之一在於被告製造販售的3C產品有無具備通訊效能，然而鑑定單位對這部分的疑點，絲毫未加著墨，因為欠缺產品實物可以測試通訊效能，於是長達一年四個月的鑑定期間，鑑定小組只能寫出類如教科書鋪陳理論推演的鑑定意見，至於法官詢問的重點，則以各項假設性的答案應付。

嚴格而言，這種鑑定報告其實只能當作背景知識的參考，絕對無法提供法官作成事實判斷，進一步認定本案產品有無瑕疵、造成瑕疵之原因，以及可歸責於哪一方當事人的基礎。沒想到法官收到這份大而無當的鑑定報告，竟然如獲至寶，詢問雙方的意見後，就草草定期辯論宣判，判決書中大量引用鑑定報告的結論，而這些結論都對我方當事人不利，可想而知，當事人自然吞了敗訴的苦果。

可是這整個一審法院辦案過程太奇怪了，不是嗎？研讀資料的過程中，火氣不斷上升，止不住的疑問與怒氣，乾脆先撥電話問清楚，不然今晚肯定是無法安眠了。

「徐經理，很抱歉！這麼晚打擾妳，我在看你們一審的鑑定報告跟開庭筆錄，想請問妳幾個問題，現在方便嗎？」我邊翻開卷宗資料作記號的頁數，邊撥手機通話。

「啊！沈律師，中秋連假妳還在為我們公司的案子加班呀？我現在跟家人在台中親戚家烤肉，有點吵，妳聽得到嗎？」當事人提高音量，聽得出來現場人聲鼎沸、熱鬧滾滾。心中一陣歉意，打擾到當事人的中秋聚會了，本來假期前兩天就要研究完所有他們的一審資料，無奈案情複雜，只好把討論的會議延到三天連假之後，我可以趁中秋節連假的週末繼續研析資料。

「噢！台北在下雨，看不到月亮啦！我今天已經跟家人聚會過了，中午跑去食養山房享受美食，欣賞自然風景，下午看了一場電影，晚上風雨交加，又沒好看的電視節目，心裡一直掛念著你們的案子，就拿出來翻一翻。」先跟當事人解釋，免得她心生內疚，再問一句：「妳現在方便跟我討論嗎？還是明天等妳回台北我們再通電話？」

「沒關係！我們其實烤了好一陣子了，我已經吃過烤肉、玉米了，我現在走到河邊，這裡人比較少，請說。」徐經理是個體貼的業務經理，很善解人意。

「我這兩天一直在核對判決書裡面提到的鑑定報告結論，這些結論都模稜兩可、語意不明，當初報告一出來，你們怎麼沒聲請法官傳訊鑑定單位的人到庭說明？報告文字表述不清楚，至少可以傳訊鑑定人當庭詢問解惑呀！」我提出第一個疑問。

「啊！可以傳鑑定單位來問噢?!我不知道耶，律師也沒告訴我們。」她聲音透著驚訝的意味。

聽起來當事人也不了解這個傳訊鑑定人的程序，多問無益，趕緊換下一個問題：「當然可以，最高法院都有判決曾經這樣判過啊！還有一件事覺得很奇怪，當初要鑑定時，為什麼不拿真正的產品給鑑定單位？居然只有提出設計圖，而且原告、被告各提一張，內容又不一樣，法官居然就接受了，直接送到××工業科技研究所鑑定了？」

「噢！這個問題當初我們有反對，當庭向法官強調不能只鑑定設計圖，我也有請我們公司倉管人員帶一箱不良品到法庭上要給法官送去鑑定。可是原告很機車，當庭否認說那些產品都沒有他們公司的標誌，無法證明是他們的產品，說什麼有可能是我們叫其他廠商製造的，故意要魚目混珠、誤導法官。結果法官聽了，就把那一箱瑕疵品退給我們，只送圖示給鑑定單位，我們律師當庭也不曉得要怎麼抗議，就這樣開始鑑定了。」當事人回憶往事，猶有一股委屈。

「真是有夠離譜的！過往我們碰到鑑定，如果沒有實物，鑑定單位根本不敢鑑定，只有一次是因為水災，產品全數泡水沖走，找不到實物，才鑑定相片與設計圖。可是你們這一件明明東西都還在啊，原告憑什麼否認？他們一定是心虛，明知交貨有瑕疵，不敢把自己有瑕疵的產品送鑑定！碰上這種惡劣的廠商，你們就以其人之道還治其人之身嘛！就說既然原告否認這些貨是他們交付的，那就請原告先舉證這些買賣交易過程中，他們交付的貨物在哪裡？他們是原告，必須先舉證有交貨，才能告你們給付買賣貨款，這麼一來，看他們還敢不敢否認，如果再敢否認，表示原告都沒交貨，那麼這案子也沒得告了，因為原告無法舉證交貨這檔子事，你們被告就不用付貨款了，這案子就 game over！」我愈講愈是氣憤，原告無賴，配上被告無知、律師無能、法官無心，下場當然就是敗訴嘛！為什麼當事人一審委任的律師不懂得這種致命的反擊策略呢？律師不敬業或不專業，真的會害死當事人。

「對噢！律師妳講得真妙，為什麼當時我們律師沒想到這一招?!」徐經理突然開竅，卻已遲了。

「千金難買早知道！我再問妳一點，為什麼鑑定報告收到後，你們沒有表示報告內容有問題？我看法官開庭的筆錄記載，兩邊律師都說對於鑑定報告沒意見，可是這份報告明明就對你們公司很不利。」我不想糾結在無法挽回的程序上，繼續追問其他疑點。

「我當時有問過律師要不要向法院表示不同意鑑定報告？律師說有一些報告結論可以引用，不需要整份推翻，不然他的狀子沒辦法寫。可是後來律師寫的那幾點，法官都不接受，所以才會判我們敗訴。」想必徐經理在電話另一端是一副無辜的模樣。

好了！問到的答案都是無濟於事，只是增加更多火氣，掛斷電話，作了一個決定——不接這個案件，一來案情複雜，耗盡心力的時間；二來收拾別人的敗訴爛攤子，代價太大。打定主意後，頓時心情輕鬆不少，就等著下週與當事人見面，建議她另請高明。

不料事與願違，徐經理陪同公司股東來到事務所，聽我分析一審判決與建議二審上訴可行性，我仔細說明一審判決的不合理處，再列出上訴與否的利弊得失，以及二審可以爭取的空間後。當事人立刻表示要上訴到高等法院，她說：「案子打到現在，已經不是一千多萬貨款的支付問題了，而是這口氣能不能嚥下去的問題，對方這麼惡劣，交出一大堆瑕疵貨，害我們要面對下游廠商的求償，還要付出全部貨款，法官這樣判根本就不公平，昨天公司股東跟幹部開過會，決議告到底，律師，妳就幫我們上訴吧！希望二審碰到好法官，可以翻案。」

我凝視他們三人半晌後，很沉著地回答：「這就是接下來我要跟你們商量的事，這個案子我恐怕沒辦法接，因為案件涉及3C產品高科技的專業技術，以及複雜的鑑定，我實在沒有這方面的專業來處理這個案子，請你們另外找其他專精的律師，趕快去上訴，只剩下五天了」。

徐經理聽了，先是表情錯愕，繼之掉下眼淚，我一看也愣住了，沒想到當事人會有這般激動的反應，連忙拿面紙盒遞給她。徐經理擦拭奪眶而出的淚水後，緩緩地訴說她的心意：「沈律師，這個案子是我父親成立這家公司三十年後第一次挨告，我們從來沒有跟律師合作的經驗，公司也沒有法律顧問，在地方法院收到開庭通知與起訴狀就慌了手腳，臨時透過朋友介紹匆匆忙忙找了一位律師，也搞不清楚律師有打民事跟刑事官司，分成不一樣的領域。很不幸的是，我們請的那位律師是刑事專家，後來我們才知道他其實民事案件很少打，才會有上次來找妳諮詢，發現他的法條引用錯誤的情形，所以我們二審也不敢再找他辦了，目前妳對這個案子最了解，妳剛剛提出二審的建議方案，我們都覺得耳目一新，充滿希望！這種分析過程跟這樣的討論是我們在一審從來沒有的，以前那位律師我們去找他開會時，他只會問我們接下來我們希望怎麼做？問題是我們不懂法律，又是第一次打官司，案子又很複雜，我們怎麼可能知道下一步要怎麼做呢？這應該要由他來告訴我們吧！可是他從來都不主動，連上禮拜我們去請教他一審判敗訴了，針對法官的判決書我們該怎麼辦？他竟然說他還沒仔細看判決書內容，天啊！已經收到超過十天了耶，昨天他才e-mail他對判決書的分析，我看了三遍，完全都跟判決前他寫的最後一份狀子內容一樣，這樣怎麼可能翻案嘛？律師，妳說我們怎麼放心再把案子交給他辦呢？」

徐經理難掩激動神色，喝了一口茶，忙不迭地接著說：「可是妳就不一樣，幾個月前我拿鑑定報告跟開庭資料給妳看，就馬上指出法律上錯誤的地方。上禮拜寄判決書給妳，才七天時間，妳已經分析如此深入，還建議我們二審用什麼方法聲請重新鑑定傳訊下游廠商，以及提供其他重要證據，我們聽起來都是突破的關鍵，如果妳不接這個案子，我們不曉得要到哪裡找到更適合的人選……」說著說著徐經理眼角又溢滿淚水，其他兩位股東也用期盼的眼神望著我。

看來再拒絕接辦此案，就等於把當事人推向另一個困境了。可是如果接了，勢必要面對一場硬仗，絕對要耗費大量時間、心力長期抗戰，心裡再度陷入天人交戰。在氣氛凝重沉寂中，我的手無意識地翻一翻厚厚的卷宗，看到判決書、鑑定報告，心底忽然響起易經班一位素來敬重的學長曾提醒的話語：「在妳的執行業務過程中，會來到妳面前的案子與當事人，都是跟妳有因緣的，妳就去好好渡他們，也等於在渡妳自己吧！」

是否這就是我跟這個案件的因緣？上天讓當事人找上了我，也許是要透過我的法律專業與人格特質給這個案件撥開迷霧，引導到正確的方向；同時也要藉著這個案件讓我有所體悟與歷練。於是我點頭答應接下這個案件，當事人帶著欣喜安慰的神情離開了，我收起他們甫用印的二審委任狀，覺得肩頭的責任又更重了。

今年秋天似乎連假特別多，送走了中秋節三天連假，又迎來國慶日的假期，在大家把握週末連假外出遊樂之際，很不幸的是兩個連假我都待在家裡，被一堆案件卷宗證據圍繞著，努力與當事人送來一審敗訴的判決搏鬥，反覆思索法官在判決書洋洋灑灑列出來的十大理由，試圖殺出一條血路，期待在二審的訴訟程序中扭轉乾坤，扳回頹勢。

三日連假的苦思，在銷假上班前夕，案件終於有了突破。我終於想出方法，推敲如何證實對方交付的產品具有嚴重的瑕疵，確實不符合交易雙方約定的品質，造成我方工廠的損害，導致半成品組裝後交付給中國大陸下游廠商，安裝在3C產品裡，產生通訊不良，甚至斷訊的結果，下游廠商發函要求限期修繕補正瑕疵，否則退貨賠償。

突破之道，首先要向高等法院合議庭法官證明，上訴人（我方）當初向被上訴人公司訂購貨品時，已有約定最後組裝成3C產品必須具備高頻通訊功能，才能引用民法第三五九條主張對方應負瑕疵擔保責任，這一點需要由當事人工廠採購經理出庭說明，因為兩家公司從未簽訂正式的買賣合約，只能以人證取代書證。

第二道關卡必須證明對方交付的產品具有瑕疵，這也是這個案子一審敗訴的關鍵，地院法官根據教科書式的鑑定報告，依雙方提供的設計圖，認為造成本案瑕疵的因素有多項，並不一定是原告製造的產品造成，推測有可能是被告組裝的線材或生產方式有問題，或甚至大陸下游廠商的成品肇致。畢竟成品到了中國大陸全部組裝完畢才能檢測3C產品的通訊品質，這條跨越兩岸漫長的生產鏈很難斷定在哪一個環節發生瑕疵，鑑定單位只能列舉可能原因，但無法確實認定是對方零件具有瑕疵，一審法官抓住這個鑑定結論，下了最後的判定：被告對於原告交付產品所具有的瑕疵舉證不足，不得主張減少買賣價金及瑕疵賠償，必須全額支付貨款。

面對這種判決結論，我到底能用什麼理由說服法官相信產品的瑕疵是對方造成的？除了傳訊我方工程師來說明產品結構與功能瑕疵之外，我建議當事人公司的徐經理央託同行資深的業者以專家證人的身分到法庭現身說法，徐經理百般為難地接下這個艱難的任務，允諾極力遊說某家業者克服「得罪同行」的心理障礙出庭提供專業說法。

另外，最有說服力的理由應該是瑕疵事件爆發後，對方工廠廠長的反應，他在電話中一聽到大陸廠商揚言有瑕疵要退貨，就驚嘆一聲：「應該是零組件的上蓋出狀況，我來想辦法重新壓緊。」第二天衝來到當事人公司開會緊急協商時，在會議桌上廠長再度證實瑕疵原因，現場好幾位工程師都聽到了。我問當事人為何一審沒有聲請傳訊這些工程師出庭作證，向法官說明對方廠長自認產品有瑕疵的過程，徐經理皺著眉頭回答說：「一審律師都沒想到呀！我們有告訴他這一段會議場景跟廠長的說辭啊！」一審律師的疏漏，成了二審律師補救的重點，我在上訴理由狀中強調在事發翌日危機處理的會議上，對方廠長的解釋瑕疵及提出補救之道，並且同步聲請傳喚那位廠長及我方工程師出庭對質，證明對方確實在第一時間已經承認產品有瑕疵。

接下來另一項對我方有利的事實，就是對方的副廠長在事發第二天下午陪同我方業務經理，立刻飛往中國大陸深圳處理商品瑕疵補正問題，還緊急調兵遣將，運用人脈，央求當地台商朋友提供廠房人力及機器設備，以最快速度重新加工，勉強修繕既有瑕疵，免除當期貨品退貨危機。依商場的慣例，如果對方不承認瑕疵原因在他們身上，豈有可能積極配合出錢出力立刻進行危機處理？

沒想到一審法官居然被對方負責人當庭一句話給唬住，負責人出庭時大言不慚地說：「陪客戶到大陸廠商那裡解釋跟幫忙，這是我服務客戶一貫負責任的熱誠精神，被告不能因為我的熱心，就栽贓我自認產品出問題啊！」法官欣然接受對方的解釋，因而略去這一段重要的情節。我必須讓二審法官明瞭這段情節的重要性，從商業習慣及經驗法則分析證實對方補救瑕疵的動機，當事人也同意商請大陸廠商來台作證，敘明在那關鍵十天中對方作了哪些補救修繕的工作，甚至提供上海市公證處的瑕疵鑑定公證書，可以明確指出瑕疵的源頭存在對方交付的貨品中。

最後一項瓶頸，也是對方在一審擊垮我們的致命武器，就是對方律師特別強調我方提出減少價金的時間點已經超過民法規定的六個月時效。這一點確實是我方的死穴，我持續思索至開庭前一週才想出突破之道，打算向二審法官說明，當初由於買賣雙方對於產品瑕疵各執一詞，並無共識，加上對方針對最嚴重的一批貨已經補正瑕疵，其餘五分之四的貨品瑕疵仍待鑑定，因此遲至一審鑑定報告出爐後兩個月內，我方才得以在法院辯論當天提出此項抵銷之請求，依然沒有超過六個月的時效規定。雖然理由有點牽強，不過原審律師的疏失，我也只能儘量補救，又不能讓時光倒轉，歷史重來，每一個人在「時間」面前只能接受現狀，無法期待抹消一切，希望高院法官能明瞭我的用心良苦。

長篇大論的上訴理由狀伴隨聲請重新鑑定的聲請狀，在寄電子檔給當事人確認後，就遞送至法院，繕本同時郵寄被上訴人，猜想對方接到這個震撼彈，應該會立刻從一審勝訴的喜悅中清醒過來吧！

果不其然，高等法院第一次開庭，對方（被上訴人）在陳述答辯理由時，他們的律師激動地重砲轟擊，指責我們浪費司法資源，反對我提出的所有聲請，認為傳訊公司工程師只會提出一面倒的偏袒證詞，要求他們廠長出庭對質更是沒有必要，一審法院花了一年半的時間鑑定產品，如今上訴到高院還要重新鑑定，根本是多此一舉，延宕訴訟！

我坐在上訴人的訴訟代理人席，看著大聲疾呼的對方律師，我顯得一派神閒氣定，因為無論被上訴人的律師如何砲轟，我很篤定二審法官一定不敢忽略我方這些調查證據的聲請，否則屆時我們再上訴到最高法院，這種欠缺調查證據作成的二審判決必然遭受最高法院發回重審，很少高院法官願意承擔如此慘遭上級法院指摘的後果。

果然受命法官緊皺眉頭一一詢問我聲請重新鑑定，以及傳訊十名證人的待證事項與目的

後，指示我一週內具狀詳述後，再轉頭要求對方律師針對我提出的上訴理由具體答辯，並且必須說明在原審拒絕提供實際貨品進行鑑定的確實理由。

受命法官補充他的考量：「我看了一審的鑑定報告，也覺得很奇怪，這種功能性瑕疵的爭議，怎麼會只用設計圖面去作鑑定，而不是針對實物檢測？被上訴人你們有什麼理由否認上訴人在原審法院當庭提出的瑕疵貨品的真實性呢？我看過你們當時提的理由，主張有合理的懷疑，認為上訴人提交的瑕疵品可能是別家廠商的產品，可是你們也承認那段時期上訴人只有向你們一家廠商訂貨，難道上訴人在你們提告後，會故意去找別家製作一些瑕疵品來鑑定嗎？沒有這個必要吧！這種高科技的產品技術如此特殊，原料所費不貲，上訴人需要臨訟花大錢請其他廠商特別製作瑕疵品嗎？他們倉管人員也出庭證實這些瑕疵品是你們交的貨，你們在一審作這種抗辯，我認為根本不符商業實況。」

真是佩服世事洞明的審判長，狠狠地給對方一記耳光！不過，接下來我也沒好過，法官立刻給我警示：「上訴人這邊也要再具狀，敘明為何這些證人在一審程序沒有傳訊，到了上訴審才聲請，有沒有違反民事訴訟法第四四七條當事人不得提出新攻擊或防禦方法之規定？畢竟這個案子在地方法院審理長達三年，為什麼當時都沒提出？還有你們要求重新鑑定是不是有必要，我們合議庭會再商議。我認為比較可行的方式是先傳訊一審的鑑定人來詢問清楚，為什麼鑑定報告的結論是這麼寫，如果鑑定人的解釋還不夠明確，甚至他也建議針對產

品實物重新鑑定，本院會慎重考慮。」

Ya！碰到明鏡高懸的睿智法官了，雖然他打到我方的痛處，很多證人原本應該在一審聲請傳訊的，我當庭也不能立刻回說：「我怎麼知道，當事人一審請到笨律師，能怪我嗎？」不過目前法官這番處理，已經讓我方看到隧道出口一絲光亮了！

對方律師警覺到法庭情勢似乎在逆轉中，氣急敗壞地想要起身阻止法官重新鑑定的想法，他說：「庭上！上訴人根本就是拖延訴訟，這個案子我們認為不需要重新鑑定……。」

法官示意請他先坐下，和顏悅色地問：「兩造有沒有可能和解？」對方律師臉色難看地沉默不語，一審他們贏了一千五百萬元的官司，信心滿滿，怎麼可能在這個節骨眼和談讓步？法官只好轉向我徵詢和解意願，我緩緩起身臉色凝重地說：「我們為了這個案子付出很大的代價，被上訴人向我們催討全額的貨款，而在中國大陸我們公司卻索討不到下游廠商半毛錢的貨款，大陸廠商說貨品有瑕疵，拒絕付款，還要我們賠償損失，被上訴人說他們的貨沒瑕疵，叫我們全額付款，這一討一拒往來之間，我們就要承擔將近五千萬的負債。審判長，我們夾在中間，真的很無奈，現在大陸公司也不跟我們做生意了，業績掉了一半，真的做得很辛苦，如果能和解，減輕我當事人的財務負擔，可能公司還可以再撐下去，不然我們很可能因為這個案子就破產了……。」

聽了這一段感性的心聲，徐經理坐在旁聽席上頻頻拭淚。法官迅速作了決定，當庭宣布：「下週安排調解庭，請雙方負責人出席談談看，兩造律師也儘量協助溝通，退庭。」

走出法庭，我脫下律師袍，徐經理走到我面前，問我調解庭怎麼處理，我帶她到高院二樓角落處細談。坐在閱卷室前方的高腳椅上，她說：「律師，妳覺得對方會願意和解嗎？一審他們打贏了，一定要拿全額，怎麼可能讓步？」

我凝視著她的眼睛，問道：「你們呢？你們有想要和解嗎？我剛剛那麼說，只是想善意回應法官勸諭和解的心意，而且也趁這個機會，讓法官了解你們公司經營的困難。倘使日後和解不成，法官了解了公司的背景，對於我們在訴訟中請求聲請調查的證據，可能會給予較大的空間……。」

徐經理連忙回應：「我明白，謝謝律師剛剛那段話說出了我們公司的心聲，我們當然想和解，官司打了三年真的覺得很累，再打下去如同律師在法庭上說的，我們會被拖垮，說不定就真的要關門了，尤其今年景氣很差，業績一直沒起色，我們寧可趕緊去想辦法增加業務多賺錢，也不要把時間耗在法院。」

「好，既然是這樣，請妳回去問董事長和解金額從多少開始談，上限是多少？我們下週調解庭前通個電話，讓我心裡有個底，才知道調解時如何與對方磋商金額，或是你們公司另外派人來一起談判。」我簡單交代徐經理，她說回去請示董事長再聯絡。

沉寂了一週，到了調解當天徐經理才捎簡訊過來，提及公司有位股東會陪她一起出席，董事長指示約莫從三百萬元開始談，上限是七百五十萬元。這個金額剛好是一審判決支付貨款的一半，依我過往協調和解的經驗，對方一定不肯接受，看來今天的調解庭不會有結果的。

到了下午三點，兩邊人馬到齊，走進高等法院一樓協商室，會議桌上正好上訴人與被上訴人各據一方，調解委員坐定後，開始曉以大義，沒想到立刻牽動對方負責人的情緒，對簿公堂三年來的不滿傾洩而出，指責我的當事人不守信用、拖延付款，害他公司岌岌可危！

我方股東聽了火冒三丈，正想迎戰大罵，硬是被調解委員勸了下來，顯然買賣糾紛纏訟三年，雙方的壓力鍋都想要找出口。調解委員看到兩軍對峙，氣氛凝重，靈機一動，突然請對方一行五個人先退出調解室，留下我們這邊四個人，詢問當事人願意支付的金額？

當事人公司股東提出四百萬元的和解金額，一看調解委員皺眉頭，股東準備要大吐苦水，調解委員很巧妙地轉移話題，向我們解釋對方的心思，以及金額差距可能造成對方的反彈，又問起當事人公司目前營運情形。

我抓住機會補充說：「我們都明白委員您的好意，也知道這件調解案不好談，不過，想請委員提醒對方，如果此案繼續訴訟，由於案情複雜，牽涉兩岸三地的貿易產品鑑定，疑點繁多，事證千頭萬緒，恐怕三、五年內無法三審定讞，到時候案件在高院及最高法院之間來來回回，我的當事人倘若撐不下去，公司瀕臨破產或解散清算，他們一毛錢都拿不到，倒不如現在和解金談好，落袋為安！」

調解委員點點頭，請我們退出，只點名對方負責人進入協商室，一對一面談。我們在外面長廊猜測對方老闆的反應，過了七、八分鐘對方老闆出來，轉告調解委員會指定我單獨入室，當事人與我相視一望，十分不解。我起身走進去，調解委員微笑說：「沈律師，我看得出來妳對當事人有影響力，而且被上訴人這邊也對妳很敬重，覺得妳法律專業夠，妳寫的上訴理由打到很多他們的弱點。所以我只請妳進來溝通，免得當事人又有很多情緒。剛剛被上訴人的老闆有表示他們設定的和解金額是一千二百萬元，加上三年來的法定利息，也差不多要到一千四百萬元了，等於只退讓一百多萬元，我跟他講這樣是談不成的，我建議他再退讓三百萬元，差不多用九百萬元解決這個案子，後來他勉強接受了。確實妳方才提醒的問題也正是他們的擔心，如果這麼一個複雜的案子打了十年，縱使打贏了，上訴人的公司倒閉了，或沒財產，也是白打一場。」

「謝謝委員大力協調，可是九百萬元還是太高了，我的當事人付不起的，除了這幾年景氣差，沒賺錢之外，最主要的是大陸那家廠商拖到現在還不願意付貨款，甚至要求償損失，當事人的公司不曉得還得賠多少錢。和解金額可不可以再低一點？比方七百萬或六百萬元，我也許可以說動當事人，請他們接受，可以了卻心頭一塊大石頭！」我誠懇地請託調解委員，他面有難色地說：「好吧！我再跟他們負責人溝通看看。」

於是我請對方老闆再度進去單獨見調解委員，十分鐘後，對方老闆若有所思地走出來，轉告調解委員請我方進入。原來對方又讓步到八百萬元，調解委員說這已是極限，如果我們不接受，今天調解程序只好宣布不成立。當事人交頭接耳交換意見後，仍無法決定，調解委員說：「你們如果怕一時不能付清，就先付四百萬現金，其他開票分期支付嘛！」

公司股東聽了心生一計說：「這樣吧！七百五十萬元我們用現金一次付清，看對方要不要？委員您要知道，昨天我們股東們在公司開會，他們只授權我談到五百萬元。今天我看您很努力要幫我們調，對方似乎也有誠意談，我方想阿沙力出這個價，如果公司現金不夠，我會負責籌到足，請委員再幫我們轉告。」

調解委員索性直接請對方一行人全部進來，轉達我方願意以七百五十萬現金一次付清，對方老闆轉過頭看一下老闆娘，想必是看在現金落袋為安的分上，後者立即點頭，老闆向調解委員表示同意，我們雙方律師都鬆了一口氣，真沒想到打了三年多的官司，今天花一個下午的時間，居然調解就成立了，在場每一個人都有意外之感！調解委員立刻寫明和解條件，雙方在筆錄上簽字後，約定本週四上午在法庭簽署和解筆錄，同時交付七百五十萬元的銀行支票，完成和解程序。

一行人走出協商室，當事人如釋重負，道謝連連，欣喜地為我在法院門口叫車，臨上車前徐經理站在車邊，語重心長地說：「沈律師，我們在對的時間遇到對的人，才會了結三年來的痛苦，沒有妳今天和解不可能順利達成，感恩妳的幫助。」我關上車門，打開車窗含笑說：「這是我該做的。」

訴訟案件也得要當事人想通，願意放下，才能圓滿畫上句點呢！

如果律師無法在法庭實現正義，是否解甲歸田、不如歸去？
如果法官無法在法庭勸諭和解／解決恩怨，是否任由天道因果運行？

法官勸和解——回復股權案

一對夫妻為了爭奪共同打拚三十年的上億資產，連續五年展開無數的訴訟，更換十組以上的律師。當我接到這個案子時，雙方雖然不至於彈盡援絕，但也已經兵疲馬困、身心交瘁。習佛多年的我開始透過會議或開庭的機會，適時地建議當事人嘗試和解，卻立馬吃上閉門羹，委託我辦案的丈夫解釋說：「律師，妳不知道這幾年來打官司的痛苦，她不斷惡整我，在孩子面前醜化我、在廠商之間散布謠言，我沒被金融風暴打倒，差點被我老婆鬥垮。公司負責人登記她的名字，辦公室過戶在她名下，現在官司開打，她都不過戶還給我！去年公司周轉不靈，差點關門，最近公司業務好不容易起死回生，我才有錢換律師，請妳來上訴，為什麼馬上就勸我停戰舉白旗？」當事人忿恨不平地抒發多年的情緒。

「和解不是舉白旗投降，而是各退一步，解決問題……」我試圖扭轉觀念。

「那麼事實真相呢？她偷偷轉走我海外的資金，強占我辦公室的非法動作呢？叫我吞下這些委屈，把財產拱手讓人?!我寧可把白花花的鈔票丟到水溝裡，也不要跟她和解，這個賤人……律師，妳知道嗎，我這個老婆每次叫律師寫狀子，都說她與世無爭，願意餘生常伴青燈古佛，才怪！她對別人出手大方，每次到禪寺做法事，就供養一桌上百萬元給法師，現在連十萬、三十萬元的公司開銷都在法庭上跟我計較，我為什麼要跟她和解？不要！我要打到底，努力賺錢來打官司！」慷慨陳詞，激動不已，看來是無法勸成了。

「那你明天要不要去高等法院出庭？法官說特別安排這個庭期，讓你們夫妻親自到庭，勸你們和解。」我開始煩惱明天開庭的事，法官上次千交代萬叮嚀要帶當事人到庭，庭長要親自當庭勸諭雙方和解，說什麼也得勸他去！

「我不要！法官說的那一套，我以前聽過了，這些不知民間疾苦的法官，只是想辦法叫當事人和解，他們怎麼不把這種積極的精神發揮在辦案上，多幫我們這些苦主調查案情，釐清事實？卻只想省事事省，叫我們撤回案件，也不想想這些和解條件多麼不公平！」當事人一本初衷，拒絕到底，只好放棄和解的想法了，等著明天出庭挨刮。

「大律師，妳的當事人呢？上次不是講好了，各自帶當事人來，當場協商和解條件的，今天被上訴人都到了，為什麼上訴人沒來？」庭長一臉不悅。

「報告審判長，很抱歉！當事人還是希望先釐清真相，如果對方繼續否認事實，他說請法官進行測謊，他要等被上訴人認錯，才願意出面談和解。」唉！當事人不配合，只好由律師上前線挨子彈。

「大律師，妳也很資深了，應該理解本案是民事案件，法官是不會對當事人進行測謊的。更何況現在要談和解，毋需再論事實的調查，妳難道沒有跟當事人說明嗎？」庭長溫和地解說，綿裡帶針，我坐在訴訟代理人席，如坐針氈。

「有的，當事人還是很堅持。」我的回答心虛又無奈。講完稍微抬頭看看庭長的表情，完了！他要開始訓話了，今天庭訊排一個小時，不知會訓到何時？

「律師，妳回去轉告當事人，人生下半場，為了這些民事、刑事案件綁在這裡，值得嗎？夫妻都已經六十幾歲了，孩子也都成年了，如果緣盡情了，就好聚好散，把財產一項一項協議分配清楚，早點獲得解脫，不是對雙方比較好嗎？不然午夜夢迴，發現生命不斷在磨耗，值得嗎？」庭長語重心長地講述人生大道理。

我心中不斷OS：「親愛的庭長，這些道理我都懂，可是當事人不願接受，我有什麼辦法呢？難不成我要拿刀拿槍架著他簽和解書？他連法庭都不想來了，怎會聽進這些逆耳忠言呢？……。」

審判桌前庭長繼續面善心慈地分析：「如果上訴人你們這邊勝訴，妳的當事人就暢快嗎？反之，如果被上訴人全部勝訴，被上訴人就自在嗎？還不是繼續上訴，冤冤相報無了時啊！」

我沒作聲，只能持續在心裡獨白：「親愛的庭長，我也明白呀！可是有些當事人就是不到黃河心不死，不見棺材不掉淚，沒有三審定讞，是不甘心的！我們律師只好陪著他們一審一審打下去，不是律師愛興訟，實在是不得已的呀。孟子最了解我們的心情：『予豈好辯哉？予不得已也！』庭長請不要再講下去了，耳朵快要長繭了，你們沒當過律師，真的不知道律師的苦衷，我真的有勸當事人和解，可是他們不聽呀！我不是繼續幫他們打官司，就是被當事人解除委任。庭長，難道您真心期許我們律師只要當事人不和解，就拒絕接案，維持清高，兩袖清風，那麼真理正義誰來幫當事人追求？」

法官持續在台上叨念，我也在心裡嘀咕：「『和解』當然立即結束紛爭，解決法庭裡的爭議，可是問題都解決了嗎？當事人都心甘情願了嗎？有時候當事人需要打一場硬仗，打輸了之後，才會覺悟，才甘願和解。可是，庭長大人，您沒當過苦命的當事人，您可以深刻感受到這些當事人內心深處的衝擊與糾結嗎？真的不是我們律師不願意和解啊！我們律師也只是人生道路上，用法律專業陪伴當事人熬過這段黑暗時光的人，我們儘量不介入當事人的恩怨，或啟開更多無謂的因果；可是當事人之間的因果業報真的不是我們這些平凡的法律人可以歇止平息的，我們只能讓這些惡因緣減少，降低惡果的異熟，可是如果當事人不放棄我執，堅持耗在貪嗔痴慢疑的五毒中，律師也無法違逆天道法則的運行啊！」

心中的聲音不斷冒出來，與法官席上的庭長訓話平行併進，終於庭長發現我恍神放空，知道再講下去，無濟於事，宣布退庭。

拉著沉重的卷宗行李箱，一步一步走出法庭，心情似乎比案件的卷宗還要沉重。訴訟是和是戰，需要人生不間斷地抉擇，而機緣也在分秒中流逝，世間因果卻忠實地堆疊變化累積實現……。

一樁訴訟究竟要「決戰」或「和談」？對於當事人、律師、法官各具不同意涵，心中的掙扎、盤算與抉擇各有方向，最後的決定帶來不一樣的命運。

和解的終章——小說侵權求償案

還有　個小時不到的時間就要開庭了，我邊準備訴訟卷宗資料，邊盯著桌上的手機，等待當事人傳來訊息，告知昨天深夜他與對方展開的和解是否順利完成了。

昨晚已經是這件侵權案第三次協商和解，除了第二次我曾陪同參與和解的談判協調之外，其他的和解會議，對方當事人都拒絕我參加，她曾忿懣地告訴我的當事人：「你們沈律師在法庭上羞辱我，刁難我方聲請傳訊的證人，書狀上還攻擊我告錯了，又阻礙另一個被告跟我和解……她真的很可惡，我不想見到她，如果沈律師再出現在和解會議上，我就不談了！」

當事人常會把彼此之間無法宣洩的恩怨情仇轉移到對方律師身上，因為律師在法庭第一線攻防，首當其衝，很容易就被擺上「假想敵」的位置，成為對造當事人發洩情緒的箭靶。

於是我方律師「善盡職守」就成了對造人身攻擊的藉口，如果再加上對方律師有意挑撥，企圖以醜化我方律師來掩飾訴訟失利或能力不足的實情，沒有親自出庭的對造當事人，當然寧可選擇相信他的律師不實轉述，而對於我方律師採取同仇敵愾的立場！其實多年的法庭實戰經驗與專業訓練，扮演律師角色的我絕對不可能在法庭上羞辱當事人，更不會刁難證人，否則法官那一關就通不過了，至於書狀說對方（原告）提告錯誤，是我方的基本立場，難不成我接受被告委託，代表被告提出書狀，答辯狀上卻寫明原告的訴求全部合法，豈不舉白旗投降，有負所託?!

有些當事人一碰到訴訟，就換個腦袋、換了思維，在驚慌失措、六神無主中，被律師牽著鼻子走，身陷法律泥淖還執迷不悟；尤其民事案件訴訟程序，當事人不用親自出庭，連法官都沒機會勸醒他（她）呢！以這個侵權賠償案為例，原告是個女作家，她的前夫在十年前已將二十五冊詩集連同十部長篇小說都轉讓給被告金像公司了，當年女作家被丈夫矇在鼓裡，金像公司付了兩千五百萬元的天價，以為買下了暢銷作家的所有資產，為瀕臨破產的女作家丈夫償還鉅額債務，還多了一筆資金東山再起。沒想到女作家的前夫拿了這些錢，只還清一部分地下錢莊的債務，就跑到大陸發展，女作家卻得出面應付凶神惡煞的債權人，最終不堪黑道兄弟的騷擾折磨與丈夫捲款潛逃他鄉的背叛情傷，只好訴請裁判離婚，祈求與前夫債務畫清界限，尋找平靜的生活。

在多年沉寂的低調半隱居歲月後，前年女作家忽然結交文壇毫無名氣的男友，在男友的蠱惑和不肖律師慫恿下，向智慧財產法院提告，主張金像公司與我的當事人——被轉授權的編劇經紀公司共同侵害她的小說語文著作權，求償三百萬元。

金像公司挨告後，氣憤難當，因為當年女作家的前夫出面交易，言明小說與詩集全部轉讓，金像公司取得語文著作權，後來授權編劇經紀公司改編為電視劇，都是合法授權，哪裡牽涉侵權？被告金像公司的律師在法庭上理直氣壯地陳述，原告女作家卻全然否認，強調從未轉讓，雙方各執一詞，我的當事人——共同被告編劇經紀公司更加困惑。法官詢問有無證據聲請調查？剛巧女作家的前夫從中國大陸落魄返台，自願為前妻出庭作證，說明十年前轉讓公司資產並沒有賣斷妻子的作品，只是讓與經紀代理權，而且還在法庭上指證歷歷，當年是如何詳細告知金像公司，他代為賣斷的公司資產沒包含這些小說詩集……。

這番虛偽不實的證詞在證人席上被我質疑揭穿，證人聞言惱羞成怒，當著審判長的面竟然拍桌揚言：「為什麼證人來法院還被羞辱？我拒絕作證了！」語畢拂袖而去。

女作家當天恰巧親自出庭，這是她在這樁侵權案訴訟唯一的一次出庭，在法庭裡親耳聽聞我揭開十年前的交易實況，當然無法相信枕邊人居然出賣了她，轉讓她的暢銷作品給金像公司；只好自我催眠，認為是對造律師蓄意以犀利的言詞在法庭刁難懷疑她的前夫，免得她獲悉事實真相後，面臨前夫當年背叛的情緒崩潰！

法庭上轉折的關鍵時刻，常會遇上人性大崩解，當事人為了避免遭受心靈受傷、情緒潰堤，只好選擇掩蓋事實，或曲解證詞，寧可相信她傳來的證人，堅守既定的法律立場，而執意怪罪對造，於是對方律師就成了揹黑鍋的代罪羔羊。

不過我執業二十幾年以來，在法院從未遇上如此離譜的「黃金」組合——情緒化的原告、貪婪的男友、背叛的前夫、卑劣的律師，連同列被告的金像公司都對原告律師深表不滿。在兩家被告公司一起開會討論案情及訴訟策略時，金像董事長認真地問道：「沈律師，對方的律師十年前幫我跟好朋友草擬了這份資產買賣協議書，妳也知道我對出版業這個行業完全不懂，除了我的好朋友告訴我讓渡的條件之外，就靠這個潘律師解釋協議書上的條文給我聽，當時在潘律師的辦公室討論買賣條件跟簽約時，我還問他小說的著作權轉讓是什麼意思？是不是我付了兩千五百萬元，所有我朋友老婆的小說跟詩集所有權利都歸我，我都可以自由運用？當時潘律師說沒錯，女作家的作品都歸我擁有權利，文稿電子檔也給我了。十年過去了，潘律師居然幫女作家跳出來告我，還在法庭上說當年合約寫的不清楚，連附件都沒有，不能證明我有拿到這些小說的著作權。這是他訂的合約耶！怎麼可以把合約的漏洞栽到我頭上？律師可以這樣嗎？幫我寫了合約又來告我，法律上不能阻止這種惡劣的律師嗎？」

我翻開律師法給他看，一邊說明：「律師法二十六條有規定『律師對於左列事件，不得執行其職務：一、本人或同一律師事務所之律師曾受委託人之相對人之委任，或曾與商議而予以贊助者。』當初委託潘律師草擬合約的是您的好朋友，也就是昨天出庭作證的證人，當年是他支付律師費，不過您有向潘律師提出法律諮詢，符合這條規定。」

憤憤不平的金像公司老董接著問：「我可不可以依據這個條文，向律師公會提出檢舉？

而且還要請求法官不准他再幫原告開庭，太可惡了，如果這個官司輸掉了，我還要告他背信呢！當年合約沒寫好，害我拿不到權利，還得賠償三百萬元，這款律師真是沒天良！」

於是金像公司向法官聲請禁止原告訴訟代理人執行職務，理由是原告律師違反律師法。法官非常重視這項罕見的聲請，收到聲請狀的翌日立即發出公文，要求原告律師據以說明，而且在下一個庭期也就是今天合併調查這個聲請案。

看了一下辦公室的時鐘，只剩半小時了，當事人依然音訊杳然，只好直接撥電話詢問當事人和解狀況，手機沒接，倒是他的秘書傳來簡訊：「沈律師，董事長趕到機場要飛往上海開會，他要我轉告您，昨晚對方還是不肯簽和解書及撤回狀，請您先出庭，下週等他回國再商議。總經理已經快趕到法院與您會合了。」

我火速飆車到法院，正好趕上庭務員點呼開庭。法官當庭調查原告律師有無被告聲請狀陳述的情形，潘律師矢口否認，法官要求被告金像公司負責人下一次親自出庭說明，金像的律師點頭稱是，我並未多言，因為當年簽約我不在現場，無從具體陳述；而且最主要的考慮是原告律師如果遷怒於我們兩位被告律師，使出賤招報復，暗箭難防。行走江湖，還是小心的好！

接著法官關心和解進度，詢問原告律師為何和解又沒談成？潘律師貌似恭謹地回答：「這個案子我們告了兩家公司，除了授權這些小說的被告金像公司之外，還告改編小說的編劇經紀公司，這幾次談和解下來，編劇經紀公司都很強硬，屢屢拒絕和解，這樣一來，原告當然無法簽和解書！」

我正準備起身解釋為什麼我的當事人即編劇經紀公司不願意加入和解，沒想到法官正義凜然地幫我們駁斥原告了，她說：「原告大律師，上次庭期要結束前，我就請你務必回去轉達原告，這個案件你們告編劇經紀公司是不合理的。授權的源頭在於十年前被告金像公司到底有沒有取得小說詩集的著作權，編劇經紀公司簽約時相信金像公司有權利，而且雙方專屬授權契約寫得很清楚，金像公司還負有擔保授權標的合法的義務，整個過程編劇經紀公司沒有任何故意過失侵權的行為，原告這種告法是不對的，你有誠實地轉達這個意思嗎？如果原告了解這其中的利害關係就會願意和解了。」

法官只差沒有指著原告律師的鼻子，斥責他胡亂幫當事人提出錯誤的訴訟，法官的修養令人敬佩又感念於心！不過顯然原告律師一點都不領情，只是沉默不語，臉上流露著不情願的神色，剛趕到法庭坐上被告席的編劇經紀公司總經理不解地問我：「法官講得很有道理，為什麼對方律師聽不懂？」

我悄悄地說：「潘律師不是不懂，而是嫌金像公司老闆出的和解金太少，所以他屢次阻止原告和解。我猜他接這個案子是談好用和解抽成的方式拿律師費，現在金像公司提供的和解金才八十萬元，遠不及原告請求的三百萬元，潘律師打的如意算盤是你們公司也一起加入和解，就可提高金額，偏偏你一直不同意，所以他就不斷阻撓。」

編劇經紀公司總經理搖搖頭，深表不認同對方律師的行徑。我看著桌上同步顯示法庭筆錄的電腦螢幕，等候審判長的進一步指示。法官翻閱卷宗，檢視證據都已調閱完畢，雙方也陳明無其他證據要再提出，於是直接宣布下個月月底進行辯論，並且要求雙方當事人親自到庭，法官要當庭勸諭和解，似乎法官也看出原告律師的心機了，決定自己處理和解事宜。

訴訟迄今，其實金像公司老董一直沒放棄和解的機會，他是傳統中國社會的企業家，根深柢固的觀念認為「訟則凶」，只要可以避免，儘量勿到法院或沾染官司。他平日喜捨布施，從不負人，卻在救助好友與才華洋溢的女作家後，被一狀告上法院，莫可奈何之下，才會急急情商和解。雙方洽商和解過程中，原告女作家雖然外表溫婉可人，但在現任男友憤世嫉俗的心情撥弄，加上不肖律師設局下，也開始玩弄起和解伎倆，一見到金像老董就潸然淚下，表達文學作品被掠奪侵權的強烈委屈。金像公司老董禁不起女人的眼淚、女作家的悲情傾訴，立刻表示願意交還全部作品的語文著作權；原告女作家見一計得逞，迅即加碼要求多年的版稅，強調十年來編劇經紀公司授權收入頗豐，卻都未曾回饋作家，世事不公，莫此為甚！金像公司無法承受貪利之罵名，老董旋即指示秘書計算歷年版稅收入，允諾賠償豐厚金額。

在節節讓步之餘，金像公司老董以為和解已然達成共識，取出律師事先準備的和解協議書及民事撤回狀攤在桌上，不料在原告律師授意下，女作家得寸進尺，臨時又提第三個和解條件：共同被告編劇經紀公司公司必須一起和解。

這下連金像公司老董也無法作主了，溫和地解釋金像公司是授權的源頭，應當承擔所有法律責任，勿再牽連不相干的第三者。女作家舌粲蓮花，柔聲泣訴：「董事長，打這個官司並不是針對您，十年前您救急救難，讓我前夫的公司不至於四分五裂、倒閉破產，我們始終感念您的恩情，縱然後來我們夫妻分手了，您當年的恩義還是長留我心中。這次提出侵權訴訟，真的很不得已，主要是想警告帳務不清、態度惡劣的編劇經紀公司，訴求這些獲取暴利的市場強勢者必須要給弱勢的作家一個交代。」

金像公司眼看對方食髓知味，無法再妥協，最終和談破局，只能讓訴訟程序繼續進行，私底下仍託請好友盡力協調，希望他的前妻（原告）回心轉意，答應和解。沒想到事後這位好友恩將仇報，在原告律師聲請下出庭作證，證詞對被告大為不利，我提醒當事人（編劇經紀公司）原告立場似乎可疑，恐怕沒有真心推動和解，不如我方放棄和解的努力，全力答辯，目前訴訟局勢應該我方有七成以上的勝算。

當事人答應了，無奈共同被告金像公司視訟如讎，無法接受我的分析與建議，執意和解結案，恰巧有位資深文壇前輩剛從北京返台，想約金像公司合作投資上海的項目，商議合作條件之餘，老董提到此樁惱人官司，這位重量級的前輩拍胸脯應允出面協商，進行緊急磋商，不到三天的光景，女作家同意在案件辯論前夕見面，但是要求雙方都不帶律師，圈內人自行商議，我依舊幫當事人準備和解文件及撤回狀，在家等候消息。

半夜終於傳來捷報，和解書簽妥了。原來此次只有女作家攜其男友與會，律師未到場，負責主導協調的文壇前輩擅長談判，對女作家的男友曉以大義，適時分析和解與否的利害關係，掌握現場感性氛圍，巧妙地阻止女作家營造悲情氣氛，也不讓金像公司提舊事算舊帳。雙方懇談對峙到深夜，男友眼見大勢已去，勸女作家簽了吧，他說：「最好的和解時機已然錯過，此時再不簽，連朋友都作不成了」，女作家折騰了一夜，終於不再堅持編劇經紀公司非共同和解不可，同意照原訂和解條件簽署，並且同步撤回被告兩家公司的全部訴訟。

第二天我按照原訂庭期進入法庭報到，交上原告署名簽章的撤回狀。法官略顯驚訝地問：「怎麼談成的？原告不是很堅持兩位被告都要一起和解嗎？」我輕描淡寫地說明昨晚被告金像公司深夜央請資深文學界前輩主導和解，凌晨兩點才完成最後的簽署手續。

法官依照程序指示我在法庭筆錄上代表被告簽名同意原告撤回本案，我邊簽邊問：「不知為什麼原告訴訟代理人今天沒出庭？」

今天法庭的情況有點詭異，明明是原告同意撤回此案，可是原告與她的律師卻都沒到庭，反倒是由我——被告律師遞交原告的撤回狀，究竟發生什麼事了，原告律師居然缺席？書記官說出答案：「潘律師早上來電表示下午他不出庭了，免得引起疑慮。」

「疑慮」二字耐人尋味，是原告律師不甘心和解？抑或律師與原告之間有歧見，憤而拒絕出庭？編劇經紀公司沒加入和解，造成律師分紅抽成的和解金縮水，才是原告律師阻撓和解在先、拒絕出庭於後的主因吧！

這個侵權案本不應提告，在不肖律師推波助瀾下，造成原告罔顧恩義、提告求償的境況。訴訟中被告極力尋求和解，卻遭原告律師惡意作梗，數度阻攔，弄得兩造差點翻臉成仇，原告律師不僅未協助當事人消除孽緣，反而又結惡業；導致被告情緒反彈，一度曾向法院聲請裁定禁止原告律師繼續執行代理業務，豈不咎由自取，惡有惡報?!慶幸最後原告摒除律師提出的貪婪建言，當事人雙方才有幸和解。

處理撤回手續完妥，我代表被告在法庭筆錄簽名後，法官宣布結案退庭。

我獨自走出智慧財產法院，法庭大樓前面的平台上好幾棵阿勃勒開得花團錦簇，在陽光普照的夏日中，閃閃發亮，難怪博得「黃金太陽雨」的稱號。信步走到樹下，坐在紅磚矮牆上，靜思片刻，覺得心裡頭好似空了一塊，一樁侵權求償案歷經年餘，智慧財產法院開庭六次，好不容易全案和解撤回，為什麼自己絲毫不覺喜悅？是不是在訴訟過程中，看到原告利字當頭、恩將仇報；原告律師貪心失格、卑劣布局；還是被告無法面對好友當年的欺騙、眼下的忘恩負義，急於和解了事，讓一切真相繼續掩蓋在虛虛實實的法律文件中，就毋需處理人性陰暗帶來的傷痕了。這一幕幕醜陋的過程，讓自己無法釋懷？

微風輕拂，阿勃勒黃金雨的花瓣落下，忽然清清楚楚感受到自己內心裡的失落。回顧每一次開庭，自己在法庭上據理力爭，讓當年雙方當事人簽署得不明不白的文件能夠彰顯出正確的法律意義，期盼能透過法律程序的進行，是非善惡在法律的天平昭示最終的判定。自己內心深處有著法律人天生的正義感，希望善有善報，惡有惡報，更期許法律的懲罰可以藉由法官的判決書，達到警示惡人、保護善類的目的，然而一紙和解書打碎了我對善惡分明的期待，最終惡人未受懲處，善者未得肯定，心中的天平蒙塵了，於是案件雖然結束了，可我心理卻無法平衡，落寞失意……。

我望向遠處的藍天白雲，心底卻是昏暗陰沉，思索著：律師追求的最終境界是什麼呢？打贏官司還是和解落幕？倘使和解是訴訟的最高境界，是否所有的案件都可以藉由和解達到息訟解紛的目的？那麼何以老子在二千多年前會有「和大怨，必有餘怨」的思維？設若「和解」是法律人最值得推動的目標，為何社會人心以勝訴比例來衡量律師的能力與價值，卻忽視我們律師推動和解的心力與能耐？為什麼大學法律系師長都教我們如何善用法律條文，幫當事人爭取最大利益，卻沒指導我們盡力追求圓滿的和解？

人世間法庭的程序能戰亦能和，那麼天上的法庭呢？天道最終是期待訴訟分出是非對錯，還是和解止息紛爭呢？中國傳統觀念認為「訟則凶」，在二十一世紀的現代，我們要如何看待訴訟呢？訴訟過程中法院釐清很多事實真相，調查完畢，法官就該直接進入法律的價值判斷嗎？還是在案情審理調查明確後，應該勸諭兩造進行和解，嘗試放下心結與我執，用原諒與接納和平解決一切的不公不義？那麼如何和解，才能合乎天道運行，惡業不再輪迴作用，人生得以圓滿？

一連串的疑問，怕是一時之間難以找到答案，我得再好好地研讀中國的經典，才能在古聖先賢的哲思中與佛法的智慧裡尋得究竟吧！

當法庭上的法官，背負著民眾無限的期待，卻在審判的過程中失控、失言、失態，甚至失智……接受審判的當事人如何面對變色的青天？

當恐龍法官起舞——刑案和解

以前只有在新聞報導或網路上看到「恐龍法官」的用語與描述，心想「怎麼可能有這種法官！」猜測也許只是一些誇大的形容，直到上禮拜在高等法院真正碰上了，真是感觸良多！

那個刑事案件牽涉到一部分犯罪行為在新加坡，結果纏訟多年，檢察官無心徹查，以「境外犯罪」欠缺管轄權草草結案，不起訴處分。當事人不甘心，立刻聲請再議，第一次高檢署發回地檢署續行偵查，承辦檢察官依舊不願投入進行實體調查，又以程序理由——「境外犯罪」不起訴，當事人二度聲請再議，這次高檢署也沒耐心了，收到再議聲請狀不到一週，駁回再議，全案確定！

當事人萬般不服氣，衝到事務所找我商量，說是前一個律師不盡責，把案子打得亂七八糟，害他打輸了。碰到這種情形，我們律師不方便批評同道，但又覺得有必要讓當事人知道輸在哪裡，弄清楚是否真的是律師失誤？因為有時是案件先天不良，當事人一旦喫了敗訴官司，無法面對現實，常常怪罪法官收紅包，或是歸咎律師不盡責。

這時候我常會釐清責任分際，還承審法官一個清白，或是為前任律師洗刷冤曲。當然也有當事人在敗訴當下盛怒之餘，聽不下我的實話，拂袖而去，拒絕委託案件，我也不在乎。因為執業二十年來，對於司法改革雖沒興趣、也未投入，但仍然不容當事人誣蔑法院或同道，這是法律人最低度的職業道德啊！主要的考量是期盼當事人逐漸對台灣司法系統建立信任感，減少對於法官操守及律師品格的誤解。

可是這個案件顯然我無法為承辦檢察官或前任律師辯解，因為承辦檢察官怠惰失察、前任律師訴訟策略錯誤，結果耽誤了當事人的權益，白白賠上了一家價值兩億元的境外公司。面對百般不解的當事人，我只是輕描淡寫點出前述的觀察，儘量把討論重點放在案情分析，免得會議焦點模糊，最主要是探討能否另起爐灶，爭取回當事人既有的權益，免得一再地在當事人的傷口撒鹽，遭受二度傷害。

果真適時安撫當事人的心緒，深入分析案情，當事人獲得前案敗訴的些許療癒後，心情漸漸平靜下來。我們一起回溯當年對方趁他重病，偽造董事會文件，在海外召開股東會，作成違法決議，將股權稀釋，而且不法增資給予第三人的種種情節。在重建犯罪現場的過程中，當事人一一提供對方偽造的文件，我仔細審閱交叉比對，突然發現有兩份重要文件還沒提告，而且是在台灣偽造的，這下法院不能再以「境外犯罪」踢掉這個案子了吧！

當事人看到這份重大發現，異常欣慰，苦笑著說：「我是否要感謝上次那個律師粗心大意，沒看到這兩份文件，才不會又讓這個案子斷送在前兩次偵查程序中夭壽的檢察官手裡！」這時天色已晚，不忍心讓當事人過於勞累，趕緊作個結論：「你現在已經決定要針對這兩份文件告偽造文書嘛！那是要到檢察官這邊告，還是要提自訴？」

他堅定地回答：「我對檢察官完全失去信心，三年前判我不起訴的那個姓林的檢察官最近還因為喝花酒、收紅包被彈劾呢！我不要再去檢察官那裡告，我要告自訴，可是律師，什麼叫做『自訴』？我告人家那麼多年，為什麼沒聽過這種告法？」

噢！前任律師真的很混，連「自訴」程序也沒先告知當事人，好讓他自己選擇訴訟途徑。唉！不想再增加當事人對前任律師的怒氣，直接解釋自訴程序的意義：「就是自己當檢察官，到地方法院刑事庭法官那裡提告，必須先準備好證據，才符合自訴的要件。你這個案子偽造文書的證據都有了，可以考慮提起自訴。到時候法庭公開審判，律師也可以調閱法院卷宗資料，我們可以完全掌握案件進度及法官辦案狀況，不會有檢察官『偵查不公開』的限制。」他馬上聽懂，而且立即決定選擇自訴程序，辦好委任手續，他安心地離去。接下來就換我挑燈夜戰，準備自訴狀及繁瑣的證物。第二天一早讓當事人看過訴狀，即送法院，期待這一次順利開戰。

可惜事與願違，刑事庭的法官匆匆地開過兩次庭，調查本案受害人的適格問題，認為當事人與他的公司都欠缺資格，不應提起本案，而且又說以前檢察官都調查過了，屬於同一案件，很快地下判決駁回了，當事人連要述說被害經過都沒機會。接到判決書，心裡很悶，不曉得怎麼對當事人交代！

「律師」一般被認為是自由業——接案自由、身分自由，可是大家卻沒看到我們辛苦的一面，有位同道的描述較貼切，他說：「我們律師執行的業務是煩惱業，而且是專為別人煩惱！幸運的時候就解決當事人的煩惱；不幸的時候當事人的煩惱就全變成自己的煩惱。」所以每天我們看到的、聽到的都是不開心的事，承接了當事人的煩惱，猶如心理諮商師接收了病人的心理問題，只不過我們面對的煩惱，多半與人間的公平正義有關，總是要想辦法在天平的兩端，找到符合正義的平衡點！

找得到嗎？不一定，就像這個案子，法官根本就拒絕進入實體審理，只在程序問題著墨就踢回給當事人。因為有些法官的心態是：「要吵，你們去上級法院吵吧！我為什麼要看你們吵？吵一些跟本案無關的事，浪費司法資源！」殊不知會循求法律途徑的當事人，通常是受了傷、失了財、丟了權、辱了名，才來法院討公道。此刻的他們茫然無助，像小孩一樣，一進法庭緊張悲憤，理難伸、氣難平、話難清，更不懂法律人設下的遊戲規則與程序規定，常常等候多時，發抖著進了法庭，講沒兩句話，法官就喊退庭，比看大醫院的門診更糟，在醫院，病人至少還能跟醫師講上二、三分鐘，說明病情。在肅穆的法庭，法官穿了法袍、板著臉，當事人失眠好幾天，想要講的被害經過，都沒機會陳述，就宣布退庭，當事人只好不明所以地走出法院，就像這個案子，我們還沒舉證說明對方如何偽造文書，案件就結束了。

由於當事人下定決心要追究對方責任，因此收到駁回的判決書，毫不猶豫，在十天的上訴期限內，就委託我們事務所上訴。結果過了三個月，高等法院刑事庭連開庭的程序都省下來了，直接駁回，判決書一字不漏全抄地方法院的內容，當事人只說一句話：「律師，高院法官這麼好當，領我們納稅義務人薪水是領假的喔?!」法院的敷衍了事，似乎更激起他的鬥志，決定官司打到底——不信正義盡成灰，不信公理喚不回！

還好最高法院明辨是非，指摘高等法院草率結案，發回更審。高院接到回鍋的案件，趕緊以保護當事人「審級利益」為由，又踢到地方法院。一接獲高院這份判決書，我就知道凶多吉少，這種案件回到一審地方法院一定慘遭滅頂，因為案情複雜，程序迂迴，地方法院刑事庭的法官年輕資淺，無力查明，一定又是「一推了事」，以前法官的職稱叫作「推事」，常被譏諷，如今改了名稱，依然令人慨嘆。只是苦了當事人和我們律師，因為案件在各級法院推來踢去，叫我們收費也難，不收費更難！

果不其然又第四度被駁回，已經一年多了，法院再這樣推拖下去，恐怕十年也查不了，幸好再上訴高等法院時，法官通知開庭了，當事人十分欣慰，表示此案堅持下去，果然遇到一個肯調查的法官了！當事人開朗的笑容，彷彿映照著他期盼青天、明鏡高懸的心情。

可是前往法院閱卷時看到承審法官的姓名，不禁皺了眉頭，這個法官前幾年由於操守問題被檢舉上報，因而被拔除「庭長」的官位，他在法庭上常情緒失控，以斥罵當事人為常態。開庭前剛巧同在高院任職的同學來電，告訴他這份隱憂，他回應說，好像最近這名法官的情商問題有改善了，聽了稍微放心，於是開庭前夕到當事人公司討論案情，深入分析，並多方叮嚀，免得當事人出庭說錯話誤了事。

結果三個小時的庭前會議一點都派不上用場，法官開庭只問他想問的，絲毫不讓當事人發言，我們律師講話講到一半，他就不耐煩立即打斷，每講一段話就發怒，斥責台下的當事人與律師之餘，又警告我們切勿陳述與本案無關之事。可是法官自己卻不斷抱怨從一早開庭迄今非常勞累，連坐在旁聽席上的當事人公司主管聽了也是臉上三條線……。

是啊！如果法官在法庭上一直宣洩情緒，不懂得傾聽，縱使連續開庭十個小時，對案情也一無所獲，只會得到一身子的疲憊與當事人的怨嘆！顯然這位忘了帶耳朵來開庭的法官完全沒有體會到開庭的藝術。

法官發完牢騷，興之所至，居然問起雙方和解的事，而且得意洋洋地轉述這幾天他勸成和解的三個案子。當事人頭偏過來，不解地問：「法官不是一直叫我們不要說與案情無關的話嗎？為什麼他自己卻講一些別人的案子？」當事人叱吒商場三十年，精明幹練，一聽就知道法官在講廢話，又不敢立刻站起來表達不滿，只能在台下咕噥著。

這時我真的忍不住了，恭敬地起身提醒法官：「感謝審判長勸諭和解，今天當事人親自出庭，可否讓他表達對和解的看法？」和解需要當事人同意，請他表示意見，理所當然。沒想到法官見我打斷他興致勃勃述說別人的和解故事，怒不可遏，要脾氣似地表示：「我不和解了，不談了，不要幫你們和解了！」全場面面相覷，一片鴉雀無聲，無法理解為何法官竟然遷怒於律師。當事人偷偷遞一張紙條問我：「我都沒講上一句話，他氣什麼?!」

說實在執業二十年，見過幾百位各級法院法官，沒看過這麼易怒失控的法官，而且他的怒氣不斷加碼。最後在我堅持下，法官也只讓我方當事人站起來講不到三句話，就不耐煩地高分貝阻止，宣布退庭。

我索性也豁出去了，明知會激怒法官，仍刻意請示他，可否儘速訂出下次庭期，以免案件拖延，影響上訴人權益？他果真被我白目的督促又上火了，撂下重話：「我的案件很多，我就放著慢慢審……」一聽非同小可，法官的威脅，律師怎生承受得起？我急忙說明：「可是這個案件牽涉我的當事人公司營運及二億資產，可否請您……」不待說完，法官已頭也不回地走出法庭。

當事人第一次到高等法院刑事庭開庭，覺得不可思議！離開法院時，他只用一段絕妙的比喻形容這位恐龍法官：「他開庭問案好像暴衝的車子，不斷暴衝，又不斷緊急煞車，害得我們在車上七葷八素，而他自己也搞不清楚車子開到哪裡！」聽了只是無言！

回程車上，唯一的心情就是「羞愧」，為司法界、為法律人感到羞愧，二十一世紀是講究服務品質的時代，優良的審判品質是現代法院追求的目標，法官領的是納稅義務人的薪水，卻不能提供公平合理的審判服務，反而將當事人視為宣洩情緒的對象，如何對得起全體國民？如何對得起法律？

真不曉得日後碰到這種恐龍法官，該隨著他起舞失控，或是逆來順受？轉過頭問當事人：「你下次還要來開庭嗎？」以為他不想來了，沒想到他竟然點頭說：「我想再來看看這位暴衝的法官，究竟下次會怎麼審案子！」

法庭中，如果我們律師遇上的敵人，不只是對造律師，還加上主持審判工作的法官時，接下來的官司怎麼打？

法官的反彈——聲請迴避案

開庭前一天，出差到北京的當事人才帶著萬分歉意透過微信告訴我，明天他無法前來台北開庭，因為有位大客戶從美國飛到北京要跟他商議公司合作計畫，只好請我自行出庭，單刀赴會了。

我回一個笑臉貼圖告訴他沒關係，明天只是背信自訴案第一次開庭，由雙方當事人、律師陳述事實與法律上主張，還不會有激烈的訴訟攻防，請他寬心，庭訊結束再傳訊息吧！沒想到言猶在耳，第二天開庭竟然掀起驚濤駭浪，法庭內步步驚魂……。

我們的案件排在台北地方法院第三法庭下午第一件，庭期表上記載著兩點三十分，我走進法院上樓循例報到後，眼角餘光瞥見對方三位被告偕同六、七位律師正從法庭外的長廊另一端走過來，不想與對造打照面，我從公事包快速拿出律師袍穿上後，逕自步入法庭坐上

「自訴代理人」一席，翻閱卷宗資料再度複習案情重點。沒想到，兩點二十五分開庭時間還不到，法官席後的木門已打開，承審法官異乎常態地提早到庭了，而且臉色凝重，心裡詫異著發生什麼事了嗎？庭務員連忙走到法庭門口點呼被告與辯護人姓名，喊著第三法庭開庭了。

對方魚貫地入庭坐定，於是法庭中央兩軍對峙，自訴人這一邊只有我一人，對面浩浩蕩蕩的隊伍，被告加上律師十個人兩列排開。庭務員忙著收受被告律師的書狀逐一傳遞繕本到我桌上，我簽收後，法官迅速作完被告人別訊問，記明被告的身分資料後，微微轉身對著我問道：「自訴人今日為何未出庭？」一臉肅穆。

看來審判長來意不善，我得小心應付，趕緊起身恭敬地回答：「很抱歉！剛巧自訴人今天在北京有要事，無法出庭。」自訴案件並未強制規定要求自訴人親自出庭，委任律師代理出庭程序完全合法，法官不知為何有此一問？

審判長接著點燃戰火，揭開他心情沉重的謎題：「今天要先處理程序問題，自訴人去年提告另一個案件，由我審理，他上週針對那個案件聲請法官迴避，那麼這一件呢？是否也同時聲請我迴避？」

法官丟下震撼彈，登時法庭內火花四濺，對座被告滿臉疑惑，辯護人好奇地望著法官，繼之目光投向我，等待我的回答。對於上週自訴人提出法官迴避的聲請狀，我早已作好心理準備，迎接法官的反撲或激烈回應，不過法官選在今日毫不相干的案件開庭時發作遷怒，著實出人意表，同時也看得出來他的在意與反彈了，法官完全等不及那件聲請案法院作成裁定再反擊，迫不及待地選在今天的庭期修理自訴人！

我依然敬謹地起身準備要回答時，法官捺耐不住情緒，連珠砲似地傾洩而出：「自訴人在聲請狀上提到我拖延訴訟，他的心情我可以理解，可是台北地院案件量多，我不可能常常開庭，速審速結！他又說我調到的銀行資料不讓你們閱卷，那是彌封的帳目，書記官就先保留沒拆封，怎麼說我刻意不准律師閱卷？狀子上還提到說那個案件有幕後黑手在操弄……。你去打聽看看我辦案的作風，一向客觀公正，光明磊落，即使被告位高權重，我也是依法處理，上次行政院長挨告未出庭，我也是發傳票要求他務必到庭，抗傳即拘，這在網路上都搜尋得到，怎麼會說有『幕後黑手』呢？」

顯然法官怒氣難平，火力全開，要趁今天的庭期好好質問自訴人，我得妥善因應，免得死無葬身之地！於是耐著性子溫和地解釋：「我前幾天才看到當事人寄來的法官迴避聲請狀，好像上面沒講到『幕後黑手』的用語。至於訴訟拖延，我想自訴人長年居住中國大陸，他們的法院都是幾個月內就結案，所以對於台灣訴訟程序曠日費時難以理解。特別是去年那個自訴案半年才開一次庭，中間也沒特別進行什麼調查程序，自訴人提起自訴後經過一年多了，法官都還沒進入證據能力的檢視，或證人庭訊排棒的準備程序，確實時間拉得有點長，而閱卷的事當時書記官有提到是法官指示不可閱卷，我們具狀聲請一段時間後才獲准閱卷的……。」

法官試圖把部分責任推給書記官，真是沒擔當！而我硬是挑明訴訟程序經過的實況，法官鐵青著臉說道：「那個法官迴避聲請案反正法院在評議，會作裁定要不要迴避，等裁定下來就知道了，那麼這一件呢？今天這一件自訴人是不是也要同時聲請法官迴避？」

法官話中充斥哀怨與憤懣，對於被聲請迴避視為莫大的侮辱，聲聲句句滿溢委屈與不平！可是法官有沒有想過，為何當事人出此下策？明知當事人聲請法官迴避是與法官嚴重對立，如果成功獲准則如願以償，案件脫離偏頗違法的法官之手；但如不幸未通過，案件還是留在原承審法官手上，勢必慘遭報復！這些後果當事人都評估過利弊得失，依然決意聲請，顯然放手一搏，豁出去了，難道法官以為當事人是一時衝動或天真無知？

當然走上這條路，事出有因，當初自訴人提告時，認定罪證確鑿，被告犯罪難逃刑罰，第一次開庭時法官正義凜然，秉公審判，自訴人額手稱慶，慶幸遇見現代包青天。沒想到一個月後完全變調，法官當庭允諾調閱的證據擱置不理，下一次庭期杳無音訊，苦等數月後，自訴人鼓起勇氣聲請速定庭期，依然未獲置理，竟然拖延半年後才開庭，法官在庭上態度丕變，完全不訊問犯罪事實，程序全然消極潦草，只讓雙方律師陳述意見後，才庭諭同意調閱其中一項自訴人聲請的銀行資料。兩個月後銀行資料檢送到法院後，法官又無故不准律師閱卷，自此當事人憬悟法官有所偏頗，可能對方走後門，法官被收買了，但案件在法官手裡，怎敢得罪？自訴人四處打聽，只聽說被告的近親政商關係綿密，人脈深厚，與政黨高層稱兄道弟，立委對他敬重三分，難怪迅速打通關節，影響法官辦案。於是當事人敢怒不敢言，眼睜睜目睹法官種種不法行徑，也只能繼續忍耐，一年過後，案件依然陷入延宕膠著，當事人深感權益受損已無法挽救，才決定下猛藥走險棋，向台北地方法院聲請承審法官迴避辦案。

如今這位遭受聲請迴避的法官倒是一副委屈莫名的態勢，到底誰才是真正的受害者？法官捫心自問，難道不明白他是自食惡果？罷了！在法庭上律師總是不敵法官，今天的庭期還是得讓它順利走下去，我只好和悅敬謹起立答覆：「自訴人只針對另案聲請迴避，今天這個案子自訴人沒提到迴避的事。」

其實心裡真正想講的是：「法官你最好小心點，如果這個案件你又故態復萌，偏袒對方，草率辦案，休怪自訴人再度聲請迴避，讓你的法官生涯再添污點！」可是今天這個法庭是他的場子，法官掌握主場優勢，識時務者為俊傑，我還是乖巧恭敬些，免得惹禍上身。

法官聽了我的回話，指示書記官記明筆錄後，悻悻然地宣布開始審理本案，依程序讓我以自訴代理人身分陳述自訴意旨。我不疾不徐地說明被告犯罪事實及證據清單後，輪到被告答辯，被告冗長地強調他的冤屈與不平後，法官居然喊停，冒出一句話令人起疑：「辯護人不是有程序問題要提出？」

我聽了心頭一震，奇怪！被告的辯護律師從開庭至今都還未開口表達任何意見，法官怎麼會知道他要提出程序問題？莫非法官與對方律師早已有檯面下的交易，談妥今日庭期如何對付自訴人與我？甚至已經事先沙盤推演，互相套招，所以才如此理所當然地點名被告律師陳述特定意見。

法官大人您又露餡了！明明您與被告是沆瀣一氣、並肩作戰嘛！何苦方才先演一齣苦肉計呢？唬弄誰啊?!莫非您真的覺得台下坐的都是白癡，包括我——自訴代理人在內嗎？鴨蛋密密都會有縫的，惡事做盡是紙包不住火的……。

我還在心裡OS的時候，對方律師被點名起身後，摩拳擦掌開始重砲攻擊我方，身體微向法官方向躬傾，臉色極其諂媚，嘴巴卻吐出一段段惡毒的答辯與抨擊，指稱本案自訴人的指控如何離譜與違法，口若懸河，大放厥辭，眼見法官頻頻點頭，更是洋洋得意！在辯護人語畢坐下的同時，我霍地站起來要求回應，法官斜眼看我一下，丟了一句話出來：「長話短說，我後面還有其他案子。」

「我只占審判長兩分鐘，剛才被告律師說自訴人濫告，我希望他收回這句人身攻擊的話。今天這個案子為何會從檢察官告訴案，轉到法官您這邊成為自訴案，是因為偵查期間前任承辦的檢察官每次開庭都不通知我們告訴人，只讓被告與證人出庭，直到後來幾個月換了一個新的檢察官才積極地偵辦，可是等到他要起訴時上面居然擋下來，有人告訴我們案件可能被『做掉』了，我們非常擔憂被告逍遙法外，不得已才轉自訴。我也知道地方法院刑事庭法官對於自訴案非常排斥，不過在那當下，告訴人別無選擇！我們當然不能接受案件就這樣被莫名其妙地不起訴，當時檢察官提出簽呈表明犯罪事實臻於具體明確，公文卻被壓了快一個月，顯然遭受極大的阻力，否則一般檢察官在月底已經準備要起訴了，像這份公文是註明九月二十八日提呈，目的就是要趕在九月底前結案，為何壓到十月二十日還在檢察長那邊下不來？顯然有問題，在那個時間點如果我們沒轉自訴的話，案子很可能就被做掉了。後來告訴人已經提出自訴狀到院方了，而且同步陳報檢察官停止偵查，然而地檢署卻遲遲不將此案移送地方法院。如果檢方逕以偵查終結為由，直接起訴，依然是合法，然而承辦檢察官簽請提起公訴，卻遲遲未獲核示，必然內部遭受阻攔，我們只好緊急聲請移送全案到刑事庭，檢察署發現無法矇蔽了，才在十月底移送至鈞院。這些時間點發生的事，審判長都可以在卷宗裡頭找到根據，因此自訴代理人才能在十一月五日聲請閱卷。這段過程自訴人也很無奈，怎麼可以恣意批評我們濫訴?!」我義正詞嚴地表達不滿，順勢說明此案從告訴程序轉為自訴程序之曲折經過。

被告律師居然仗恃著他曾經擔任法官的資歷射出冷箭抨擊：「自訴代理人顯然不懂地檢署內部簽分案的流程，對檢察官的簽呈有所誤解，其實九月二十八日的簽呈只是檢察官申請將『他』字案轉為『偵』字案的例行程序，根本不是檢察官決定提起公訴的表示，審判長您看那份公文上面還標示著『一〇五年度他字三三二二七七五六號』……。」

怎麼有如此擅長瞎扯的律師？寡廉鮮恥到這種地步！當初分明就是他去關說影響檢察官的起訴動作，害得我們只好緊急轉換為自訴程序，卻仍在公開法庭振振有辭地睜眼說瞎話，實在讓人聽不下去，我決定打斷對方律師的發言，再度起身搶白：「這份簽呈最後一段載明被告涉犯違反著作權法、業務侵占、背信、偽造文書罪，寫得非常清楚，中國字你看不懂嗎？」

辯護人的臉青一陣、白一陣，繼續提高分貝反擊：「自訴人根本出於揣測，如同剛才審判長說的，聲請法官迴避的書狀上沒有任何根據就控訴『幕後黑手操作』……。」

我立刻站起來大聲飆罵：「什麼叫作『揣測』？什麼是『幕後黑手』？你看到了嗎？沒有任何根據，憑什麼說『幕後黑手』?!」

被告律師見狀，立刻轉向法官抱屈訴苦：「自訴代理人不尊重辯護人的發言權，方才我只是複述審判長關於『幕後黑手』的說辭……」。

我同步抗議：「證據呢？證據呢！你沒看到就任意藉題發揮……。」

頓時法庭中砲聲隆隆，刀光劍影，法官聽不下去兩造律師交相指責，開口維持秩序，說道：「雙方都不要再吵了，下次我帶聲請狀到庭上來，如果上面沒寫『幕後黑手在操弄』，我向自訴人及代理人道歉；如果有寫，我也不在意。」暫時中止兩邊律師的戰火，接著法官指揮訴訟，進入實體審理，由被告依序陳述答辯理由，我再說明證據及法律意見。法官最後宣布下一次庭期，在退庭前，法官凝視著我，語重心長地特地問了一句話：「妳是很資深的律師，真的認為法院可以隻手遮天嗎？」

顯然法官心裡很糾結，遭到當事人聲請迴避是揮不去的陰影，他似乎想從我這裡尋求澄清的話語，試圖動搖或改變當事人的想法，所以退庭前仍提出心中的疑問。

我正色回答：「是兩手遮天，還不是『隻』手，以前我從來不認為法院可以上下其手、打通關節，執行業務二十幾年來，一直深信司法正義可以在法庭實現。可是接辦這批案子以來，發現只要跟對方有關的案子就會蒙塵，令人失望至極，而今天我還會站在這裡，是因為我依然相信台灣的司法，相信法院！」

法官沒聽到他期待的答案了，搖搖頭起身離去。我收拾了律師席的卷宗資料，走出法庭，正脫下法袍時，聽到一旁經過的被告律師告訴當事人：「對方瘋了、律師也瘋了！」是嗎？當我們被欺壓到無法喘息，已經被逼到牆角，試圖掙扎著透過法律制度阻止惡質的關說文化、司法歪風，卻淪為「瘋子」之譏，令人不禁感慨法院的是非善惡界限還分得清嗎？究竟誰才是需要懲罰的惡人，誰是值得保護的好人？

我慢慢地步出台北地方法院，剛巧看到法院門口被告正意氣風發地坐上賓士轎車，我悄然轉入右邊的巷弄，走在一排排槭樹下，春雨綿綿，冷風細雨中，疑惑著誰來給我答案？——被收買的法官？積極關說的被告律師？還是忙著打架喧鬧的立法委員？……或是永遠找不到答案？

暴風雨過後——背信案

面對異端邪術，如果不及早拒絕或遠離，反而狼狽為奸，惡形惡狀，遲早會嘗盡惡果，遭受報應……。

隨著背信案庭期愈來愈接近，心情愈來愈凝重。上次在法庭目睹審判長深受我方提出「法官迴避」的聲請所爆發的怒氣與衝擊後，知曉承審法官與被告律師團一定伺機反擊，因為司法界遭受「聲請法官迴避」是法官職業生涯的一大污點，縱使這件迴避案後來被駁回而不成立，可是在台北地方法院已經造成震盪，甚至在別的案子，同樣是刑庭法官的審判長也在我陪同此案自訴人出庭時冷嘲熱諷，似乎是代為洩憤報復。

因此過兩天再度回到背信案的法庭上，聲請法官迴避不成，法官是否會反擊，更加偏袒對方；抑或良心發現，回歸法律程序，公平審判？我不敢奢望法官態度好轉，畢竟我們方才使他成為司法史上的恐龍法官，只希望法官反彈的力道不要太強，肇致我方全軍覆沒，甚至這件自訴案未經調查就程序駁回，或調查過程百般刁難……。不過這些期待，終歸是空想，最好的防禦之道，就是妥善準備我方的法律立場及法庭攻防。

開庭前夕，當事人來電詢問庭期訊息，語氣中也透露些許憂慮，他說：「上次我們聲請法官迴避，結果沒成，法官會不會修理我們？」

為了減輕當事人的心理負擔，我故作輕鬆地安撫他的情緒：「不會啦！法官如果這麼白目，我們就再一次聲請『法官迴避』，反正刑事訴訟法又沒規定只能聲請一次，只要法官審判又不公平，我們隨時可以聲請，或向司法院陳情。」

當事人不放心地再問：「明天開庭我要準備什麼嗎？」

我說：「不用呀！我這幾天都準備好了要請法官調查的物證，以及要傳訊的證人。您只要等著法官跟您道歉就好了！」特意加上一句逗趣的話，當事人卻莫名其妙地回應：「吓！道歉？為什麼法官要道歉？」

「您忘了，上次法官為了我們聲請狀上面提到的『幕後黑手介入』大發雷霆，我說書狀並沒寫到『黑手』二字，法官不相信，當庭宣示如果真沒寫這兩個字，這次開庭他會跟我們道歉！」當事人總是善忘的，需要律師提醒。

「啊！對呵，我想起來了！不過，沈律師，如果法官跟我一樣也忘了，拜託妳在法庭上就不要再提醒他吧！免得他又生氣，會惱羞成怒。」聲請法官迴避不成立，案件仍在法官手上，當事人依然忐忑掛慮。

「好的！您放心，我不會哪壺不開提哪壺的。」先安當事人的心比較重要。

第二天下午，兩點鐘走進法庭發現法官提早到庭，臉色不太好看，我面對法官席及後面的國旗欠身鞠躬，表示對法院與法官的尊重，再迅速走到自訴代理人席入座，庭務員點呼後，被告及辯護人魚貫地進到十五法庭一一坐定。

本以為法官會先命兩造陳述程序問題，因為從這個自訴案提告以來，被告律師就不斷在法庭上大力抨擊我們自訴不合法，包括繼承人未共同提告、繼承權有瑕疵、自訴的罪名不合規定等等，上次開庭法官指示自訴人必須說明程序合法性的理由，於是我攤開厚厚的卷宗，翻到上週呈送的書狀，預作準備，只要法官一聲令下，我就起身解釋自訴合法的法律依據。

沒想到法官心平氣和地諭示：「這個背信案不論最後是作實體判決或程序駁回，本院都會先進行調查程序，自訴人及被告聲請調查的證據，我都會去查，包括物證、人證。」我聽了，心裡開始放煙火，超爽的啦！

被告的辯護律師納悶地發問：「審判長！自訴人的自訴不合法非常明顯，如果程序問題不先解決，就直接進入實體調查程序，對於被告權益會有極大的傷害，因為自訴人請求鈞院調查的資料包括銀行存款明細表、報稅資料都是被告公司的業務機密，一旦調閱出來，自訴人請律師到法院閱卷，拿到這些資料，後果不堪設想。」

我乖巧地不作聲，屏氣凝神觀察今日法官的神色與方才的宣布，顯然「聲請法官迴避」的策略奏效，法官不敢繼續偏袒被告或拖延訴訟，而被扣上審判不公的罵名，所以我只要順勢附和法官的決定即可，毋庸採取前幾次開庭凌厲犀利的攻勢，唇槍舌劍，強勢攻擊對方，以免引發法官反感，模糊訴訟焦點，「沉默」有時是法庭攻防最佳的武器。

果然法官根本不理會被告律師的警語，兀自轉向我，問道：「自訴代理人上次提到要調閱銀行資料，請敘明聲請調閱的銀行、戶名及帳號，還有待證事實。」

被告律師無趣地坐下，被告立刻湊近他耳際悄聲說話，我則恭敬地回覆：「請審判長參酌自訴代理人在一〇六年二月一日提呈的聲請調查證據狀，第一段載明聲請鈞院調閱被告公司在國泰世華銀行的帳戶，共有四個帳戶，待證事項是關於被告公司負責人涉及業務侵占的犯行，聲請狀第二段我們請求審判長調閱這二十五筆鉅額款項的資金流向，被告公司員工才五人，一般行政財務開銷單筆不會超過十萬元，可是從上次鈞院函調被告公司銀行交易明細，我們找到這二十五筆鉅額存款支出的紀錄，非常可疑，這些金額有三百萬元、一百五十萬元不等，究竟被告匯往何處？用途為何？之後為何沒有回流到公司？我們強烈懷疑這些資金流向異常，可能已經到了被告的私人口袋或其他白手套，如果查出來就可以明瞭被告侵占公款的犯罪事實。」

法官仔細端詳我方的聲請調查證據狀半晌後，向我確認資金流向的調查方式：「自訴代理人的意思是要本院函詢銀行提供這二十五筆資金匯到哪一個帳戶的資料嗎？」

見到我點頭，法官再提問：「如果這些款項不是用匯款的方式，而是現金提領呢？」

「審判長，現金提領要先填取款條，請銀行提供取款條，也可以查明是誰領的。」我補充說明。

法官立刻交代書記官核發調閱銀行資料的公文寫法，又問：「代理人還有其他證據要調查嗎？」

看來法官不敢再敷衍了事、延宕訴訟了，於是我加碼提出聲請：「被告挪用公款去買房地，登記自己名下，卻說是因公司財務不佳、貸款償債能力不足，其實鈞院已調出被告公司在一〇三年時已有超過二千萬元的銀行存款，顯示公司資力雄厚。為戳破被告謊言，請審判長向國稅局調取被告一〇〇年至今的所得稅申報資料，比較他個人與被告公司在一〇四年購屋時孰財力較佳？為何房屋不直接登記在公司名下？反而要登記他個人的名字，顯然是侵占公款，購屋自肥。」

法官答應了，指示說：「這部分我們也會去查，請自訴代理人具狀補陳具體調查事項。」法官接著問被告律師：「被告有無證據要聲請調查？」

辯護律師尷尬地回答：「我們以為今天審判長是要處理自訴的程序問題，所以還沒整理證據的聲請事項，請容辯護人再具狀聲請。」

開庭一年多迄今，一直趾高氣昂的被告律師終於踢到鐵板了，他還以為法官可以繼續被他們掌控在股掌之間，沒料到今天法官態度丕變，他們似乎還沒及時醒悟呢！在今天之前開過三次庭，除了第一次法官主動訂庭期之外，每次我方必須聲請催促，隔了四、五個月，承審法官才不情不願地訂期寄發傳票，開庭時也只是行禮如儀，讓雙方律師表述後就退庭，庭訊始終圍繞在自訴是否合法的主題上，法官不表態，聽任辯護人從不同角度攻擊自訴不合法，卻無法律依據，我方就被困在程序爭執之中，案情無法推進，被告空口主張他擁有公司經營權，未涉犯侵占、背信罪責，而附帶提出幾紙可笑的文件，根本不符合公司法決議的規定。

審判長卻遲遲不進入證據能力檢視的質證程序，拖延加上製造假證據搪塞是被告一貫的訴訟策略，導致我方難以推進突破，終致自訴人提出法官迴避的聲請，而且以同一內容副本送交司法院人事審議委員會與台北地方法院院長，雖然明知「法官迴避」成立的可能性幾近於零，但只有採此不得已的下下之策，才能衝出困境。提出聲請之前也曾考慮法官反彈的副作用，權衡利弊得失後，認為當時處境如同身在易經乾卦第四爻「或躍在淵」，不是停駐在深淵中等待，就要躍上高處，參酌小象傳「進無咎也」的提示，姑且躍出原點，爭取契機，審視上一庭在別的案子法官的發怒與質問，以及今日回歸法定程序的作法，顯然法官選擇保守合法的路子，如此一來，被告的程序拖延策略就失靈了，被告律師在上一次法官在遭到迴避聲請的壓力下發飆時，難道未曾警醒法官可能改變作風，不再擔任被告的靠山，被告律師居然還老神在在地繼續耍弄程序問題？或者被告有足夠的信心，認為可以持續掌控法官的訴訟指揮權和審判結果？

背信案庭訊緊湊有序地進行，雖然法官比起前面一年多的敷衍態度，今天的作風明快公正多了，我還是得密切觀察對方的反應及法官的表現，心中出現各種思路及盤算……被告律師既然來不及提出證人傳訊名單，法官就宣布：「本件候核辦，等本院調閱自訴人聲請的證物後再訂期開庭。」

聞言我又起身請求：「審判長，可否直接訂出下一次庭期？因為自訴人聲請傳訊七位證人中，第一輪傳訊的三位證人待證的事項都與鈞院即將發函調閱的銀行資料、被告報稅文件無關，這些證據只跟其中一位證人——被告公司會計有關涉，這位會計可以排在最後一位傳訊，估計分三波傳訊證人也要排到三個月之後，屆時這些法院函調的資料也回來了，不會影響證人的交互詰問程序。」

審判長思索幾分鐘，同時核對我方聲請狀後，覺得有理，正要決定下次傳訊證人的庭期時，被告律師驚覺大事不妙，立刻抗議：「自訴代理人的請求嚴重影響被告的答辯權，倘使物證還沒調到，就貿然傳訊證人進行交互詰問，有些證據無法提示給證人表示意見，可能會產生事實不明的結果。」

我也不甘示弱，即時回應：「這又是被告慣用的拖延技倆，剛剛代理人已經分析過了，鈞院即將調閱的證物、書證跟第一階段傳訊的三位證人均無關，這三位證人是要來說明被告半年前提出的答辯續狀附的四份文件，這些文件已經都在法院了，而且是被告提出的證據，怎麼會影響被告的答辯權？除非被告提的是假證據！」

被告律師再度抗議，認為我作人身攻擊，無的放矢，不過這次依然沒引起法官的興趣，法官聽完直接訂兩個月後的庭期，表示傳訊三位自訴人聲請的證人後，結束今日的庭訊。

走出法庭，當事人表示：「法官今天開庭公正多了，可是還是有點偏他們。」我脫下律師袍摺妥放入公事包，心想當事人在收到勝訴判決之前，大概都會認為法官對他這一方不夠中立公正，我知道現在無論如何解釋，當事人都聽不進去，索性換個話題，問他：「法官已經決定要傳這三位證人了，我們是否需要去拜會這些證人，告知作證的事？免得到時候他們突然收到法院傳票，既錯愕又憂心！刑事訴訟法有規定聲請傳訊證人的這一方有責任要促成證人到庭，我們禮貌性地拜訪，順便詢問他們法官訂的作證庭日是否有空出庭，如果時間不方便，我們還可以及早請法官變更庭期。」

當事人爽快地同意了。於是我們驅車直達第一位證人的辦公室，他是民間公證人，事務所設在法院附近，我們走進去時剛巧他從會議室走出來，說明來意後，他很誠懇地同意了。

我略帶歉意地解釋：「原則上我辦案是不希望麻煩第三人出庭作證，可是由於對方把兩年前在您這裡認證的文件送到法院當證物，主張他握有公司股東會的決議紀錄，完全與事實不符，我們認為有必要請您出庭向法官說明，兩年前對方拿這份日期標註五年前的證明書請您認證他的簽名時，是否他當場在您面前簽名？我們覺得很詫異為什麼五年前的文件，居然當時沒簽名，卻是在兩年前才拿去您那兒認證！」

公證人說：「我公證的文件太多了，我也忘了他是不是在我面前簽，或是簽好來我面前承認是他的簽名……」他在沉吟中。

當事人補充說明：「很不好意思，要麻煩您出庭，主要是因為對方把您認證的文件同時拿到中國大陸的法院作為證據，法院就判他授權上海的廠商，並沒有背信，問題是兩年前您認證這份文件當時我父親已經過世，對方根本不應該再拿我父親生前的委託書、會議記錄來作文章，還偽造了證明書請您認證，現在這份文件在兩岸的訴訟中掀起很多風波。」

公證人連聲致歉，表明：「他拿來認證時，我也覺得有點奇怪，為什麼會拿五年前的證明書來認證？可是他不希望我問太多，我就直接依公證法處理，印象中那六份原件的紙張滿新的，不像是五年前的紙張，我出庭的時候會一併帶我事務所存檔的一份原件過去給法官看。說真的，當時並不知道令尊已經過世，也沒料到引發這麼多訴訟上的風波，真的很抱歉！」

當事人合十苦笑，我們道別離開。本想繼續陪同當事人前往拜訪第二位證人告知傳訊出庭事，孰料那位律師證人一接到我的電話，立刻勃然大怒，斥道：「為什麼要傳我出庭作證？這個案子跟我有什麼關係？對了，你們到底告什麼？誰告誰啊？」

這位律師證人火氣不小，當然一般人聽聞法院傳訊必定不悅，可是我方傳訊證人師出有名，證人何須立刻翻臉?!我溫和地解釋：「大律師，因為兩年前您曾幫我們這個案子的被告發過一份公開聲明，說被告經我的當事人父親書面委託，被告拿這份您寫的聲明書到中國大陸跟第三人主張她有權與廠商簽約，在兩岸都引發訴訟，我的當事人在台北告的是背信、侵占訴訟，由於您這份公開聲明相當程度證明被告有代理權，我的當事人認為與事實不符，所以才想請您去作證，法官今天已經同意我的聲請，訂在下個月要開庭……。」

我還沒講完，對方在話筒中又發飆了，怒罵：「為什麼要傳訊之前不先告訴我，問清楚怎麼一回事？就直接傳？告訴妳，我到時候不會說出任何事情的，依刑事訴訟法的規定，當初被告公司來委託我撰發公開聲明，我必須為當事人保守秘密，我不需要作證。」

我捺下性子，提醒這位火冒三丈的律師證人：「道長，刑事訴訟法規定，如果當事人允許的話，您還是要在法庭上陳述這份公開聲明的始末，被告已經在訴訟上說出他取得代理權了，這已經不是什麼秘密，您向法官陳明事實經過也不會牴觸律師法，您今天這樣的態度並不友善，我只是盡到告知義務……。」

他又搶話，說：「妳才不友善呢！去年你們就提出聲請要傳我作證，為什麼今天才告訴我，不能事先來問清楚嗎？」

我百般忍耐，再說明：「去年提出聲請時，不確定法官是否准許傳訊，去年這個案子一直在延宕庭期中，我們也不希望還沒確定前就來打擾您，也擔心聲請之前來跟您溝通或詢問相關事項，會被對方誤會我們自訴人與證人串證，所以到今天法院確定同意傳訊證人，我才來告知。」

「你們這樣根本不應該！同行之間為什麼做這種不友善的事……」他依舊怒氣沖天。

我不想自己忍受多餘的負面情緒，準備結束談話，我說：「很抱歉！我們的看法差距很大，繼續談下去也無實益，我就冒昧地掛斷電話了，謝謝！」

當事人在一旁聽了我們的對話，憂心忡忡地問：「這個證人會不會一氣之下，去幫對方，說出不利於我們的證詞？」

我反問：「例如什麼？你認為他會說出哪些不利的證詞？」當事人經常有莫名的擔心，乍聽之下似乎合理，於是就成了我方在法庭攻防的心理負擔與恐懼壓力，其實深入分析下去，可能都是無謂的擔憂。於是一碰到當事人鑽進死胡同時，我都會及時順著話頭往下探討，讓這些當事人「自己嚇自己」的引子見光死！

當事人見我反問，一時怔住，我舉例說明，希望有助於他的思考，我說：「譬如證人說：『有啊！當初被告真的有得到自訴人父親的首肯，把這些業務的代理權交給被告。』或是『我當場看到被告與自訴人父親在討論代理權的事』等等之類？」

當事人用力地搖頭，說：「不可能，這個律師根本沒見過我父親，是父親過世後，被告才來找他的。」

「是嘛！如果這位律師證人在場見聞令尊贈與，怎可能寫出這種聲明書？內容太不專業了，而且應該要作成契約，雙方簽字啊，怎麼只寫這麼簡陋的一份文件？」我分析狀況，當事人點頭稱是。

我提醒他：「所以不要先嚇自己，這位證人本身是律師，他會評估作偽證的風險，以及證詞合理性的問題，不太可能恣意作偽證，縱使膽敢在法庭上道聽塗說，法官又不是白痴，也不會照單全收。剛剛證人這麼生氣是正常反應，在我預料之中，衝著他這份怒氣，一定會去質問被告，為什麼害他無端端地要以律師身分出庭作證，而且他寫的公開聲明又與事實不符。這種證人與被告之間的內部矛盾會加劇他們的分裂，對被告產生新的壓力。縱使他們不鬧分裂，反而因為對於我們聲請傳訊的怒意而團結在一起，甚至利害與共而作偽證，我也可以透過交互詰問，揭穿不實的證詞，讓被告的謊言在證人的證詞中暴露實情，法官就會質疑被告的立場了。這就是傳訊證人的『撞球理論』，我原來目標是要撞白球——被告，但無法直接打到，就先撞紅球——證人，用紅球來撞白球，推翻被告的訴訟上主張。」

望著當事人釋然的表情，我感嘆地說：「這種大型事務所的律師常有一種傲氣，覺得不容他人侵犯，平心而論這位律師證人，也許當年真的不知曉對方的計謀，被利用了，才作出那份有瑕疵的聲明書。在今天面對我方的質疑或傳訊證人的計畫時，他可以坦誠相告當初代發聲明的時空背景，表達無心之過，說不定我們弄清楚他的實情與苦衷之後，就願意向法院撤回傳訊證人的聲請，再把矛頭指向被告，而不是證人。可惜他的傲慢與瞋恨矇蔽了這條友善的路，讓彼此狹路相逢無法退讓，我們只好依法處理，試圖在證人席上逼出被告的詭計與背信的陰謀，如此一來，他也成了共犯結構下的一顆棋子，作證的結果，豈不也壞了他的名聲，真是不明智啊！」

當事人聽了似有所悟，抬頭問我：「律師，妳真的會在問證人時修理他嗎？」

我據實以告：「在法庭上非敵即友，證人也有敵性證人、友性證人之分，如果這位律師證人一味幫被告掩飾不可告人的陰謀，當然我會逼問他，揭穿這份聲明書的虛假事實。」

當事人回了一句令我事後深思不已的話：「律師，真要這麼狠啊？」

我毫不思索地回話：「法庭如戰場，您不是希望打贏嗎？」

他不語，我明白他這幾年學佛修行難忍殺戮之氣，我再解釋：「令尊不是說過：正人用邪法，邪法亦為正；邪人用正法，正法亦為邪？我在法庭上面對這位律師證人，當然不會趕盡殺絕或口出惡言，只是想方設法讓事實浮現，進一步促使法官了解被告的犯行。」當事人若有所思地上車離去。

訴訟布局有時必須迂迴才能達到目的，今天的法庭攻防及庭外布局算是告一個段落，接下來就要設計下一庭證人交互詰問的問題，期待在環環相扣的詰問中，順利撞到紅球，一竿入袋。

法庭霸凌——媒體誹謗案

當一個人在網路上遭受別人霸凌，可以尋求法律途徑，到法院投訴提告；可是如果受委屈的被害人進了法庭，卻被法官凌遲羞辱，持續不公平對待，還能到哪裡獲得撫慰救濟？

等了兩個月，這件令人懸念的誹謗案終於明天要再開庭了，上次庭訊中承審法官預告明天開庭將當庭確認證人的名單。如果我方聲請傳訊的證人獲得法官准許，屆時本案重頭戲——證人交互詰問的程序就要上場了，法院將依序傳訊證人包括企業界龍頭老大、×大管理學院前院長，甚至中國大陸的書記領導，名人濟濟一堂，必然引來媒體關注，大幅報導案情發展，對方就不敢再囂張地在檯面下影響法庭動向了。

今天下午我在辦公室準備誹謗案開庭資料時，不禁打著如意算盤，想像中似乎我方可以開始占上風，這也算是我方長期在法庭被打壓下，辛酸的期盼……。

因為這樁誹謗案從去年二月當事人提告迄今，纏訟年餘，承審法官嚴厲又犀利，開庭常常修理自訴人及律師，在開過兩次庭之後，自訴人就不願出庭，免得再遭羞辱，二度傷害心理上更加不平衡。當初提起誹謗的自訴案之前，當事人考慮再三，曾徵詢中國大陸律師的意見，他們不約而同提出警告，在台灣要告媒體難上加難，因為台灣的法律特別重視言論自由，法院給予媒體公共評論的空間超乎想像，一般法官對於刑法第三百十條誹謗罪的認定尺度極嚴苛，加上這個案子被告的政商關係良好，與立法院重量級巨頭交情甚篤，同案挨告的媒體背後又有財團撐腰，大陸律師評估的結論是此案提告必輸無疑！

當事人拿著那篇詆毀他名譽的媒體報導，困惑地問我：「律師，大陸律師的看法是真的嗎？我在美國住了三十年，美國社會也是高度重視言論自由，可是這種不實報導在美國是違法的，而且這個記者居然都沒向我求證，對方說了一堆子虛烏有的事，記者居然照單全收，大肆報導，簡直就是對方的打手，網路新聞中說什麼我父親生前辦學校接受他『饋贈』美金五千萬，直是胡說瞎扯！我父親一生學佛修禪，從未接受別人『饋贈』。對方又說我曾經擔任他與另一個企業家開設的科技公司執行長，虧空公款，造成公司財務損失，更是顛倒是非、虛構情節，我在那家公司任職執行長五年期間，公司財務轉虧為盈，而且對方是法國檢察官追捕的國際通緝犯，根本不能開公司當董事股東，怎麼可能當我的老闆？這些瞎編的說辭，嚴重影響我的專業信譽與父親的名聲，為什麼會告不成？台灣沒有王法了嗎？媒體可以恣意攻擊誹謗別人，不用承擔任何法律責任嗎？」

「當然不是，台灣社會雖然崇尚言論自由，可是還是有法律的規範，尤其媒體報導更是需要事前查證，有些誹謗案的被告常在法院答辯時提出護身符——大法官會議釋字第五〇九號，這號解釋文提到雖然發表言論的人不能證明言論內容為真實，但如果能提出證據資料，證明他有相當理由確信報導是真實的，就不構成誹謗罪，某些妨害名譽的案子引用這個解釋文就獲判無罪。」我從法律角度切入，當事人聽得入神。

我繼續分析說：「可是你這個案子不一樣，一旦你告到法院，那家報導不實的媒體一定無法提出確信真實的證據資料，因為他們報導的內容都是假的，除非他們偽造證據出來，而且這種報導方式也不屬於刑法第三百十一條『適當公評』的善意言論，在法律上也不能免罰。」我趕緊為台灣的言論尺度及法律界限提出辯解，免得當事人誤認台灣是個言論自由無法無天的亂象國度。

當事人凝重的臉色稍微和緩下來，可是仍然不放心地問：「台灣的法官會不會被財團或報社收買，就判他們無罪呀？」

「台灣司法風氣近幾年愈來愈清明，法官審判獨立的口號也不是喊假的，各級法院都有努力落實下來，您沒聽說在台灣《壹週刊》常常挨告，法官判他們有罪或民事賠償的機率也挺高的！」我立刻上網搜尋，信手拈來幾則法院妨害名譽案的報導，當事人瀏覽後，再聽完我分析這個報導觸犯誹謗罪的法律要件，就決定提告了。兩週後自訴狀遞交台北地方法院，一場妨害名譽的刑案就啟動訴訟程序了。

本來以為這種罪證明確的案件，被告提不出任何事前查證或確信報導內容為事實的資料，法官應該很容易判斷被告構成誹謗的罪責。可是沒料到開庭後，法庭情勢完全不如預期，法官對待自訴人嚴厲苛刻，第一次開庭就板著臉問了我方當事人十個問題，自訴人回答稍慢，法官立即不假辭色地斥責訓話，被告反而如同局外人般地在一旁觀看自訴人慘遭質問羞辱。

自訴人在法庭如坐針氈兩個多小時後，好不容易庭訊結束。步出法庭後，不滿的情緒全然爆發，走到地方法院門口上車前，當事人忿忿不平地又轉過來問我：「律師，到底我是原告還是被告，為什麼法官把我當作犯人來審問，我剛剛只是忘記身分證號碼而已，法官就冷嘲熱諷，怎麼對原告這麼不尊重？欸，我是被害人耶！就是因為被人欺負了，才會告到法院來，法官不僅不同情我，還把我當作犯人看待，到底有沒有同理心啊？」計程車司機看當事人如此激動，也不敢催促要開車了。

當事人接著又傾洩委屈：「我之前在網路被媒體霸凌，沒想到上了法院還要被法官霸凌，這是什麼世界？大家都說台灣的法律注重被告的人權，那麼原告的人權呢？為什麼我的尊嚴就要被法官踩在地底下？好像我來提告自訴是千不該、萬不該的錯誤！」

望著當事人氣憤難平的神色，我竟不知道如何安慰他，因為剛剛在法庭上面臨法官對他一再的責難，我跳出來辯解打圓場，也遭法官譏諷，身為自訴代理人的我也有莫名的怨氣。當事人見我不語，突然指著一旁法院的標誌說：「律師，妳看這個天平畫得多平衡完美，不偏不倚，可是法官做得到嗎？審理我們案子的法官，他的天平不只傾斜，根本就是打翻了，完全一面倒，偏向被告那邊去了。」

我苦笑地解釋著可能是第一次開庭，刑事庭法官要先釐清自訴的犯罪事實，問得太仔細，才會讓他誤以為自己比被告還不如。我說下次開庭法官開始訊問被告，情勢就會改觀了。

沒想到接下來的庭訊每況愈下，法官態度變本加厲，只要面對被告或辯護人就和顏悅色，一片詳和；反之，一問到自訴人或是我就疾言厲色、尖酸刻薄。我實在忍無可忍，開始反擊，反正第三次開庭當事人開始拒絕出庭，發出沉默的抗議，我身為自訴代理人單刀赴會，不用顧慮當事人在法庭的反應或遭遇，我決定不再隱忍，屢屢反擊，審判長警覺我開始膽敢捋虎鬚之後，惱羞成怒，砲火更加猛烈，不斷轟擊我方。

今天，在法官再度明顯袒護被告時，我起身說明：「今天被告提呈的答辯狀第三段敘述自訴人二十年前的職業，及醜化自訴人與其父親的關係，這些答辯皆與本案無關，代理人要在這裡特別澄清……。」

審判長先發制人，立刻禁止：「既然與本案無關，自訴代理人就毋需再說明了，以免浪費時間。」

我不服地回應：「審判長，今天是被告提出的書狀含沙射影，試圖混淆鈞院的心證，代理人當然有必要提出說明，如果審判長認為代理人的發言與本案無關，那就請審判長先命被告收回這份書狀，以示公平，也免得浪費鈞院的審判時間。」

法官火氣開始上升，立刻回擊：「被告書狀要寫什麼，我可以干涉、可以要求嗎？被告愛怎麼答辯是他的自由，我可以把狀子丟回去嗎？這不是成了『妨害自由』了嘛！我當法官這麼久，還沒見過可以把狀子丟回給被告的情況，自訴代理人請妳告訴我，依據哪一個法條，我可以把被告的書狀丟回去?!我法學知識不足，請妳提出來。」

當下法官似乎變成被告的首席辯護人，奮力袒護被告，不惜矮化自己，目的是刁難凌遲自訴代理人。

執業二十幾年，什麼法官的嘴臉沒看過，我又不是在法庭被嚇大的，當然不甘受侮，立刻射了一支冷箭：「很抱歉！代理人跟法官一樣才疏學淺，一時想不起來法條的依據，請容代理人下次具狀陳明。同時提醒審判長請如實地轉述代理人的發言，免得書記官記錄有誤，曲解我的發言，剛才代理人是說請您命被告『收回』今天這份與本案無關的書狀，並沒有說『丟回去』給被告！」

法官已經氣得七竅冒煙，我繼續冷冷地進行法庭攻防：「方才審判長提到如果命被告收回書狀是『妨害自由』；那麼您禁止我針對被告的書狀辯駁，是不是也算是『妨害自由』呢？依刑事訴訟法代理人當然有權述說自訴人的立場，否則被告在書狀上造謠生事，代理人卻沉默不表示意見，豈不是怠忽職責？」

法官惱羞成怒：「我不管妳是不是怠忽職守，等妳找到條文再說吧！」

我打定主意槓到底：「可是我還是有權利幫自訴人陳述意見啊！請審判長容許……。」

法官使出殺手鐧：「這裡是法庭，不是菜市場，不要碎碎念，到底是妳在指揮訴訟還是我？」

依照過往出庭的經驗，每當法官抬出這句「指揮訴訟」的權威話語，表示是要強迫律師閉嘴，否則就可能直接裁定禁止不聽話的律師執行職務。這當下我雖然存心惹毛法官，挫挫他的氣焰；但可不想落得被轟出法庭的下場，只好閉嘴就範了，於是我恭敬地回答：「當然是審判長您啊！」

法官瞪了我一眼，隨即進入證據調查程序，他詢問兩造律師：「前面三次庭期，我們已經處理本案物證與書證的證據能力和證明力的程序，接下來兩造還有什麼要聲請本院調查？」

法官先請被告及辯護律師表示意見，坐在我對面的三個被告加上六個律師均一致回答：「沒有。」

見到對方律師的回應，我開始納悶：咦，奇怪了！上個月我代表自訴人提送法院的聲請調查證據狀列了十個證人，被告也收到聲請狀的繕本了，怎麼他們不用防禦，找出其他證人來質疑彈劾我方的人證？被告難道不擔心我方聲請的證人出庭作證，證詞都對他們不利，升高他們被判有罪的風險？今天是法官進行最後一次準備程序，如果被告不把握機會提出聲請，日後審理庭就不能再要求法院傳訊人證了，他們到底用的是哪一招啊？怎麼戰術如此詭異？

正懷疑著對方的作法時，法官點名我發言了：「自訴代理人還有何證據要聲請調查？」

我起身敬謹回覆：「如我們三月二十日提呈的聲請調查證據狀所載，自訴人聲請傳喚十名證人，第一位是……。」

法官立刻不耐煩地打斷我的發言，面無表情地說：「這是刑案，妳卻意圖透過刑事程序獲得民事訴訟的證據。妳聲請傳訊的證人，本院認為都沒有必要，具體理由會在判決書中逐一載明，本案訂在下一次庭期辯論結案。」

什麼意思啊！一個證人都不傳就要結案，擺明要判我們自訴人敗訴嘛！憑什麼呢？法官居然如此大膽，拒絕傳訊全部證人，就直接駁回自訴嗎？法官是確實有法律根據，還是被收買了呢？竟然偏袒至此，我當然要力爭到底：「審判長，我沒有這樣的意圖，也沒有必要，因為自訴人早已另行提出民事求償訴訟，民事庭法官會進行調查證據的法律程序。自訴人傳訊這十位證人待證事項都寫得很清楚，每一個證人都與被告的犯罪事實有關，可以證明被告誹謗的犯罪故意與行為，審判長如不傳訊這些證人，勢必無法調查清楚犯行，倘若現在不傳證人，等結案後判決書再交代理由，形同突襲性裁判，縱使有上訴的途徑，也剝奪自訴人一審的審級利益，審判長一句話就拒絕調查，如此決定是不合法的，因為本案從第一次開庭都沒有進行證人的交互詰問程序，這樣未審先判，對於自訴人極其不公平……。」

法官提高音量，帶著情緒說：「我講得很清楚了，判決書會交代，退庭！」法官立刻轉身離開法庭，被告們與律師團揚起嘴角輕鬆自若地走到法庭外的長廊，空蕩的法庭只剩下我一人冷清地收拾滿桌的訴訟資料，法警等候我提起公事包就熄燈關門。

我拖著沉重的腳步走出法院，夜色低垂，博愛路上人煙稀少，望著台北地院的牌示，心情非常複雜，糅合著失望、難過、無奈……。我不知道下一次再進入這個司法殿堂時，是否依然對法律抱持信心與期待？對公理正義的實現仍有著追求的熱情？

有時，人們在法庭中不是為了打贏官司而發聲，只是為了把事實講清楚，爭取公平正義……。

被告席上的真話——侵權賠償案

傍晚五點多，要下班了，把握最後的時間，將明天要開庭的卷宗資料整理片刻，準備幾個重點向法官說明。正在看對方律師寄來的書狀時，手機的 Viber 響了，原來是當事人從上海來電，以為他只是要關心明早開庭的進度，沒想到他告知將搭晚上八點的飛機到台灣，希望明天親自跟法官解釋事實經過。

試圖提醒他民事案件委託律師出庭即可，他不用百忙之中特地返台出庭，不過聽他的口氣，心意已決，就約好明天直接在法院碰面，免得日後訴訟有不利的發展，當事人心生遺憾或猜疑。而且這次法官審理的重點放在兩造爭執點的歌曲是原告單獨創作或雙方共同創作，當事人現身說法，比我們律師引用著作權法的條文，更具說服力。

翌日，台北地方法院民事法庭如同往昔人潮洶湧，開庭前十分鐘，當事人趕到了，他的出現引起一些側目，畢竟兩岸三地創作歌手的名氣，從舞台轉換到法院的場景，依然備受矚目。

法庭外，他先說明稍後要在法官面前提出的三項重點及證據，除了前面兩點是事實陳述，我加以認同外，特別提醒他第三項涉及情緒字眼，有人身攻擊之嫌，請他保留。他完全無法接受，說道：「這一點就是前年我決定與對方終止合約的關鍵，他稍微有點名氣就得意忘形，這樣是很難合作的，律師妳看我們一結束合作，他摔得多慘？沒有人願意再找他寫歌，結果他反過來告我版稅帳目不清，真是過分！」果真是藝術家的性格，堅持自己相信與決定的事。

眼看阻止不了，再提醒音樂著作版稅計算的疑點，我提問：「你一直說這首歌的旋律是你們共同譜成，當時單曲CD也這麼標示，可是後來你的音樂經紀公司為何都付給他百分之百的歌曲版稅？這樣法官恐怕會認為你已承認對方的權利是全部，而非與你一人一半。」

他急著澄清：「最初我抱著鼓勵新人的心情，交代經紀公司給他全部的版稅，可是後來他愈來愈囂張，我有請經紀公司回復正常的比例，付給他百分之五十。結果經紀公司承辦人員離職沒交接好，依然付給他全部，這一點可以請證人來說明吧！」我來不及回答，已經輪到我們開庭了，我只好先點點頭，表示就暫時這麼敘述吧！

在法庭中訴訟程序一開始，對方律師又提出補充書狀，可是證據不完整，無法證明原告以前都收到百分之百的歌曲版稅，我除了立即否認對方提出證據的真實性外，趕緊輕聲囑咐當事人暫勿承認曾支付百分之百的版稅，先答不清楚即可，等原告日後提出證據，再作打算。沒想到他不發一語，以為聽懂了，等到法官命他回答，他完全沒照我的建議敘述，依然是他原先想好的說辭，我一聽心頭震了一下……。

他起身說：「法官，我剛剛已經詳細說明前年我們一起在錄音室創作的過程，當時他第一次作曲，完全沒經驗，經過我調整、修飾，補上副歌，整首旋律才得以完整問世，躍居當年度暢銷歌曲排行榜第一名。我當初有個信念，要培養台灣客語搖滾歌曲的作曲人，所以把全部版稅都給他，鼓勵他繼續創作，可是他享受到了成名的滋味，就無法靜下心來寫歌，到現在沒有任何新作品，卻反過來控告我侵權，侵占他的版稅，我的好意完全被抹滅，甚至還吃上官司！法官，可不可以請你告訴我，法律是這麼硬梆梆，不通人性的嗎？為什麼為別人設想的結果，卻成了被告？」

幾乎所有的好人上了法庭都有這樣的疑惑，可是這個深刻的困惑，忙碌嚴肅的法官無法回答、貪婪可恨的原告不願回答、而我們律師不敢回答。因為如果說出標準答案：「法律只保護懂得法律的人！」好人無法理解，甚至覺得很受傷；壞人反而洋洋得意，覺得深獲我心。

望著站在被告席上迷惘氣憤的當事人，我知道在這法庭中他是得不到答案的，果然法官面無表情地宣示：「本件候核辦，兩造請回，再等通知。」當事人說了真話，卻飄散在冷冰冰的法庭，無言地陪他走了出來，拍拍他的肩，不知訴訟的盡頭會是如何的結局……。

當命運伸出友善的手，協助世人化解仇恨時，如果當事者依然抱持著仇恨，那麼無盡的爭訟就不斷進行，業力持續運作。到最後受害的人無法得到彌補，加害的人欠缺合適的機會補償，事件結束了，雙方背負著生命的缺口與傷痕，不知如何自處與面對人生……。

受害者的控訴
——車禍賠償案

隆冬，坐在高等法院第六法庭旁聽席，回想半年來的訴訟歷程，當事人一審敗訴的案子上訴到二審，高等法院持續五個月裡開了三次庭，法官煞有其事地調查，還囑咐我們上訴方再提銀行交易明細資料。結果過了一個新曆年，就換了法官，原任法官絲毫沒作任何交代就調走了，讓人彷彿挨了一記悶棍，之前的調查與開庭付諸流水，新法官上任，全部重來。

這就是現代法院提供給人民的審判服務？打官司的民眾也繳了對價的訴訟裁判費啊！雖然公平正義不是用金錢可以換取，可是審判程序一旦付費，法院提供的服務中止或中途更換承辦法官，是否該事前告知或略表歉意，讓翹首企盼遲來正義的當事人稍安勿躁，調整心態或作好應變措施？而不是悶聲不響，等收到開庭通知，甚或進入法庭，才驚覺換了法官。可是遲至二十一世紀標榜服務品質的今日，法院仍基於司法高權，認為隨時更換法官是司法機關內部行政事務，無損於當事人權益，當事人毋庸置喙！

聯想到近日李安的電影《少年PI的奇幻漂流》，當老虎理查・帕克未發一語頭也不回地離開少年時，他是如何心痛地感嘆：「人生就是不斷的放下，令人遺憾的是，常常沒能好好地道別。」多少人在離開時忘卻（或刻意忽略）道別，無情地傷害到留下來的人而不自知！

人世亦然，法院亦然！

思緒從天馬行空中回到現實的法庭，今天是更換法官後第一次開庭，特地提早來看看新法官作風如何，便於思索調整法庭上的主張。我靜靜地坐在旁聽席等候我們第三件的案件開庭，旁聽完正在進行的第一件案件後，慶幸換了一位好法官。

法庭裡刻正進行第一件案子是車禍賠償的官司，聽起來似乎是肇事者一審敗訴，這回上訴二審法院，請了三個律師出庭，肇事者想必財力雄厚，受害的這一方是年輕的女子，只有一位律師陪同。雙方正在為車禍後是否頸部需要手術，以及頸部傷勢是否為此次車禍造成而爭議不休。

上訴方律師團力陳一審醫師的鑑定意見有所疏失，強烈聲請重新鑑定。台上的新法官正循循善誘地解釋那份醫事審議鑑定書是榮總醫院整個神經外科的醫生共同意見，並非單一醫師的主觀意見；如聲請重新鑑定換一家醫院，恐怕結論也相同，和善地詢問上訴方律師團，是否還需要耗費漫長時間再等待第二份鑑定報告？

接著審判長又語重心長地說：「我一向認為判決結果及訴訟中訟累的壓力，對於當事人應該視為同等重要，特別是車禍案件，受害的一方同時要承受傷勢的痛楚及訟累的壓力，能儘快結束訴訟程序與最後要賠償多少金額，其實是一樣重要的！」

沒想到肇事者的律師團完全不理會法官的善意勸導，搶著輪番發言。這下受害者按捺不住，霍地站起來宣洩怒氣及委屈，細說從頭，自車禍發生對方的倨傲，以及警局製作筆錄拒絕賠償，肇事者還撂下狠話：「那就法院見！」一直到受害人住院三個月不聞不問，及至醫院診療團隊會診建議第二次開刀的恐懼與憂慮。被上訴人痛批肇事者的冷血無情，有錢請律師團辯護，卻沒錢賠償醫療費用，讓受害者情何以堪?!

被害人開始怒火中燒，接下來的一段話更顯悲痛：「我可是冒著全身癱瘓的危險，決定進行頸部手術，對方律師卻說這是以前舊有的傷勢，不是這次車禍造成的，到底是誰瞎了眼，沒看到一審的醫院鑑定報告，跟我上個月提給法院的台大診斷證明書？」被上訴人擦了擦淚水，悲憤、激昂地控訴。

法庭裡空氣似乎頓時凝結，上訴人律師團中資深的律師面面相覷，無言以對！冷不防地其中一位年輕白目的律師竟開口質疑：「被上訴人這次要開刀的部位是否車禍造成還有疑問，哪有人被車撞到，延至第三天頸部才開始痛？」殘忍地在傷口上灑鹽，被害人聞之更加氣憤，起身正欲回應……。

法官立刻跳出來滅火，除了勸諭被上訴人勿過於激動，也不要對律師人身攻擊外，進一步提醒聲淚俱下的車禍被害女子：「舊傷『骨刺』與新傷『椎間盤突出』是不同的，兩份診療證明的用語不同，請妳留意，律師提出質疑也有他們的根據。」

法官又轉過去正色地對上訴方的律師分析：「醫學上對於人體的生理保護機制，已經研究出來，在外力傷害時，有些痛楚或傷勢會延遲發生，讓人體有足夠的時間應付外力衝擊，作出保護措施。你們如果研讀這些醫學報告，就可以了解受害人在車禍就醫第三天頸部才發生疼痛症狀，也是醫學上可以解釋的現象。」

看起來這個案件法官做的功課比律師多，而且針對兩造各自的盲點分別挑出明確提醒，免得流於無謂的攻詰或對立。很好奇這位博學多聞又中立超然的法官如何繼續引導這個車禍侵權損害賠償的案件，正在猜想中，法官宣布：「下次開庭請上訴人（肇事者）親自到庭，商議和解，被上訴人請再詢問就診的台大醫師是否有取代頸部二次開刀的診療方式，降低手術風險，並評估診治金額，預估下次和解的金額，退庭！」

明快有效率的審理方式，避免兩造法庭上的口水戰，更減少被害人二度傷害的傷痛，真為高等法院調來這位具有高度同理心、學養俱佳，又善於指揮訴訟的法官喝采！

如果下一次開庭，肇事者可以誠摯致歉，受害者願意不計前嫌，放下那些曾經被傷害的言語，提出合理的醫療費用，和平地達成和解，也許心靈傷口可以不再惡化，生命才能往前走。

律師在訴訟過程，提供法律專業獲得勝訴判決，不若與當事人之間建立信任，更彌足珍貴；尤其在肅殺的法庭中，當事人不受法官恫嚇，堅定地選擇相信律師，令人動容……。

被告真情告白——背信案

當事人是一位大型證券公司的女稽核，保守、謹慎又敬業，任職十年以來從未出錯，此次公司營業員發生代客操作弊案，從總經理以降俱受牽連，稽核也不例外，同列刑案背信罪的被告，接受台北地方法院刑事庭的審判。

第一次來事務所討論案情持續三個小時，所有證據及檔案資料都釐清後，她不解地問我：「律師，每年主管機關都會來查核我們公司的內稽內控作業，每一次稽核報告都合格，我不懂為什麼這個案子我會變成共犯？」

我本來可以告訴她，是那位始作俑者的營業員投案前，為了安撫所有損失鉅大的客戶，利於投資人事後轉向證券公司索賠，寫了一份虛構的自白書，才連累到公司一票無辜主管與她成為被告；或者解釋檢察官為了建立犯罪情節與邏輯架構，便於提起公訴，所以不得已將她併入共犯結構。

前者會讓她對人性幻滅的絕望，後者會引發她對司法不公的憤怒。我不知道該選擇什麼答案，才能夠讓她少受一些傷害，於是淡淡地答：「這是起訴書檢察官的寫法，我想一審深入調查後，法官會還妳清白的！」

接著是一次次馬拉松式的刑事法庭開庭審理此案，六個被告——證券公司負責人、總經理、副總經理、副理、營業員、稽核，四十個被害人——投資客戶，加上三名檢察官蒞庭公訴，十二名律師逐一陳述案情，提出法律辯護。上午九點的庭一路開到晚上，已成慣例，尤其遇上傳訊證人交互詰問，法庭氣氛風聲鶴戾、草木皆兵，每個證人隔離訊問，連中途被告上廁所，都有法警陪同監視，以防受訊證人與法庭外等候的證人串供。每開完一次庭，大家就像被剝了一層皮，更加虛弱、疲憊。

法官退庭後，律師團偕同公司主管及稽核等被告，立即返回公司開會檢討，分析當日庭期戰況，掌握法官辦案方向，分配工作蒐集資料，撰寫書狀，大家分工合作，團結一致。

但是律師團成員來自不同事務所，訴訟策略與開庭態度不盡相同，尤其證券公司總裁指定的大型律師事務所，委任律師名氣大、案件多，無暇深入研究案情與掌握十數箱的證物，開庭也多所考量，不敢衝撞制度，違逆法官與檢察官，加上此案合議庭的審判長強勢、主觀，指揮訴訟過程中個人風格強烈，大牌律師頗有顧忌，深怕得罪法官，對被告案情造成負面影響，或不利於日後自己的司法執業生涯，因此在法庭上除了中規中矩陳述法律意見外，多半時間噤若寒蟬。

律師席上只有我毫無包袱，肆無忌憚，敢與檢察官互槓嗆聲，又對法官進行交互詰問的程序，當庭批評不合刑事訴訟法的規定。審判長屢屢光火，以記明筆錄的要脅，試圖打消我抗議審判程序瑕疵的發言，法官卻沒料到我絲毫不受威脅，依然一字一句清楚陳述，於是法庭電腦畫面出現書記官在筆錄上如此記錄我的發言：

「辯護人沈律師起稱：我認為審判長依職權訊問證人，程序不公，若這樣進行訊問，應該允許其他被告以對質方式與證人當庭對質，否則對其他被告不公平，因為被告無法即時陳述事實，凸顯證人的虛偽證詞。如果只是事後才讓被告陳述意見，一定無法及時彈劾證人的證詞，因此主張程序不公平。」

沒想到我當庭積極爭取被告的即時對質機會，卻沒有其他律師敢同時附和，審判長仗勢駁回我聲請被告當庭與證人對質，立刻諭知：「將於本院依職權詰問程序完畢後，再給予被告對證人詰問的權利。」等於當場打了我一記耳光，駁斥我的請求，這只是法官初步的修理方式，到了下次開庭，他更是使出狠招！

通常每一次開庭前，我都會要求當事人到事務所分析案情、討論答辯理由、模擬演練，很多被告都會覺得壓力沉重，但幾次上庭面對審檢辯的攻防，發現經過沙盤推演，站上法庭被告席較能輕鬆應付各種突發狀況，他們就漸漸接受我的嚴謹辦案風格了。即便這一回已經是第八次的庭期了，我們在開庭前夕依舊全部案情複習一次，一方面也讓膽小的女稽核能在法庭處變不驚。不過這次開庭，法官的提問出乎意料之外，根本無從事先演練……。

一開庭，排排坐的六個被告之中，審判長先點名我的當事人站到最前面應訊。前幾次法庭訊問順序，我的被告都是排在最後一位，因為她與其他主管相較之下，職位最低，涉案程度最輕。今天卻是一反常態，被點名叫到最前面。這位女稽核疑惑地看著我，我也不曉得發生什麼事，示意請她遵照法官指示立即出列聆聽。

審判長開口問她：「妳的辯護人與公司負責人的辯護人為同一人，均為沈律師，是否會有利益衝突的問題？」

原來是法官對我每次開庭嗆聲抗議，極度不爽，又找不到法條規定禁止我出庭辯護，居然想出這種爛招給當事人施加壓力！

其實證券公司負責人本身雖然同列被告，可是公司負責人在訴訟上立場與這位女稽核被告完全一致，都是主張公司負責人監督合法，內稽內控遵照規定，哪有利益衝突的事？法官刻意扣上大帽子，擺明要讓不明所以的被告屈從就範，把我從律師團中剔除，這樣以後他開庭就毋需再面對我的質疑批判，感到如坐針氈、無技可施了，真是陰狠！只是不知道我的被告是否中計？

果然女稽核被嚇到了，還來不及反應，審判長又加碼追問：「妳是否要對律師解除委任？」

沒想到當事人回神之後，堅定地回答：「我決定還是委任沈律師擔任我的辯護人。」

法官登時臉上三條線，悻悻然地將這句話記入筆錄中，才開始今天的庭訊。看來他的「恐嚇」未得逞，日後庭訊我與被告皮要繃緊一點了，不過望著被告堅定的眼神，我知道在緊密的信任基礎下，面對險峻的法庭情勢，我們一定可以合力度過她的人生關卡！

（後記：本案全部被告均被判有罪，只有女稽核（我的當事人）獲得無罪判決，檢察官不服上訴，高等法院維持女稽核無罪判決，高檢署檢察官再上訴，最高法院以無罪定讞。）

土石流之後——行政稅務案

當稅務行政機關顢頇、僵化，忽略民眾的實際狀況與感受，甚至拒絕為人民著想，只是一味地企圖課稅，僅憑形式的表象證據認定納稅義務人的公法義務時，最終人民是不會屈從於不合理的對待中。

書法家藍老師在歐洲的大學念了藝術史，拿到博士學位，任教卅年來，桃李滿天下，書法作品名聞遐邇。平素嚮往傳統中國文人的園林生活，不想被校園學術研究工作束縛，常到深山僻壤繪描山水、題詩作畫，累積許多書法國畫的鉅作。五年前藍老師提早退休，在台北新店山上開了一家書墨草堂，收幾個學生畫山水、寫書法，怡情養性。直到有一天喜愛造景設計的女兒，把他的書法字拿到庭園設計文創經紀公司展示，傳統字畫居然被賦予新生命！

文創公司執行長心血來潮，請公司視覺設計師把藍老師的書法字嵌在他設計的地景上，再襯以潑墨山水的背景，一副新潮又有型的人行道地景躍出電腦螢幕，設計師為之驚豔，執行長立即決定提供給近日標得新北市人行道更新採購案的行政機關首長觀賞。設計圖一寄給市政府，立刻獲得承辦人員的青睞與肯定，向長官報告核准後，執行長催促公司法務部門儘速與書法家簽約，取得獨家授權。書法家的女兒急忙將這家文創經紀公司法務提供的書法授權合約以電郵寄給我，諮詢合約中授權條件是否合理？

在這個機緣下，我見到了這位書法家，當面分析授權合約關於書法美術著作的授權條件，通常必須包含授權標的、地區、期間、用途、費用、載體，但文創公司撰擬的授權合約對於這些授權事項語焉不詳，直接簽署恐有風險，於是我詢問書法家各項情形清楚後，一一修訂合約條文，書法家父女致謝連連，安心地離去。

第二次見面是源於台中文化局委託策展，書法家也在受邀之列，他女兒對於策展單位的邀展協議書中授權文創商品部分有些疑問，父女連袂登門拜訪，我們的討論告一段落後，書法家忽然問了一句話：「律師，妳的著作權專業知識很豐富，不曉得稅務案件妳有辦嗎？」

我雖然覺得有點突兀，依然點頭說道：「我在台大法研所念碩士班期間專攻稅法與公法，執業期間也辦了一些稅務的行政訴訟案件，只是辦得不算多，我接觸比較多的還是著作權法領域的案子，因為文化藝術的著作我比較有興趣。藍伯伯有稅務方面的問題嗎？我可以介紹稅務專業律師幫您處理。」

書法家默然不語，女兒見狀接著說：「確實我父親最近碰上一件很離奇的土地增值稅案件，本來有請教朋友介紹的會計師與稅務律師，可是他們講的專業用語及訴訟程序，我父親都聽不懂，而且請了那位稅務律師打訴願，結果也輸了，最近幾次與您接觸，父親覺得沈律師的說明深入淺出，提供的建議也都很有道理，符合我們的需要，想說請妳幫我們看看這個訴願案，如果要打行政官司，有沒有希望？」書法家聽完女兒的敘述，偏過頭來看我的回應。

我遲疑了一下，平心而論，稅法的案件對我而言，比不上著作權法的案例有趣，因此律師職涯中，後來很少接辦稅務案件，可是書法家的眼神令人不忍一口回絕，只好說：「有帶訴願決定書嗎？我先看看再建議後續如何處理吧！」

女兒立刻從背包抽出一疊文件，拿出一份長達十頁的訴願決定書遞過來，我邊看資料，她邊說明案件的背景：「三年前我父親在新店的書墨草堂由於颱風土石流，沖毀一大半，不能再住了。剛好有個學生介紹陽明山一塊土地法拍三次都流標，價格降得很便宜，不過，因為是法拍的地，所以連同山腰上的另外三筆都要一起買，法院才肯賣，山腰上的土地都是雜草林地的保護區，沒什麼用處，買了也不知道怎麼規畫，可是山腳下的一大片平地視野寬闊、依山傍水，父親去看過很中意，而且位居山腳邊，如果要上山作畫，開車才五分鐘就可以進入步道登上山腰，非常方便。平地上有幾間木屋，整理之後可以作為教畫的教室，戶外庭院可以寫生作畫，又臨近公車站與捷運站，學生來上課或觀眾看展覽，交通便利，我們就去法院投標，向銀行貸款八千五百萬元買下來，當初幫我們處理過戶登記的代書信誓旦旦地打包票，說山腰上那塊地可以申請農業用地，不用繳土地增值稅，可以省下將近三千萬元。父親就委託代書全權辦理，他申請了半年也真的辦出來，區公所核發農用證明給我們，稅捐處同意不需課徵土地增值稅，我們都很滿意這個結果，趕緊請人裝修整理，去年父親搬進去開始教畫，也舉辦過兩次師生聯展。可是沒想到半年前區公所突然寄了一份公文來說取消農用證明，因為他們在半山腰發現一間非法的農舍，不合免稅的規定，接著沒多久，稅捐處就通知我們要補繳土地增值稅二千八百萬元。」

她講完故事背景，我也差不多讀完訴願決定書，案情有點蹊蹺，原本代書申請農地農用證明過程都很順利，時隔兩年稅捐處依循往例檢視免徵土地增值稅案件的資金來源，承辦人員親自前往現場勘查，發現一間破舊的農舍，未經合法申請，卻有水電使用的紀錄，似乎不符合農地農用辦法，立刻通報區公所，認為核發農用證明程序有瑕疵。區公所接獲公文大驚失色，趕忙派員前往現場仔細察看，果真有不合法的農舍隱居其中，翌日隨即撤銷農用證明。稅捐處見獵心喜，立刻引用區公所撤銷的動作，再加上循線查獲書法家三年前購買土地的資金來自一家協會，於是冠冕堂皇地以書法家購地過戶的行為違反土地稅法第三十九條之一免稅的規定的理由，撤銷原來不課徵土地增值稅的行政處分，下令補繳二千八百萬元的鉅額稅款。

書法家的女兒愁眉不展地嘆道：「我的父親繳貸款已經負擔沉重了，為了這筆土地，退休金繳納一空，只希望有個養老安居之所，現在竟然天外飛來一筆增值稅，根本無力支付，不曉得該怎麼辦？」

「關鍵在於那間農舍與資金來源，我們一件一件來討論。區公所提到的農舍是怎麼回事？你們買法拍土地時沒看到這間房子嗎？法院拍賣公告與點交筆錄呢？有記載房子的事嗎？代書去會勘土地時，有發現這間房子嗎？」我先理出頭緒，否則無法釐清案情，接著詢問當事人關鍵疑點，嘗試突破稅捐處的不利課稅處分。

「這件事真的很冤枉，從頭到尾我們根本沒有看過那間破房子，法院拍賣過程也沒紀錄，代書更不知道，等到收到區公所跟稅捐處的通知，我們都傻眼了，無從得知到底從哪裡冒出農舍？於是父親請一個住在那附近的學生帶我們去看，才找到深山樹林裡的屋舍，破舊不堪，問了裡面的屋主，他說房子有產權，而且是位在另一筆土地上，跟我們的土地無關，我們覺得更詭異，請教附近的代書才知道那片山坡歷經幾次颱風土石流，建築物可能產生位移，整間房子滑到父親買的這塊土地上。可是這根本不是我們造成的啊！不可抗力的天災，怎麼叫我們來承擔這個後果？沒道理呀！」女兒頻頻喊冤。

是啊！在法律上通常只要碰到「不可抗力」，不論是公家單位或私人交易，雙方都沒責任，因為是老天爺造成的，不能歸咎任何一方，這是普通常識啊！怎麼在這一個稅務案件，稅捐處就把天災的責任要求民眾來承擔呢？真是不公平，難不成只為了增加稅收，就讓公平正義靠邊站？就算是要課稅，政府也得站在合理的基礎上吧！

我心裡邊嘀咕，邊回答：「我想這部分如果要釐清，必須要舉證房屋坐落基地的各項證明，例如土地登記謄本、建物地籍圖、登記謄本，只要能證明房屋登記並非在令尊的土地上，依土地法第四十三條規定土地登記有絕對效力，我們可以主張區公所的認定是有問題的，取消農用證明更是沒道理。而且當初你父親信賴農用證明的核發，才去買這塊法拍土地，申請農用證明期間，你們也沒有任何隱瞞行政機關或刻意作成不完整的敘述，依行政程序法的規定，人民的信賴利益是要受到保護的，區公所不應該恣意撤銷農用證明，這項主張可能還需要當初代理藍伯伯出面會勘的代書出來作證，出庭向法官說明。」我開始設想這樁行政訴訟在法律上的主張與舉證。

「這個沒問題，代書是我父親的學生介紹的，一定會願意出庭作證。」女兒開始覺得這個行政訴訟案件露出曙光了。

「接著我們來看購地資金的問題。這幾筆土地不是令尊買的嗎？為什麼資金會從協會來？稅捐處在訴願決定書上說他們查到付款的戶頭都是協會，因此認定是『非自然人』的土地移轉，不符合土地稅法第三十九條之一的免稅規定。」我繼續詢問第二個關鍵疑點，這麼複雜的案子必須一步一步解套，才能化繁為簡找出突破之道。

「這個更冤枉！這家書法山水協會是父親創辦成立的，當時邀了一些文人雅士參加，後來有些成員凋零，有的理事出國，剩下父親獨撐會務，平常偶爾會舉辦展覽或與中國大陸的國畫團體交流，都是父親出資辦理，這幾年沒再辦活動，協會帳戶的存款只剩幾百元而已。這次買土地，金額很高，除了銀行貸款，還有親友的借資，我們就暫時借用這個協會的帳戶，請親友直接匯到協會的帳戶，才不會跟父親私人帳目混在一起。當初稅捐處懷疑是財團炒作陽明山的土地，在追查資金來源時，父親不知道怎樣寫書面說明回覆稅捐處，就委請代書撰寫，代書匆忙之際，沒問清楚，有些誤會，寫成這間協會出資購買，於是就給了稅捐處一個藉口，認定是『非自然人』的買賣，等我發現有誤會，趕到稅捐處解釋，他們根本聽不下去，說要以父親已經提供的匯款水單與存摺為準，於是演變成今日的下場。」女兒不勝懊惱，感嘆關鍵時刻她正巧不在國內，造成無可收拾的後果，俱連事後彌補都無濟於事。

「聽起來似乎還有挽回的餘地，可以請借款的親友出面作證，證實資金是要借給令尊，而不是要匯給協會，且這些錢也不是協會的自有資金，只要到銀行調出協會匯款前後的存款資料即可比較得知。縱使錢是從協會來的，協會也不是『法人』，並沒有作成財團法人或社團法人的登記，在民法上權利主體只分成『自然人』及『法人』兩種，協會既然不是『法人』，性質上就要歸到『自然人』，稅捐處憑什麼認定是『非自然人』呢？我想這一點應該可以站得住腳。」我分析完畢，也對這個案子抱有希望了。

不過書法家跟他女兒顯然完全無法理解這些法律用語，只覺得聽起來好像很有道理，他們關心的還是官司勝負的結果。女兒忙不迭地問：「律師，妳的意思是說這個案子打行政官司有勝算，是嗎？」父女不約而同地看著我，眼中充滿期盼。

我點點頭，說道：「依照剛剛的分析，如果人證、物證可以配合，應該是有希望的。你們什麼時候收到訴願決定書？依行政訴訟法規定必須要在兩個月內提起行政訴訟。」

「日期？要怎麼看？是訴願決定書作好寄出來的日期，或是我們收到那一天開始算？」女兒邊找訴願決定書與掛號信封，邊詢問起訴日期的計算方式。

我補充起算點：「收到訴願決定書的第二天開始計算。」

女兒核對手機的日曆後說：「應該還有三個禮拜的時間。」

「那麼請你們回去考慮是不是要提起行政訴訟，如果確定提告，看是要自己處理還是委託律師，倘使需要我幫忙，那就再聯絡囉！」自從行政法院從台北市區搬到士林後，路途遙遠，我就對行政訴訟案興趣缺缺，不太希望接辦這一類案件，尤其這一件如此複雜，更不想接辦，送走他們父女之後，心情輕鬆了不少。

沒想到三天後，書法家的女兒再度來訪，表示上次我提出的訴訟策略及證據重點，他們父女專程持往請教學生的親戚，一位任教於國立大學的行政法教授，他完全贊同我的觀點，還提供他寫的教科書整理的見解——關於人民信賴利益的保護相關實務見解，加強我提出的訴訟攻防意見。

當事人的信任與學者的加持，似乎沒理由拒絕接案了。於是請書法家父女辦完訴訟委任手續後，儘速補齊所有三年前的法拍文件、區公所與稅捐處公文、訴願程序的資料，我以一週的時間寫好行政訴訟的起訴狀，主要訴求是請行政法院判命撤銷區公所的行政處分（撤銷農用證明）與訴願決定，至於稅捐處的課稅處分則另提訴願。等到起訴狀草稿寄給書法家確認定稿後，送到行政法院正式起訴，才鬆了一口氣，接下來就等候法官的開庭通知了。

等待兩個月，居然只收到行政法院寄來被告區公所的答辯書，令人「欣慰」的是兩個被告寫的答辯書了無新意，只是把訴願期間的理由抄寫套用到這裡，沒有針對我方原告起訴狀提出被告機關錯誤部分作出解釋，這種回應是表示行政機關信心滿滿，所以老神在在呢？還是被告身為政府機關，一貫的官僚意識、傲慢怠惰，懶於研究人民的訴訟需求、敷衍因應？這是書法家父女收到被告的答辯書，送到我事務所時，提出的第一個疑問。

我回答說：「可能兩種心態都有吧！行政機關傳統觀念的改變，可能還跟不上民眾的權利意識與行政法院的進步，這幾年行政法院的法官常常突破傳統見解，與時俱進，撤銷很多違法的行政處分。行政機關卻沒能醒悟自身扮演的角色已經隨時代背景、社會需求、法規變革而有不同，還沿用昔日傳統作法，輕忽人民的訴求，連最基本的訴狀繕本遊戲規則，他們都漠視。」

我翻到答辯書的末頁，指給當事人看，解釋說道：「行政訴訟法沒有明文規定的地方，要準用民事訴訟法，因為民事訴訟法的發展比新興的行政訴訟法成熟多了！而在民事訴訟法明確規定，訴訟當事人雙方提出的書狀必須將繕本及附件一併提出給對造，這就是訴訟法上所稱的『武器相當原則』，不論原告或被告必須把證據同步提給對方，訴訟當事人才能平等地進行法庭攻防。可是時至今日，行政機關卻仍有高高在上的優越感，打行政官司時，他們提出答辯書的證物附件常常只給法官，不同步寄給原告人民這一方，一點都不尊重原告民眾，也不遵守訴訟法的規定。」

第一次開庭，我就先針對這一點程序的違規重砲轟擊，要求被告機關應該依法同步寄送證物予我方。區公所與稅捐處的代表一副無辜的表情，而且認為我的請求匪夷所思，他們表示過去只要打行政官司，行政機關一向如此辦理，從來沒有原告的律師提出異議。法官也很訝異，順著被告機關的陳述回應：「原告大律師，妳來法院閱卷就可以影印所有被告機關的證據附件了。」

顯然這個法官也停留在傳統官高於民的觀念中，行政法院究竟視民眾權益為何物？我當然要為當事人發聲，於是我再度發言：「這不是訴訟代理人特地再耗費時間來法院聲請閱卷，或花錢影印資料的問題，而是訴訟雙方對於法律制度尊重的議題。行政訴訟法和民事訴訟法都明文規定書狀繕本附件必須呈送給法院的同時，提供予對造，為什麼民眾這一方必須遵守這個規定，行政機關卻可以違規？每次都要我們專程跑來法院影印這些資料，行政機關很明顯地誤以為還處在以前官僚衙門的時代，而不是跟人民平起平坐，武器相當地來進行訴訟，這是對訴訟程序的不尊重，也是對原告的不尊重！我們無法接受被告機關這種錯誤又傲慢的作法，請審判長命被告補提上次答辯書的附件給代理人，而且日後所有書狀寄給原告代理人時，必須附上所有證物，不然我們原告也不附證物，大家一起來違規好了！」

法官臉上微慍，被告機關不知如何回應，我很堅定地望著法官，想知道他下一步如何指示。法官沉默一分鐘，翻閱起訴狀與被告答辯書後，語氣凝重地諭知：「原告代理人的請求是合法的，被告請在開庭後三日內補寄八月十五日的答辯書所有附件給原告律師，以後兩造每一份書狀都依法比照辦理。」

哇！心裡放煙火，為這位表情肅穆的法官喝采，第一回合我方勝出。接著雙方進行本案實體的攻防，被告區公所沒委任律師代理出庭，只派兩位經驗不足的承辦人員應訊，對於法官的程序進行，他們常在狀況外，不曉得如何作答，法官只好一一耐心解釋，行使闡明權。

當事人坐在我旁邊，很不耐煩地低聲問：「為什麼區公所連這些問題都無法當庭回應，每件事都要回去查報？」

我說：「可能他們很少挨告吧！不知道如何應付行政訴訟。」

我向法院強調，原告的基本主張是區公所的審查會勘土地的程序都合法，代書代理申請會勘及現場會勘過程皆無隱瞞。法官理解這些陳述重點之後，除了同意我方聲請傳喚證人——代書、會勘的公務員（區公所及地政事務所人員）之外，拋出一個我方不樂見的訴訟程序。

法官說：「本案的爭點在於系爭土地上是否有這間農舍的存在，我們要先確定，再進一步請地政機關測量農舍坐落哪筆土地上；倘使確實坐落在原告購買的土地上，接著才要釐清土地登記與實際坐落的歧異發生的原因，最後再考量有無行政法上信賴利益保護的問題。因此本件必須先到現場履勘，這部分應該由原告負責繳納履勘及土地測量費，兩造有無意見？」

我立刻起身回答：「審判長的爭點調查程序，原告並無意見，預定前往現場測量土地，我們也會配合；可是土地測量費不應該由原告繳納，當初被告機關去會勘都沒有違法，原告也無隱瞞情事，事後區公所說撤銷農用證明就撤銷，也沒通知原告到現場，也沒調閱那棟房屋的基地坐落登記資料。後來原告調出來的登記謄本在在顯示那一棟區公所所謂的『農舍』

不是坐落在原告的土地上，而很可能是因為天災不可抗力造成。這種天災的事故及被告區公所的疏忽造成的行政處分的變動，怎麼可以由人民來承擔不利的後果？代理人認為這件不應該由原告負擔測量費，應該由區公所支付才合理。」

區公所的代表囁嚅地說：「這個案子是原告到法院來告的，應該是原告要繳測量費。」

雙方僵持不下，審判長只好宣布：「本件先傳訊證人，我再考慮測量費的問題，退庭。」

走出法庭，當事人不解地問：「律師，測量費才幾千塊而已，為什麼妳堅持不要付呢？如果我們原告拒繳，看起來區公所一定也不願意繳，法官就不能去看現場了，這樣案子就不能查清楚了，怎麼辦？」

我邊脫法袍放進公事包，邊說明：「那棟房子的存在對我方是不利的，法官去現場看了，印象更深刻，更會認定土地上有農舍存在；而且這棟房子現在百分之九十九點九一定是坐落在我方的土地上，這些事實都對區公所有利，如果我們拒繳測量費，區公所是公務單位，一定沒預算繳納，法院更不可能負擔這筆錢。法官就不會去現場履勘，不會有強烈的現場視覺印象來加強對我方不利的心證，而且區公所有找到更便捷的小路通到那棟房子，法官實地勘查後，也許會懷疑當初會勘人員刻意隱瞞勘查路線，這些都是我們無法掌握的事。我希望打有把握的仗，當然要儘量避免法官產生不當聯想的機會。」

當事人聽了似懂非懂地點頭離去，而我緩緩地走出行政法院，望向遠方的觀音山上藍天白雲，心裡思索著自己方才的回答，究竟法官到現場會帶來有利或不利的結果呢？在不確定答案之前，當然要先保護當事人，何況當事人無辜被撤銷農用證明，還要承擔區公所的會勘責任，實在不公平，先幫當事人擋掉額外的負擔，也是律師應盡的職責，可是下一次開庭呢？是否要繼續擋？擋得住嗎？會不會讓法官去現場看了，反而更理解我方的立場呢？

在芝山站的捷運月台，佇立等候捷運時，仍然在思考這個問題。律師工作的趣味在於除了滿足自我正義感及成就感之外，諸多不確定因素也構成挑戰中的張力與壓力，不過這些不確定也平添律師很多的煩惱……，我知道在下次開庭前，這個問題一定會繼續在腦中盤旋不去。

不曉得是幸或不幸，法官沒讓這個棘手的問題持續困擾著我，在第二次開庭前，法官已正式發公文通知囑託地政事務所配合履勘測量，並且指示原告繳交測量費。

「律師，必須去繳嗎？不繳會怎樣？妳上次不是跟法官說不該由我們繳測量費，錯是錯在區公所，為什麼卻要我們老百姓繳？」當事人的女兒拿著繳費通知單來問我，滿懷的疑問與不滿，她一股腦地全部抒發出來，不平而鳴：「上次要起訴前，律師不是說近年來行政法院比較有擔當了，不會官官相護，會為民眾的權益著想，為什麼這回不是叫區公所繳錢，反而是命令我們受委屈的小老百姓繳？」

我能說什麼呢？法院一句話說是你們原告起訴的，你們就要先繳費啊！被告是公務機關沒有編這筆預算，不能命被告繳納。這是什麼邏輯？罷了，在這個節骨眼消極抵制，可能會讓法官誤以為我方心虛，拒絕配合調查事實，只好勸當事人忍一時之氣，先遵照法院指示繳費，才能讓訴訟程序繼續往下走。

法院在案子擱置半年後，才又通知開庭傳訊證人，同時訂好隔週到土地現場測量。這段案件停滯的期間，我建議當事人到內政部申請這五十年來土地附近的空拍圖，比對那間無端出現的農舍坐落的位置，研究是否有建物移位的環境因素，可以用來向法官解釋天災導致本案的基地錯置。

當事人是藝術史博士兼藝術家，有著傳統文人的氣質，請他去尋找這些佐證資料，真是難為他了。幸好有女兒協助，加上動員學生蒐集各方資訊，終於在內政部找到民國五十五年之後的空拍圖，而五十五年以前內政部尚未建置國土空拍系統，只能向中央研究院申請閱覽影印，好不容易搜尋齊全後，當事人的女兒商請目前就讀台大地質研究所的高中同學繪製地形與地籍圖套繪，發現那間民國十五年建造、五十二年修建的農舍確實有位移的跡象，獲得這份珍貴的結論，當事人與我皆感興奮，隨即向行政法院提出一系列的空拍圖與地籍圖作為佐證。

沒想到這份得來不易的證據，在開庭時居然輕易地被區公所新聘的律師否定了。他說：「原告提呈的空拍圖雖然是從內政部及中研院影印而來，可是上面套繪的地籍圖線都是原告自行製作，不具公信力，這份文件不具證明力。」當事人的女兒在旁聽席聞之極為不滿，立即舉手要說明，遭審判長制止，我也示意，請她切勿衝動，再轉向法官聲請傳喚學術單位及地政事務所人員到庭解說鑑定空拍圖套繪的真實性，法官要求我先具狀敘明傳喚單位及待鑑定事項，法院再作定奪。兩週後法官收到我方聲請調查證據狀之後，立即核准並予傳訊，通知下一庭進行訊問證人的程序。

一個月後，法院開庭傳訊證人。雖然這一次出庭的三位證人都是我方聲請，不過審判長顯然想要主導整個訊問的程序，他對證人作完人別訊問後，立刻依序詢問下述重要問題：

1. 系爭土地在一〇五年區公所到現場會勘時，證人有無參與？
2. 當天會勘情形如何？
3. 有無看到這間農舍（提示相片）？
4. 會勘是由原告的代理人某代書領勘或地政事務所指派人員？
5. 會勘報告由何單位完成？是否根據會勘報告核發農用證明予原告？

區公所及地政事務所的承辦人員的證詞都對我方有利，指明會勘當日是由地政事務所領勘，代書對於當地的地形環境不熟悉，只是配合到場，在系爭土地上會勘時都沒有發現有什麼農舍，也沒看到相片所示的農舍。

第一回合證人詢問，顯然我方原告占上風，但第二回合是被告聲請傳訊的稅捐處人員，當初是她們發現這間農舍的存在，因此作證過程鉅細靡遺地詳述去年找到這間農舍的過程，審判長一問一答主導訊問證人，全部證詞都對我方極為不利。當事人坐我旁邊，憂心忡忡地看著電腦螢幕上證人與法官的問答，愈看臉色愈沉重。

法官問雙方有無問題詢問證人，被告律師喜滋滋地回答：「沒有。」我則說：「代理人有幾個問題要請教證人。」法官准許了。

我首先發難：「請問證人在現場看到這間農舍時，如何確定它坐落在原告的土地上？」

證人一派鎮定地答：「地政人員當天有在現場，我有請他確認。」

我預料到她會如此回答，立即請法官提示地政人員剛才的證詞筆錄，邊詢問：「剛剛法官進行隔離訊問時，地政人員說當天他只負責指界，不負責測量，他雖然有看到房子，可是當場無法確定房子坐落的基地。請問證人有何意見？」

證人臉色微變，感覺到她力持鎮定地說：「當天他有指出那一大片土地就是本案的一〇八地號土地，當然農舍就在這筆土地上啊！」

我追問：「請問證人所謂『當然』是指『想當然爾』？或是有任何圖面、儀器測量的依據？」

證人有些遲疑，但仍堅定地說：「我們有調空拍圖，可以顯示那間房子就在一〇八地號上。」

我繼續窮追不捨地問：「妳說的空拍圖是會勘之後調的，從圖面標示的日期可以看出來調閱時間。我是問當天會勘妳如何確認農舍坐落的基地？如果無法確認就說無法確定，請不要講事後的作法。」

證人不情不願地瞪我一眼，說道：「我認為我們就是在一〇八地號上。」

我不慍不火地接招說：「妳剛剛說『認為』，這屬於個人推測的講法，請問妳知道『證人推測之詞』是不能作為法官判斷的依據嗎？」

證人有點賭氣地說：「不知道！」

我再加碼提問：「妳剛剛表示會勘後有去調閱空拍圖，可是根據被告提出貴單位附上的空拍圖只有一個白點點，再用紅筆圈起來，如何證明那間農舍是在系爭一〇八地號上？」

證人要求再看一次空拍圖，法官請庭務員提示給她看之後，她說：「這是台北市政府提供的航照圖，難道會錯了嗎？」

證人火氣似乎愈來愈大，她還沒覺察到自己已經犯了證人出庭作證的重大忌諱——被激怒。一個被激怒的證人常常會口不擇言，因而被抓到把柄，或因此吐露真實，而被對方掌握有力證據。目前這位證人正開始發飆，一步一步地陷入地雷區，必然會誤觸地雷。在證人愈抓狂時，律師一定得淡定鎮靜，切勿見獵心喜、得意忘形；否則情勢逆轉的機運會稍縱即逝。

此刻我淡淡地重述問題：「妳還沒有回答我的問題，請針對我的問題作答，不要反問我證物的對錯，這是要由法官來作判斷。我剛剛問的是妳如何確認航照圖上這個白點的位置？」

證人索性拒絕回答，電腦螢幕上出現書記官輸入一串文字：證人答：「（沉默不語）……。」

我不受證人的情緒影響，提出最後一組問題：「請問妳後來有去調閱這間農舍的建物登記謄本，查明它坐落的基地嗎？」

證人知道閃躲迴避律師的提問，是無效的作法，只會增加證人席上的難堪程度，以及動搖法官對她證詞的信任度，於是她直截了當回答：「沒有。」

這幾個回答已可證實，房舍坐落在一〇八地號上屬於證人的推測，對我方並無殺傷力，於是我維持一貫溫和的語調說：「謝謝！原告沒有其他問題了。」

這次證人庭訊進行三個小時，結束時已經下午一點四十分，向當事人短暫解釋今日證詞的影響後，隨即道別，我匆匆趕回辦公室，邊吃三明治邊準備下午三點高等法院另一樁刑事案件的開庭，心境與思維必須立即轉換，才能因應不同案情的需要。

過了一個禮拜，法官通知到土地現場履勘，並要求地政事務所測量人員隨同前往，進行農舍坐落位置的測量，剛巧農舍的屋主在家，法官順道以證人身分詢問他關於房屋建造修繕的年份及經過，屋主證實當初建屋時是蓋在祖先遺留的土地上，後來九二一大地震房屋滑落到現今的位置，他們近日已決定拆除搬遷。法官作完筆錄，指示地政人員儘速將測量結果送到法院，一旦收到複丈成果圖，本案就要辯論終結了。

不出所料，一個月後地政事務所提出的土地複丈成果圖，明確測量出那間農舍位處原告的土地上，證據出爐，法官立即定期進行言詞辯論。

區公所後來自知案情複雜，委託律師出庭。律師在辯論庭上，依據地政事務所的測量圖示，理直氣壯地強調既然土地上有不合法的農舍，被告區公所撤銷農用證明，師出有名，完全符合法律規定。

我回應說：「如果所有的行政事件都依據表象的事實或官方的形式文書來認定，哪裡還需要透過行政法上的各項原則，來判定行政機關與人民的法律關係，包括法律保留原則、比例原則、信賴保護原則都形同具文。而且如果說要以地政事務所的官方文書認定這間農舍是在我們原告的土地上，那麼農舍登記的建物及土地謄本又算什麼呢？它也是地政事務所核發的官方文書，建物謄本明明登記這間建物的基地是在另筆土地上，而不是原告的一〇八地號土地，同一間地政事務所製作的同一農舍的基地卻有不同的文書記載，讓人民無所適從，到底要依哪一份官方文件為準呢？這種公文書不一致的不利益為何要由本案的原告來承擔呢？」

合議庭的三位法官全神貫注地聆聽，我繼續述說當事人的委屈：「當年原告信賴士林地方法院執行處的法拍公告，才去投標買了這筆土地，法拍公告上也沒記載這間農舍，後來申請農用證明會勘時，區公所承辦人員也沒發現這間農舍，這更不是原告刻意隱瞞或提出不完全的資料，因此並沒有行政程序法第一一九條信賴利益不受保護的情形，區公所時隔三年以迅雷不及掩耳的速度，未邉通知原告出面說明，就撤銷農用證明，這三年來原告信賴當初領到的農用證明，開始建設開發這塊土地，花費的整地費、裝修費多達幾百萬元，這些投資就是信賴區公所行政處分的表現，根據行政法學者陳敏教授的見解，原告的信賴利益當然值得保護。」

最後我還擔心行政法院不接受我方的主張，依然認定撤銷農用證明是合法的，我再構築第二道防線，補充說道：「倘使鈞院調查審酌的結果，認為還是要撤銷本件的農用證明，維持區公所原處分及訴願決定，原告謹提醒合議庭關於行政法上的比例原則的精神，這筆土地多達兩萬平方公尺，而這間農舍僅占三十平方公尺，而且屋主即將拆除這間破舊不堪的農舍，在比例上僅占萬分之十五，被告卻撤銷全部兩萬米土地的農用證明，顯然違背行政法上比例原則，不符合行政法的精神，區公所如欲撤銷本件農用證明，也只能就農舍所占用土地之面積予以撤銷，敬請審判長一併審酌，其餘辯論意旨請參酌書狀，謝謝。」深深一鞠躬，我坐下來，期待法官聽得出來辯論的內容，聲聲句句都是當事人的心聲與期盼。

庭長諭知三週後宣判，我陪同當事人走出法院，沒多作預測或解釋，案件一經辯論結案，律師的責任已盡了，其餘就交給法官與上蒼了。坐在捷運上看著車窗外快速飛逝的一幕幕景物，回想兩年多來的辛苦訴訟過程，心裡很篤定公平正義應該是站在我的當事人這一方。

可是萬萬沒想到三週後等到的居然是敗訴的判決——原告之訴駁回，真不知道該如何向當事人交代訴訟的結果，更無法想像當事人得悉判決結果的失望，以及面臨二千八百萬元的鉅額稅金，如何因應了。

法庭中，當法官不斷地挑釁證人，證人該忍耐或傾洩不滿？當事人可否仗義直言？律師要不要站出來滅火？

證人與法官直球對決——稅務行政訴訟案

一樁稅務案件，海外信徒捐款給法師買下高雄半屏山的土地與農舍，作為弘法的道場，買賣契約約定土地的部分由賣方負責申請農業使用證明，法師委託代書辦理免徵土地增值稅的手續，稅捐機關依法核准，節省了三千萬元的稅金，買賣價金隨之減少，買方歡喜，賣方暢快，土地與農舍順利過戶，法師稍事整修後，開始講習佛法，週末假日作為禪修道場，一切圓滿。

沒想到兩年後，稅捐處更換承辦人，重新調查道場購地資金，發現總價一億五千萬的買賣價金中，有一億元的款項曾經從清心佛學基金會的帳戶，轉匯到法師個人帳戶，再支付予地主。稅捐處逮住這一點資金的流向，認為實際出資者為佛學基金會，並不是「自然人」，不符合土地稅法第三十九條之一「自然人」過戶給「自然人」的免稅規定，於是撤銷兩年前的免稅處分，另外核發課稅通知書，要求法師補繳三千萬元的土地增值稅。

法師在晴天霹靂中，一面委託代書信徒提起復查、訴願，一面籌集半額的稅金先行繳納，免得土地被查封，影響道場課程禪修的進行，以及佛教學院的運作。然而復查及訴願結果都支持稅捐處撤銷的理由，認定課徵土地增值稅的行政處分沒有違法。法師在極度無助中，透過代書委請我承接行政訴訟的案子。

代書帶著一大疊土地買賣及稅捐處課稅的資料來事務所討論，我翻閱檢查所有文件，抽出其中兩份資金說明書及附件匯款單，為代書分析關鍵點：「問題就出在這兩份說明書上，你看裡面第二段敘述『購地資金中一億元係清心佛學基金會匯入，有附件匯款水單可稽，作為推廣佛學課程弘法之場地用途』，稅捐處就根據這樣的說明，認定是『非自然人』的購買行為，也就是說當初是地主過戶給基金會——非自然人，所以不符合土地稅法的免稅規定。」

代書聽了大為光火，怒道：「真沒道理！我當時只是好意把所有資金匯款流程詳細列出，讓稅捐處一目瞭然，不至於誤會。沒料到反而給他們抓到語病，趁機課稅，早知道我就不要寫這一段話。」

唉！所有當事人都「早知道」，就不用來找律師善後了。就是這些陰錯陽差或擦槍走火的意外，人生才會有許多遺憾與缺失，需要彌補。

可是這一件彌補得過來嗎？盯著匯款單研究，又上網搜尋土地稅法的行政解釋令函，正在思索解套的方式，性急的代書喃喃自語：「我當初真的不該自告奮勇幫師父處理這個稅務案件的，應該要由專業的會計師或律師來做。那時候想要幫師父省錢，因為師父為了維持這個道場，已經耗盡心力，所有的積蓄都已經投入。我覺得這件事很單純，就義務幫忙，沒想到稅法實在太專業了，就被稅捐處抓到話柄。唉！律師妳看這個案子還有救嗎？我真不知道要怎麼對師父跟其他師兄姊交代呢？」懊惱與不安寫在代書臉上。

「陳代書，您也不要自責了，這個資金流程雖然中間曾有基金會的帳戶出現，不過它只是一個形式的過程而已。實際的匯款人是這位倫敦的信徒汪玲，最後的受款人是師父，贈與行為是發生在他們兩位之間，購地資金的出資者還是師父本人，跟佛學基金會無關，可以提出這樣的理由，作為行政訴訟的起訴根據。對了！當初為什麼會透過佛學基金會匯款？為什麼捐助的信徒不直接匯給師父？就可以免掉這些風波了。」我先安慰代書，設法提出解決方法，分析提起行政訴訟的可行性，再詢問疑點。

代書立刻解釋：「因為師父沒有外幣帳戶，那時候汪玲要匯歐元進來，剛好基金會有外幣帳戶，而且師父是基金會負責人，我們覺得很安全，只要再轉一道匯款手續而已。加上師父那幾天趕著要到北京弘法，沒時間再親自去銀行開外幣帳戶，我們也沒想太多，就通知汪玲匯款進來。誰知道稅捐處查稅那麼勤快，連這種匯款中間帳戶，他們都可以作文章?!」

「三千萬元的稅金是筆大數目啊！而且近年來大家喜歡到山裡度假慢活，確實很多財團假藉個人名義買保護區土地，享受農業用地免稅優惠後，開發為度假村或溫泉旅館牟利，稅捐處屢抓屢中，也難怪如此積極查稅。」我再核對匯款水單與買賣契約，在訴願決定書上畫出重點，向代書解說稅捐處查稅的背景現象。

「如果起訴的話，除了物證有買賣契約書、土地登記謄本、匯款資料之外，可能有必要傳訊地主及捐贈的信徒來作證，說明買賣交易的對象及一億元的受贈人是師父。這位捐贈的信徒住在哪裡？她願意出來作證嗎？」我在起訴前都必須先評估證據的提出可行性，當然證人出庭意願與可能性也在考慮範圍內。

「我要回去問師父看看，前一陣子聽說汪玲跑到歐洲，她是藝術節的策展人，今年夏天在法國亞維儂藝術節做一個跟宗教有關的表演活動。她每年秋天都會回來台灣參加師父辦的佛法秋季研習營。律師，請問如果現在起訴，哪時候會開庭？倘使再過四、五個月碰上秋令營，她剛好在台灣，出庭就一定沒問題。」代書估算著時間。

我查一下手機的行事曆：「現在是五月，下個月起訴，可能八月開第一次庭，我們向法官聲請傳訊證人，說不定可以剛好安排在九月間讓汪玲出庭。請您再問問法師這樣的時間安排合適嗎？如果師父確定要進入行政訴訟的程序，可否請您帶他來我事務所一趟，我還是要先向師父說明訴訟程序，順便辦理委託手續，方便嗎？」

代書點頭說：「當然方便。聽律師這樣分析與評估，我安心多了！師父這幾天在花蓮教授佛學課，下週一我請師父過來一趟，到時候請律師說明這個官司的勝算可能性及法律上的論點。」

代書神態輕鬆地離去了，留下我望著會議室窗外花檯的日日春迎風搖曳，卻沒心思欣賞，依然陷入沉思中。

下週一法師依約來訪，我深入分析整個稅務案件的法律重點，以及提告的利弊得失。最後歸納的有利理由是購地資金全部是法師籌措提供的款項，與佛學基金會無關，地主過戶土地予法師是單純「自然人」之過戶，並非財團假私人名義購地炒地皮，因此符合土地稅法三十九條之一的免稅規定。

法師天賦異秉，法律上的分析完全可以理解，提出的問題也非常務實。我對證據的要求，他也全數配合，允諾儘速聯繫捐款人汪玲返台作證，只有針對我的建議——法師與汪玲補簽一份捐贈契約書，面有難色。同行的另一位法師解釋說：「阿彌陀佛，律師，我們出家持戒，不能打妄語，這份契約書當初沒簽，現在事後再補簽，恐怕會犯戒，請您理解。」

我恍然大悟，連忙說道：「我完全理解，我本來認為既然捐贈是事實，由贈與雙方補簽文件符合事實狀況，對於法院認定購地款來源會更明確。不過，沒簽也沒關係，只要捐贈人出庭作證，也能讓法官相信師父與汪玲的贈與關係。」

三週後，起訴狀送到行政法院，案件成立，法官受理後，要求稅捐處提呈訴願及復查所有文件後，發函通知訴訟代理人到院閱卷，並訂八月二十日召開第一次準備程序。

開庭時我特別建議法師到場，坐在原告席上，讓法官清楚了解整個購地案與財團無關，並非如稅捐處誤認的「非自然人」買賣土地，而是一位心懷弘法大願的法師推動佛學教育的第一步。這個作法似乎發生效果，承審法官對於出庭的師父敬重有加，對於我的陳述也專注聆聽，同時諭示下一庭九月二十五日傳訊證人地主與捐贈人，陪同出庭的代書走出法庭後，喜悅地說開庭順利應該跟審判長手上戴著佛珠有關。

當事人注意的細節常與律師在法庭中關注的焦點不同，從頭到尾我都沒注意到法官戴著佛珠，法師卻看得仔細。如果法官真的是佛教徒，應該更能體會師父的弘法心念吧?!沒想到這種合理的推測與期待，在日後一次次的開庭過程中，很快就被承審法官焦躁的態度與偏執的立場打消。

九月中旬正在為證人出庭的事聯繫汪玲來台的時間，突然接到行政法院書記官的電話告知，九月二十五日原訂傳訊證人暫時取消，延至下一個庭期再傳，法官認為要先調查其他事項。

怎麼回事？法官發現什麼疑點嗎？為什麼不能同時調查這些疑點，同庭訊問證人呢？這個案子最關鍵的爭點在於資金的問題呀！法官想到哪裡去了？上次開庭不是陳述清楚了嗎？法官當庭諭示准予傳訊證人的呀，莫非對方稅捐處提了什麼意見，改變法官的決定？書記官在電話中守口如瓶，絲毫不透露法官改變庭諭的原因，只是匆忙地回答會將我的請求作成電話紀錄，轉呈給法官看。

掛斷電話，趕緊聯繫法師的秘書，告知取消傳訊證人，但庭期照常舉行的訊息。到了下午收到被告稅捐處的陳述狀，真相大白。原來被告在書狀中強調本案應該先調查購地資金匯款單位——清心佛學基金會的法律地位，查明基金會性質上是否為「非自然人」，以及它與原告法師的關係，是否本案的原告「法師」只是借名登記的人頭，實際上是基金會購買土地，供作基金會舉辦佛學講座及禪修使用？如果確係如此，依照稅法上「實質課稅原則」，應該由基金會負擔納稅義務。

就是這份書狀惹的禍！法官一定受到稅捐處的影響，認為要先調查匯款主體，了解這家基金會是否為真正的購地買受人。如果調查結果是肯定的，那麼不論買賣價金從哪裡來，都可能是「非自然人」的過戶形式。難怪法官臨時決定下一個庭期先不傳訊證人，而且稅捐處還在書狀中附上基金會的登記文件，據此主張基金會不是土地稅法所規定的「自然人」。

咦！什麼登記文件啊？連忙翻到稅捐處陳述狀的最後一頁證物欄，奇怪明明有寫證物附件，為何沒附在書狀後面？下次開庭一定要跟審判長抗議，行政機關來到行政法院打官司，居然依舊秉持官僚作風，自認處於官方優越地位，書狀的證據只需提交給法院，不用附在書狀同步寄給我們民眾，根本不符行政訴訟法提示證據的規定。這幾年在行政法院常跟法官表達對行政機關此點老大作風的不滿，有些法官只是淡淡地說：「大律師，那妳就來法院閱卷嘛！」

什麼話嘛！「程序平等原則」法官都不知道嗎？為什麼民眾撰擬的書狀必須同時附證物交給被告機關，被告機關就不用附證物給民眾？不公平又不便利！我們律師還可以透過閱卷或當庭向法官反應索取證物，可是一般民眾呢？根本不明瞭程序上的權利，如何與行政機關分庭抗禮，進行法庭攻防？難怪民眾常對行政訴訟沒信心，認為官官相護，甚至質疑行政法院怎麼可能判老百姓贏呢？在這一點證據公平提示原則，行政法院的法官就讓人失望了，其他程序更別提了。

累積這些對法官及稅捐處的不滿，九月二十五日去行政法院開庭，一發言就火藥味十足。果不其然，被告稅捐處一聽到我提出沒收到附件證物的抗議後，淡定地表示到法院閱卷就可以影印所有證物了。我開始發飆，引用行政訴訟法第三〇七之一條及民事訴訟法第一一九條，指出稅捐處程序不合法之外，矛頭再轉向承審法官，力陳這項行政法院的陋規應該及早剷除，否則民眾進入行政法院，程序上永遠處於劣勢，無法享用民主法治國家的健全司法制度。

審判長沒料到我一開庭就升高辯論層次，向來民眾打行政官司，委託的律師都默默接受這種程序上的差別待遇，我居然高調聲明異議。可是審判長面對我提出的法條也無話可說，只得轉過頭指示稅捐處要補寄證物給原告律師，稅捐處的出庭代表瞪了我一眼，悻悻然地答應了。

接下來，法官進入課稅主體的調查，問我方對於被告那份陳述狀提到佛學基金會才是真正土地的買受人有何意見？我立刻詳細解釋土地買賣過程，點出本案土地是賣主欠債，遭法院執行處拍賣，法師在法拍程序中拍定購得，有執行處的標賣筆錄及函示可作為依據，因此買受人是拍定人無誤，就是本案的原告，佛學基金會只是提供外幣帳戶的借用單位，並非土地拍定之買受人。

稅捐處不甘示弱，說明近年來他們查獲有上百件的購地案，為了逃避稅捐，都用個人作為人頭登記，實際上背後是財團或公司法人出資購置，查明後都依法通知補繳稅金，本案也是相同情形。

我立即反問：「相同在哪裡？有證據支持嗎？」

稅捐處的代表冷冷地說：「就是清心佛學基金會，錢是從基金會的帳戶匯出來的，這就是最好的證明。一個法師怎麼可能有一億五千萬元的資金？如果是法師個人的錢，為什麼不是從他個人帳戶匯款？」

我又起身反駁，趁勢再聲請傳訊證人：「審判長，這筆一億五千萬元的購地資金並不是基金會的存款，此點可以請基金會的會計來說明。實際上這筆款項是師父的信徒汪玲的捐贈，我們上一庭已經具狀陳明，法官也同意傳訊汪玲出庭作證，不曉得為什麼被告一味地阻擾？」

稅捐處代表沒等法官裁示，逕行起身為自己辯護：「審判長，我們絕對沒有阻撓鈞院傳訊證人的意思，請原告訴代千萬不要誤會。我們只是認為買土地的資金很清楚由從基金會提供，基金會才是真正的土地買主，根本沒必要傳訊證人汪玲。」

我還想再駁斥被告的論調，法官示意要我坐下，庭諭：「下一庭傳訊基金會的會計及捐款人汪玲，請原告訴訟代理人陳報證人姓名地址。上次原告書狀記載證人汪玲的聯絡地址在英國，如果透過外交部作業，可能庭期會拖很久，原告可否直接請證人出庭？」

看到我點頭後，法官再提另一個疑點：「請問被告機關，依土地稅法第五條規定土地增值稅的納稅義務人是土地買賣的出賣人，本案雖然是法院強制執行程序的拍賣，可是實務上認為拍賣的性質也是屬於買賣的一種，因此土地增值稅的義務人應該是強制執行事件的債務人，也就是土地所有權人（原地主），不應該是買受人（原告），為什麼稅捐處核發課稅通知給原告（法師）呢？」

太好了！法官問到重點了，而且對我們非常有利，可見法官有仔細閱讀我們的起訴狀，我當初特別深入解析這項法律關係，真感謝研究所時選修稅法專題課程，指導老師的諄諄教誨，今天就派上用場啦！保證稅捐處答不出來，我強自壓下欣喜之色，望著被告，心裡在放煙火！

果然被告機關沒料到法官突如其然話鋒一轉，問出案情蹊蹺之處。稅捐處的代表猛翻手上的卷宗資料後，才囁嚅作答：「我們去年發現原告漏繳土地增值稅後，有行文給法院執行處請扣繳扣款，執行處法官回函說執行程序已經終結，無法扣繳，所以我們才通知原告補繳。」

哈哈，中計了！開庭前我就模擬過這一段的法庭攻防，預料到稅捐處會避重就輕地搪塞法官，於是我把事先準備好的公函拿出來，一份遞交法官，一份請庭務員交給被告，我念著手上的這份，向法官陳述：「審判長，被告刻意漏講這一段，在一〇五年五月稅捐處發現這個案子土地增值稅的免稅有疑義，在撤銷免稅處分後，他們確實有行文給執行法院，在執行處法官回函表示因執行程序終結無法扣繳稅款後，七月底稅捐處先發函通知賣主，也就是審判長您剛剛提到的土地所有權人來補繳三千萬元的土地增值稅，可是賣主沒繳，反而央請高雄市議員出面，請審判長看到這一份說明書，副本寫著××議員，就是賣主請議員去跟稅捐處協調，後來賣主就不用繳稅了。到了九月法師就收到三千萬元的補稅通知，我們強烈懷疑七月到九月之間到底發生了什麼事？為什麼依法應該繳稅的土地所有權人請了議員關說就可以全身而退，而我們不懂法律，也沒有人脈背景的法師就要倒楣地繳稅？太不公平了！」

稅捐處代表一看庭務員放在被告席桌上的說明書，面色如土，再聽我的敘述，焦慮不安，抬頭看審判長，後者看完書面文件，也正望著他，等待稅捐處的解釋。

被告只好開口：「法官，這一件絕對沒有什麼民意代表關說的事，因為我只是被稅捐處長官指派來出庭，這件課稅案並不是我承辦，請容我回去了解後，再具狀說明。」法官點頭後宣布退庭。

走出法庭，分析盤點今日攻防的收穫給當事人聽。這一次開庭我方略勝一籌，雖然延後證人出庭期間，不過這一庭開得很值得，我幫法師設定的兩道訴訟防線，一是資金由法師提供，與基金會無關；二是縱使無法免稅，也應該由賣主繳稅，而非由法師負擔土地增值稅，法官都注意到了。而且在公開法庭中審理辯論，作成筆錄，為這個案子打下很好的基礎，接下來就期待證人出庭說明事實真相了。

兩個月後，行政法院再度開庭。當天一早我就搭捷運，悠閒地走入大廳，先到第二法庭報到，再到門口等候當事人帶證人一起出庭。昨天到場的師姊來電告知證人汪玲的班機延誤，深夜才會抵台，無法提前一天與我見面，不過聽說汪玲記憶力很好，要我不用擔心，匯款的過程她都記得，只要出庭前提點一下，幫助回憶往事就好。

沒想到約定九點半碰面，卻沒出現，等了半個多小時，庭務員呼叫開庭，我只好先走進法庭。法官在十點二十分準時開庭，劈頭就問證人怎麼還沒來報到？到底原告有沒有通知證人來台作證？

我滿臉歉意地說證人班機延誤，現在連法師的手機也打不通，不知道發生什麼事了？法官正要開口訓人，法庭門口衝進了四個人，謝天謝地！法師跟秘書陪著兩位證人到場報到了。方才第一個憂慮——證人缺席，消除之後，腦海又升起第二個疑慮——汪玲臨時坐上證人席，往事點點滴滴都能記得清楚，如實回答嗎？會不會答錯或忘記呢？

律師在法庭中，始終要如履薄冰，如臨深淵，戒慎恐懼！因為永遠不知道下一秒鐘對造會提出什麼主張或證據，更不曉得法官會出什麼難題，或證人會搞什麼飛機，「忐忑不安」變成家常便飯，不知道醫學上是不是有人作過統計，訴訟律師的平均壽命比一般人減少五歲或十歲或更多……？

證人簽完具結文後，法官循例進行人別訊問，才知悉原來證人不是台灣人，拿的是美國的護照，法官看著護照問證人：「妳是美國的 citizen？不是拿 greencard，不用去美國坐移民監了喔？」

奇怪！這個問題跟證人的年籍資料，或待證事項有什麼關聯性？法官還需要「落」英文，以為證人是美國人？書記官有點緊張地回過頭問法官：「要不要通知英語通譯？」

證人一開口，大家都放心了：「法官，我在北京出生，中學就到美國洛杉磯唸書，後來開始工作十年，才又回到祖國，我可以講普通話，沒事的。」

法官似乎對證人產生更大的興趣，沒照程序把證人交給聲請方——我詢問，居然自己就展開問題問起來了。

法官說：「汪玲小姐，妳認識坐在原告席的心果法師嗎？哪時候認識的？認識多久了？」

證人汪玲提起了她與法師結緣的往事，臉上浮現異樣的光采：「五年前師父到美國弘法，我去上課，是夏令營的課，聽了法喜充滿，下課後特別再請師父開示。那段時間我在工作上、婚姻上都碰到難關，遇到幾個人給我倒江湖，策展活動很不順利，猶豫著是不是要回北京，那裡有個工作機會等著我。而我的婚姻也正陷入低潮，我先生……。」

法官開始不耐煩，打斷了證人的敘述：「證人妳不用講那麼多私人的事，今天妳來作證，只要針對我的提問，簡要地回答就好，不用講那麼多與本案無關的事。了解嗎？」

「明白。」汪玲簡潔地答，不敢多言。

法官提醒她：「妳還沒說何時與原告認識的？」

「噢！應該是二〇一一年。」汪玲補充。

法官再問：「原告有買高雄半屏山的土地，妳知道這件事嗎？妳當時有提供什麼嗎？」

汪玲簡單扼要地回答：「我捐了一個億的台幣給師父。」

「為什麼會捐這麼一大筆錢？」法官的疑問寫在臉上。

汪玲神色肅穆地說：「這是我與師父的宿世因緣，前世師父曾幫助過我，我是來還這個……。」

法官及時阻止證人的講法：「汪小姐，這裡是法院，不是禪堂或寺廟，我也不是通靈的人，請妳用正常的講法來說明捐款的動機，而不要講一些很玄妙的事，以後我縱使記明在審判筆錄上，也無法作為判決的依據，妳懂我的意思嗎？」

證人有點為難，遲疑幾秒後再回答：「我大約是聽懂的，可是我不曉得如何用一般的語言說明我與師父的緣分。……這樣吧！我換個說法，二〇一一年結識師父後，我只要有空就飛來台灣聽師父弘法，師父有提過，他很想在南部山上找個道場，規畫一系列的課程，講授佛法，因為南部有緣人特多，二〇一三年年初聽說師父看了一塊地，我就盡了心意。」

法官聽了，面無表情地對著兩造當事人與我說：「原告、被告有什麼問題要問證人嗎？」我立刻起身表示要提問，法官示意叫我坐著詢問證人即可。

我問道：「請問證人，您是否有到台灣看那筆土地？何時到現場看？看土地時您是否有與原告討論到捐款的事？」

證人回想一下，緩緩說出往事：「大約二〇一三年農曆年前我剛好承接台北故宮一項展覽活動的策展工作，來台北開會結束，就跟師父見面，上了半屏山去看土地。我記得那天是下午去，我們一直待到夕陽西下，站在山腰看到落日餘暉，感覺到那塊土地的靈氣，我們都很歡喜，就提到捐款的事。師父跟我說總價是一億五千萬元，我說我可以負擔一個億沒問題，其餘的部分師父說他會去籌措……。」

法官聽著聽著又打斷證人的敘述，而且帶著情緒質問：「為什麼剛剛我問妳的時候，妳都沒提到這些事情？三言兩語就帶過！」

喲！法官自己沒做功課，還怪證人哩！明明開庭前一週我就提交一份聲請調查證據狀，上面臚列出五個詢問證人的問題，預料這位主導性強的法官會自己訊問證人，先幫他準備問題。沒想到開庭前他不看卷宗書狀，又不事先設定問題，臨了不會問，反過來責怪證人，真瞎！

證人倒是好整以暇地回應：「審判官，您方才不是要我簡要地答麼?!我就沒敢詳細說，可這位律師姑娘沒限制我，咱們就有問必答唄！」

旁聽席上有人噗哧地笑了出來，我強忍笑意，刻意低頭看卷宗，不敢望向法官。

法官有點惱羞成怒，沒處發洩，遷怒到書記官身上，斥道：「這一段證人的講話與本案無關，你幹嘛記錄，刪掉！」

法官再繼續追問證人：「妳剛才提到二〇一三年農曆年前有到高雄看土地，妳是專程來看土地，還是專程來跟故宮開會？」法官同時翻閱證人的護照，似乎在查證二〇一三年年初證人是否有入境台灣，不信任證詞的心態表露無遺。

汪玲有點困惑，反問法官：「我不太理解您的問話，什麼是『專程看土地』還是『專程來開會』，我不行專程來做兩件事嗎？審判官，您認為『專程』只能做一件事嗎？我覺得這兩件事都很重要，就安排在一塊兒做了。」

法官立即駁斥：「哪有人『專程』做兩件事的？那就不叫『專程』了。」

汪玲修養真好，畢竟是學佛的在家居士，也不動氣兒，只淡定地回答：「這不叫『專程』，那叫什麼？『順便』嗎？好吧！就說我是『專程』來看師父這塊地，『順便』來開會的。」

法官再問下去，恐怕證人回北京之後，把這些問答當作司法笑話說給大陸人聽吧！真是丟臉丟到中國去了。

還好法官再把發問權交還給我，我繼續下一個問題：「請問汪小姐二〇一三年三月匯款的經過可否說明一下？為何會匯到清心佛學基金會？是原告給您的帳戶嗎？」

「不是的，師父那麼忙，肯定不是師父給我的，是寺院給的，哎呀！是侍者給的。」汪玲有點不確定。

「吓！『是者』怎麼寫？是什麼意思？」書記官抬頭問。

法官又插嘴了：「證人一下說『寺院』，一下說『侍者』，到底是誰給帳號的？」

汪玲這次說得清楚了：「噢！我回想起來了，是寺院裡師父的侍者——清妙法師把帳號用電郵寄給我的。」

法官又不悅，批評道：「又來第三個講法，『寺院』跟『侍者』跟『法師』都不一樣的概念啊！為什麼證人妳講話反反覆覆，叫書記官怎麼記錄？」

「它們都是同一個概念啊！我看不出有什麼不同……」汪玲解釋。

「妳認為是同一個概念，那是妳認為；我就不這麼認為。」法官又表達他的不滿。接著法官又問：「妳剛剛提到電郵？在哪裡？今天有帶來嗎？」

「我不知道法院需要，我今天沒有打印出來。」汪玲有點錯愕。

「審判長，在卷宗裡有，原告上次有附在準備書狀上……」我好意提醒，法官卻不予理會，把我的話當空氣。

「我記得當時我還回了一封電郵。」汪玲回憶著。我擔心法官再向證人索取資料，讓她發窘，我決定大膽搶回發語權，起身道：「法官，代理人可以繼續問了嗎？」法官面無表情，不知內心在盤算什麼。

我兀自發言：「請審判長提示鈞院卷第一宗原告於一〇六年十一月三日提呈準備書狀附原證八號的電子郵件，請證人閱覽後確認這一份是否是您剛剛跟法官提到的電子郵件？」

法官有點賭氣，不動如山。我再複述一次：「請審判長提示證物。」書記官打完字也回頭仰望法官，全場靜默，證人也在等候，法官在法庭空氣凝結三分鐘後，才不情不願地指示：「原告代理人，妳直接提示妳的原證八號給證人看。」

庭務員配合著拿過我翻妥的卷宗請證人辨認，汪玲看了一下回答：「是的，這就是我寫給師父的電郵，後面一頁是清妙師父隔兩天寄給我的基金會帳號，收到之後，第二天我就去匯款了。」

我再請證人念出最後一段：「……我與父母親商量後，決定動用信託基金，領出三百多萬元美金，湊齊一個億，幫助師父實現弘法的大願，利益眾生。」

等證人念完，我接續問：「請問您這筆一億元台幣的捐款是捐給心果法師個人，還是清心佛學基金會？」

證人毫不遲疑地說：「當然是師父個人，他是我見過最好的法師，我何其有幸可以有機緣盡棉薄之力。」

這時，法官又插話了：「妳除了這兩張電郵之外，還跟原告有通過什麼信件，請妳全部提供給法院，讓我們來判斷妳的贈與行為。」

證人又為難了，皺著眉說：「我經常寫信請師父開示的，跟這個土地事件有關的信大約前後有幾封，可是只有這兩封裡頭寫得最明確，其餘往來電郵只是約略提到，主要內容在討論佛法的精神、人生的種種問題，我想那個跟土地的事不太有關聯吧！」

法官遭拒，火氣又上來，聲音開始焦躁：「有沒有關聯，我們法院來判斷。妳身為證人只要告訴我們所見所聞，不需要作任何判斷。」

這個法官吃錯藥了嗎？證人的意思是電郵內容涉及隱私不願提呈到法院，而且卷宗裡附的兩封已經寫的很清楚了呀，法官是想怎樣，一直刁難證人。

汪玲很無奈地說：「好的，我回北京再找找。」

法官又緊迫盯人：「妳不是用智慧型手機嗎？現在就可以找郵件出來了。」

證人說：「很抱歉，我今年剛換手機，資料沒有儲存進來。」

法官要求未果，又有情緒，揚言：「今天庭訊到此結束，兩造律師如果沒有其他問題，由於已逾中午休息用餐時間，另外一位證人下次再傳訊，庭期另寄發開庭通知，退庭。」

我與稅捐處的代表面面相覷，一時還意會不過來，法官宣布後起身離去，留下法庭中愕然的當事人、證人，望著書記官默默地打完筆錄跟著離開，確定庭訊結束了，我們才一一走出法庭。法師低聲問我，是不是法官都這樣？對人都不信任，把情緒帶來法庭上？這樣能持平客觀地看待每個案子嗎？

證人也在一旁搭腔：「台灣的法官都如此急躁嗎？為什麼他擺明就是不肯相信我？聽不懂我說的意思。法官成見如此深，怎麼調查案情？不是說台灣的司法制度比大陸進步嗎？重視人權、尊重法治嗎？為什麼連證人的隱私權都不受保護，我的書信跟案子無關，法官也要求我一併提出？」

這些問題我如何作答呢？確實有些法官利用權勢在法庭上頤指氣使，而且設定每個證人到法庭都會作偽證，甚至認為公平正義必須是當事人求來的，不是法官依職責應該給予民眾的……。今天原告與證人都親身經歷了，我還要為法院作什麼辯護嗎？說了，有人會相信嗎？

走出法院，望著法師的僧服，心裡浮現一串不知在哪一本經書上寫的話：「我們都是來造口業、揹因果的……。」

（後記：台北行政法院判決——原告之訴駁回，我方敗訴，上訴高等行政法院亦遭敗訴。）

法官是人不是神，卻經常必須扮演神的角色，判斷人世間的是非善惡，而法庭中同一個事實卻多半以不同風貌呈現，到最後判決書中採信的「事實」，是不是真實？有時，連法官都迷惘了……。

不敢結案的法官—遷讓房屋案

開庭前，在事務所依例先翻閱卷宗，定神思考稍後預習法庭重要的主張與預定提出的文件證物，特意數一下庭期次數，今天已經是法官針對這個遷讓房屋案件第十次開庭了。平常房地產過戶的案件在第一審地方法院頂多開了五、六次或七、八次，就會結案，而這個案子證人也傳訊了，證據也都調查完畢，法官就是遲遲不結案，是卡在哪裡嗎？

「會不會是法官在等另一件相關的案子在最高法院，要等那一件判下來，這一件才敢判？……」同事好心地分析。

「可是那一件對方上訴最高法院已經兩年了，毫無動靜，如果要等那一件宣判，豈不是遙遙無期？」我的聲音開始透露稍許焦躁之情。

兩個案件其實是相關的，我們這一件妻子控告丈夫，妻子是企業女強人，白手起家，經營兩岸三角貿易，二十年前已在英屬維京群島避稅天堂成立公司，賺進億萬收入。全盛時期在大陸有五間工廠，六千名員工維持六條生產線二十四小時運轉，在台灣與朋友合夥設立了八家貿易公司，境外有兩家紙上公司作為企業集團的總收支帳戶，每年數千萬美元在這十二家海內外公司流動，十年前公司擴充，受不了房東每年調漲的鉅額租金，痛下決心準備購置台北的辦公室。

然而公司合夥人內訌，女企業家壯士斷腕，以迅雷不及掩耳方式轟走了吃裡扒外的合夥人。被攆出門的大股東懷恨在心，立刻向稅捐機關檢舉女企業家逃稅，國稅局盯上了這位女企業家的海外貨款收入，以違反會計法的名義移送檢調單位，調查局大肆搜索公司辦公室、住家，掌握許多證據資料，女企業家逃漏稅捐的罪名很快被起訴。雖然兩年後法院以無罪判決定讞，可是當時公司的法律顧問在法院調查的壓力與公司法層層束縛下，勸阻女企業家以公司名義登記不動產，建議先以個人名義辦理辦公室買賣過戶的手續，事後再透過企業集團公司承租的方式，用租金繳交部分銀行貸款，達到節稅的目的，於是三百坪辦公室就先登記在女企業家的丈夫名下，沒想到這是錯誤的第一步。

兩年後辦公室近億元的銀行貸款即將繳畢，丈夫居然犯了天下男人都會犯的錯誤，與女秘書傳出緋聞，女企業家憤恨不平，當下大義滅親，先斬斷金援，再革除先生在公司的全部職務，同時提告裁判離婚。然而偌大辦公室的產權來不及過戶，陷入腹背受敵窘境的丈夫，索性一不做二不休，先私下向銀行超貸五千萬元，再以房屋所有權人名義上法院訴請妻子交還辦公室，並且求償鉅額租金。

一審草草結案，法官以所有權狀及租約認定辦公室屬於先生所有，判定女企業家應遷讓房屋，且須支付訴訟期間公司占用辦公室的租金。房屋返還案上訴高等法院後，女企業家透過朋友介紹找上我，卯足了勁，扭轉乾坤，二審反敗為勝！

丈夫鐵了心，立刻上訴最高法院，我建議女企業家要收回辦公室產權，不能被動迎戰，必須主動出擊，才能持法院勝訴判決書到地政機關辦理產權過戶，不然縱使最高法院的案件打贏後，只是保住辦公室不用搬家而已，房屋依然登記在老公名下，萬一他心一橫賣給第三人，情勢就更複雜了，可能真的保不住房子的權利！

精明練達的女企業家聽懂了後，劍及履及，委託我立刻起訴提告，要求丈夫將辦公室產權過戶回來。然而從去年三月起訴，已經一年多了，法官依然停留在整理兩造爭執點的階段，一庭拖過一庭慢問細查，不敢結案。

一般民眾提起台灣的法院與法官，就聯想到「自由心證」，認為法官擁有生殺大權，可以自由判斷，其實「自由心證」一點都不自由，法官判斷事實還是要根據各種法律規範與經驗法則。遇上有良心的法官，面對「法、理、情」，以及法庭中看到不一樣的事實層面，那種掙扎與煎熬，真是不足為外人道矣！但是碰到沒良心的法官，推拖延滯訴訟，當事人看著案件慢性自殺，真是生不如死。我們這個案件難不成也步上如此詭譎曲折的命運？

背著公事包步入法院，端午節剛過，放假日後，通常法院庭期較少，只有零星的律師及當事人走動。我換上法袍，站在法庭長廊，正與女企業家指派來旁聽開庭的特助及法務說明案件進度，突然看到法庭燈號亮了，快步走進法庭，法官與被告律師已坐定，並且提出書狀，我皺著眉頭到前面訊問台簽收，氣惱著對方律師每次都是開庭才提出書狀，明顯地要拖延訴訟，不讓我方有充分的時間事先準備回應，又得回去撰擬訴狀再開一庭答辯。

果真也讓法官找到不用結案的理由，當庭指示：「原告訴訟代理人，妳剛剛的口頭陳述，書記官只能簡要記錄，請妳回去再具狀。」

我沒好氣地起身解釋，「審判長，剛剛代理人的說明已經很完整，我們不用再具狀了，而且所有的證據，都調查結束了。」硬是不讓法官有藉口拖延訴訟，直接回絕！

「今天被告有提兩份新證據呀！你們還是要具狀表示意見，比較明確。」法官依然好言相勸，顯然不欲結案，司馬昭之心，路人皆知。

「這兩份證據都跟本案無關，被告只是想要延滯訴訟而已！」我開始提高音量，直接揭穿對方的不良企圖，表達不滿。對方律師心虛地不敢發言，眼看著法官完全跟他們站在同一立場，採取拖延政策，也樂得輕鬆，毋庸多言。

「你們雙方不是在談和解？是否有進展了？」法官試圖找到另一個延緩庭期的理由。

「上星期雙方確定和解條件差距太大，正式宣告破裂，不再談和解了！當事人希望鈞院依法處理，儘快結案，否則銀行貸款不知如何處理，員工也會人心惶惶……」我直接表態，堵死法官另一個藉口。

「那麼我們再等等另外一個案子最高法院的結果，一個月後再開庭吧！」法官不理會我的努力，抬出法庭訴訟指揮權的權威，硬生生地壓下律師結案的催促。

「最高法院目前有兩萬多件民事案件在排隊，不會那麼快結案的！」雖然大勢已去，我依舊不甘心地提醒。

法官沒再搭腔，站起來宣示退庭。

這是律師另一種無奈，法官辦案判決錯誤固然令人生氣，引發慨嘆司法不公；可是法官不敢判案，訴訟停滯，一次次開庭只是虛應故事，浪費司法資源，豈不是更令人抓狂?!當事人幾億的財產完全無法處理，法官也知曉一旦宣判，一紙判決影響了整個企業的生存與夫妻的財產分配，卻遲遲承擔不了下判斷的結果，只好無限期拖延！

法官是人，不是神，卻必須判斷人世間的是非對錯。偏偏各項「事實」送到法庭裡，大多經過包裝、設定或重新解讀，法官通常是法庭中距離事實最遙遠的人，卻必須判定事實的真實與否。人類的司法制度真的會發現公平正義嗎？當事實真相模糊不清之際，律師可以拒接案件，可是法官可以拒絕審判嗎？當法官不能拒絕審判，卻逃避案件、遲遲不敢作成判決時，當事人去哪裡尋求事實真相，爭取公平正義？

走出法院，站在博愛路上，夏日炎炎，白花花的陽光刺得我突然看不到眼前的方向……。

司法程序在人性黑暗中，可以毀了一個人，也可以救了一個人，律師介入其中，是輸是贏？是成是毀？端視那份心念啊！

輪暴智障女——妨害性自主案

執業二十年來，有兩種案件絕對不接，一個是與黑道有關的案件，另一個就是強暴案，前者接了之後，後患無窮，常有人在江湖不得不爾之苦，如處理不當，得罪道上兄弟，甚至會賠上性命；後者被害人與我俱是女性，感情上何忍為強暴者辯護，使得女性同胞在法庭上遭受二度傷害?!唯獨這樁案件，不忍心拒絕，因為從第一次被告來到事務所敘述案情，就有股職業直覺告訴我，他是被冤枉的，而一審法院卻判了有期徒刑八年，等他出獄，這一生大概也毀了。

要不要接這個案子呢？讀完判決書後陷入天人交戰……。

被告的姊姊哽咽地央求：「律師，請妳一定要救我弟弟，爸媽生病，沒辦法親自來拜託，我特地從雲林來到台北，因為有人告訴我，只有找妳辦這個案子，才能夠起死回生，妳過去打很多刑案都打贏，我弟弟是被陷害的，他真的沒有做，我爸媽聽到一審判八年，都急得生病了，請妳看在他們老人家的分上，一定要幫忙。」

被告坐在一旁，蒼白疲憊的臉寫著愧疚與迷惘，我看著判決書，忖度這案件要翻案打到無罪，勢必嘔心瀝血，耗盡心力，自己要如此辛苦嗎？可是面對著他們姊弟，眼神透露著對清白與正義的渴求，說什麼也拒絕不了，於是只好點頭。姊姊感激的淚水滴落在會議桌上，我知道這麼一承諾，又是一份重擔壓在心頭！

既然他們遠從雲林專程北上，為了把握時間，辦好律師委任手續後，立即深入討論案情。

一樁輪暴案，發生在私人廟壇，被害人是鄰居輕微智障的女孩，檢察官將廟祝、一名香客與我的當事人均列為強姦共犯，可是一審判決書犯罪情節的記載實在不合常理，怎麼可能三個大男人同時擠在一張有扶手的長椅上輪暴被害人？左思右想，靈光乍現，找到二審翻案的切入點了！

我先請當事人繪出案發現場圖後，確認檢察官指控這三名被告在神壇前的長椅上輪流性侵被害人，問清楚長椅的長寬高，請當事人的姊姊權充被害人躺在我會議室的長椅，再叮囑當事人依判決書的犯罪事實現場模擬。當事人不解地望著我，問道：「可是，律師我沒做啊！我怎麼知道他們當時怎麼發生的？我是去修理水槽管線，修完收錢後，廟公叫我一起吃飯喝酒，後來我醉了就睡著了，我完全不曉得他們幹了什麼事呀！」愈講愈急，臉都脹紅了，很怕我誤會他也是強暴者。

「我知道你沒做，因為一審判決書把輪暴過程寫得歷歷如繪，提到你們三個人分工，一個人抓住被害人的肩膀，一個人壓住雙手，另一個人性侵，我們如果要說服二審法官相信你沒參與，就要先舉出判決書關於犯案過程不合情理之處，因為法官認定事實，除了透過人證、物證的掌握之外，也要符合經驗法則，如果犯案手法的認定不合情理，判決也會構成違法。譬如依你所描述長椅的長度及靠牆的距離，就不可能同時有三個人在長椅上分工強暴嘛！」我邊分析判決書認定事實違背常理的地方，邊移動會議室的長椅方向，有時要先說服當事人了解並接受律師的訴訟策略，消除被告的戒心，才能共同努力想出解套的良方。

「來，你站在椅子這邊，姊姊躺在椅子上，我蹲在椅子末端，這樣已經塞不下另一個人了，可見得檢察官起訴書敘述的現場相對關係圖就是錯的，長椅的空間也容不下三個男人併立，……」看到被告臉上的疑慮漸消，我再解釋分析起訴書犯罪事實錯誤之處，邊幫這對姊弟挪位置，當事人聽懂後，立刻配合我的指示，模擬現場狀況。

我接著再換另一種姿勢與位置，「除非那個女生是坐著，第三個施暴者才有可能站在長椅末端性侵，可是受限長椅的寬度，也不會是檢察官描述的場景。」我全神貫注繼續分析研判……。當事人的姊姊神色驚異地望著我，對於一個女律師主動開放地分析強暴罪的案情並當場示範模擬，似乎不敢置信！

其實律師碰上案情需要，哪裡還分性別？該提問的、該分析的，一點都不能迴避。一個禮拜前剛處理一宗裁判離婚案，太太控訴先生結婚兩年才行房一次，先生來委託我出庭，第一次見面討論案情不到十分鐘，就問到重點：「你與太太性生活如何？行房幾次？太太反應如何？」這時弄清楚案情最重要，還能拘泥於女律師的性別，或女性的矜持嗎？還好自己早已生兒育女，了解男女房事，否則如何開口，甚至像今日這般分析模擬？

可是當事人是個二十一歲的大男孩，才剛當完兵，到水電行當學徒，事發當天被老闆臨時叫到那家神壇修水槽下方管線，沒想到就遇上這樁奇案。原本聽到我要做現場模擬，一臉的尷尬，可是看到我快速地搬動會議室的家具，完全投入現場的專注神情及案情分析，他逐漸產生信任感，全力配合。

現場模擬後，我依序分析辯駁檢察官荒謬的起訴內容，以及一審法官錯誤認定事實，姊弟倆對二審翻案更有信心，再深入討論相關案情及證據，交代他們回去找資料。送走當事人去趕搭火車後，開始撰擬書狀，聲請高院二審法官到現場履勘，如果法官准許，那麼我們在現場實際模擬就更具說服力了。

可惜人算不如天算，當高等法院開庭，我振振有辭地向承審法官聲請前往案發現場模擬犯罪情節，法官好不容易准許後，另一被告也就是神壇的廟祝才露出賊森森的眼神跟法官說，現場已經看不到了，因為案發後，被害人的家屬常來鬧，他就把神壇搬走了，現場重新裝潢。

我聽了當庭愣住，當事人更是面色慘白，檢察官坐在對面看著我，一臉倨傲，真是令人怒火中燒。這下現場模擬做不成了，還好有準備第二項聲請，我請求法官傳喚被害人到庭對質，法官面有難色，檢察官趁機表達反對之旨，洋洋灑灑列舉好幾項理由：

1.時隔三年，一般人都會記憶模糊，何況本案被害人是智障女，更不可能到庭明確敘述案發情節，毋需再浪費司法資源。

2.被害人在偵查期間及地方法院都作過筆錄，無須再重複訊問。

3.根據醫院診斷說明書記載，被害人在案發後有嚴重的創傷後症候群，如果出庭，症狀會惡化。

4.其餘兩位共同被告都指稱年輕的水電工被告涉案。

這位檢察官簡直一點都不留給我的當事人路走，如果連唯一現場的證人都不傳訊，這個案子我們如何扭轉頹勢？這項反對真是夠狠的啦！勉強按捺心中怒氣，我立即回應逐一駁斥，瞬間法庭砲聲隆隆：

1.雖然距離案發時點已三年，但這種事對被害人而言是巨大創傷，不可能輕易遺忘，被害人雖有輕微智障，但從以前的筆錄可以看出，她的表達簡單易懂，請她到庭親自說明，有助於案情的釐清。

2. 被害人雖曾製作筆錄，但警員及一審法官都問得很簡略，又沒經過交互詰問程序，證詞還不夠明確。

3. 目前法庭已有隔離之視訊裝置，被告不會直接接觸到被害人，不至於讓被害人重新陷入案發的恐懼狀態，我們的提問也將儘量不會造成她的二度傷害。

檢察官感受到我的反駁力道，立即起身加強他的反對立場。幾番唇槍舌劍，攻防激辯後，審判長作成裁定，同意傳喚被害人，但顧及被害人的權益與精神狀態，要求我們辯方須先提出訊問的問題，經核准後才能提問。

退庭後，當事人感謝連連，我提醒他們這才是第一回合而已，既然案發現場已遭破壞，請被告再去蒐集神壇現場照片，不論是左鄰右舍或善男信女，只要附有那張長椅的室內照片，都可以向法官說明一審判決書的錯誤，他們姊弟連聲應允。一週後，果然皇天不負苦心人，姊姊在菜市場找到一位信徒，曾在節慶舉行法事時在現場拍照，做案的長椅也在相片中。

我趕緊繪製現場示意圖附上那張相片，在第二次開庭時，向法官解說，法官看懂圖示後，開始質疑一審判決書關於犯案過程的認定，當庭指示檢察官重新說明。我順勢要求法官將另外兩名被告隔離訊問，兩位被告面面相覷、神色不安，果然經過隔離訊問後，兩人對於我的當事人的當日穿著、何時加入犯案、三人犯案時的相對位置及犯案順序、手法，多所矛盾，說詞不一。

檢察官聽了也傻眼了，此時在法庭中的每個人都會產生強烈的疑惑：一審法官當時是怎麼問案的，共犯口供不一致，如何下判決？承審法官開始發覺事有蹊蹺，當庭諭示一個月後傳訊被害人。退庭後，我趕緊準備下一庭要對被害人提出的問題，與當事人討論確認後，呈送法院，等待下一庭的關鍵時刻。

一個月後要開庭了，我約被告先討論訊問被害人的可能反應及回答，以及他的因應方式。經過這幾次開庭，他已經回復信心，不若第一次來所時那麼沮喪痛苦。

法院傳訊被害人開庭時，看得出來三位被告都很緊張，尤其法官採取隔離訊問，看不到被害人，只能聽到她的聲音，被告們更顯焦慮。法官先進行證人的人別訊問後，就開放讓律師提問，一個個問題逐步提出，穿插與三名被告對質，被害人回答到我提出的第七個問題時，真相逐漸大白。

原來案發後，實際犯案的廟祝與香客深恐刑責過重，謀議將性侵責任都推給在一旁酒醉熟睡的年輕水電工，聲稱他們只是在醉意中，幫忙架住被害人，並未與她發生關係。甚且被害人家屬向警局報案後，香客居然行賄警員，央託警員製作筆錄時，誘導智障女指控水電工強暴，後來到了檢察官面前，智障女很緊張又害怕，說成三人共同輪姦，因而一審判定三名被告共犯，各處八年有期徒刑。

這一次被害人出庭身心已趨平靜，而且我事先設定的問題，符合她的智力狀況及思緒發展，在循序漸進及誠懇的態度下，不時提醒她，如果累了可以休息，渴了可以喝水，中途遇及被害人哭泣時，請她中止作答。被害人心防打開後，緩緩地說出實情，她說是廟祝與香客聯手欺凌，而且當夜輪流強暴好幾次，水電工喝醉了一直睡覺，直到天亮她偷跑出去，他都還沒醒……。

當事人的姊姊在旁聽席上聽到事實真相，淚流不止，香客與廟祝依然矢口否認，檢察官焦急地請審判長鑑定被害人精神狀態，是否受創嚴重語無倫次？只有我的當事人失神地喃喃自語：「我真的沒有做！我真的沒有做！」

庭長神色凝重地望著另外兩個急於脫罪的被告，問道：「事實已經很清楚了，你們還要否認嗎？」另外兩位被告即廟祝與香客面面相覷，依然否認犯罪。

三週後辯論結案，一個月收到高院無罪判決書時，心中感觸萬千……。

在不公不義的情勢發展中，如何找到扭轉時局的契機或者生命的出口？

學運與黑箱作業——偽造文書案

晚餐桌上，小女兒裝完便當，開始夾菜吃，我先掀開近日每餐必聊的話題——三一八太陽花學運，一面更新學生抗爭的進度、一面引導孩子們思考時事。因為學運一爆發時，小女兒上網查「學運vs.服貿」後，又在LINE、批踢踢、Facebook上瀏覽各方意見良久後，一臉困惑地感嘆：「媽媽，我從來沒有這麼疑惑過，以前我相信的人，這次彼此意見都不一樣了，有的支持服貿，有反服貿……不曉得要聽誰的耶?!」

我邊夾燉中藥的豬心給挑食的二女兒，邊抬起頭看著甫上高一的小女兒，問道：「哪些人意見不一樣？」

「大姊姊反服貿啊！她說台灣不用靠中國大陸，公民老師也是，網路批踢踢有正反意見，爸爸叫我高中生不要管，可是這個很重要呀！怎麼可能不管，我也有問哥哥，他好像在趕論文，還沒回我。媽媽妳覺得呢？那些大學生衝進立法院是對的嗎？」小女兒一口氣說出平日仰仗的意見領袖，這次學運帶給她的疑惑。

二女兒不遑多讓，立馬表態：「當然要衝進去啊！不然服貿就通過要執行了，必需要癱瘓議會，才能全力阻止。其實這幾年立法院也差不多癱了，根本是無效運作……。」

二女兒念藝術大學，一身熱血表露無遺，繼續強調：「我學弟在三一八那天也一起衝進議場，守到今天。姊姊說若不是在倫敦工作，一定全程參與學生運動——自己國家自己救。昨天哥哥、姊姊的臉書大頭貼換成全黑，中間一個白色的台灣，我也跟著換了！」

回應孩子們的激動熱情，先指出哥哥、姊姊身在國外，看到家鄉抗爭行動，異鄉遊子心情是特別不同的，不能完全跟著他們的方向走，接下來再分析：

「大學生衝進議場為的是議事程序的不公不義，從『公民不服從』的理念出發，是可以理解的，『先程序，後實體』一直是我們法律人謹守的原則，而『服務貿易協議』影響重大深遠，執政黨在議事程序上以三十秒的時間草草過關，當然會招致民怨。基本上這次學運的能量累積是上回『洪仲丘』社會運動公民力量持續下來的，社會民眾對於政府無能、立院失職的表達。可是占領議場只是手段，並非目的，這些大學生進行抗爭的同時，必須思考接下來如何有效地提出精準的訴求，才不會被政黨利用，或濫用『公民不服從』的能量，流於盲目反服貿，造成社會另一種傷害。他們必須有意識地覺察『抗爭』會形成一種力量，但水能載舟，也能覆舟，如果長期占領議場、癱瘓議事殿堂，那麼不啻以非法方式批判程序違法，多數民意是否能夠認同這種違法行徑？……」小女兒的公民意識正在滋生中，必須給她正確的思考方向。

還沒講完，二女兒又迫不及待地透露：「媽媽，告訴妳一件事喔！我昨天晚上十一點多跟同學去立法院靜坐區，看了很感動，尤其是滅火器樂團在街頭唱〈台灣晚安〉，聽了都快哭出來了。歌詞是台語的，它說：『在這個安靜的暗暝，我知道你有心事睏袂去，想起你的過去受盡凌遲，甘苦很多年……天公伯總會保庇，日頭一出來，猶原擱是好天氣，望你平安台灣』。我走了一大段路，發覺立法院那裡的學生、民眾秩序井然，意志堅定……。」

看到我睜大眼睛，二女兒趕快補上一句：「別緊張，我沒進議場去看學弟，只是在外面感受一下就回來了，我就知道媽媽會擔心，所以沒事先告訴妳，等一下我把現場拍的情景po上我們家的LINE群組，妳就知道現場有多感人了！」

還來不及反應，小女兒也跟著自首：「媽媽，昨天段考完，我也有跟同學去立法院看看，從學校走過去很近。剛放學，天氣很熱，我們就脫掉夾克，結果靜坐的人群中，有個阿伯看到我們身上的綠制服，就跑來跟我們說：『妳們北一女的要多關心國家大事，不要只會讀書，像服貿的事情很重要，影響民生……』天啊！他一直講不停，愈來愈多人注意我們，遠遠看到有攝影機往我們的方向移動，我拉起同學的手就跑了，不然爸爸在電視上看到我在立法院，一定又會訓個老半天……。」

女兒們都自己坦承了，年輕飛躍的心、純潔激盪的情，何忍相責？換成三十年前的我，也許也會從徐州路的台大法學院走去附近的立法院聲援，表達對這塊土地的愛吧！

正要進一步分析從大人眼光來看這次大學生的抗爭訴求時，手機響了，香港的當事人來電，三個月前提告的偽造文書案，台北地檢署發交警察局調查後，案件停滯不前，他懷疑內有隱情，託台北的友人打探，應該是有結果了，才會急著晚間來電。我示意孩子勿出聲，媽媽要接公務電話，孩子們有默契地端著水果盤到客廳看電視新聞，我接了電話，當事人氣憤的聲音傳了過來：

「沈律師，不出所料，聽說對方跟分局長很熟，上禮拜一起在台北極品軒餐廳吃飯，昨天承辦警員幫他們傳公司會計來作偽證，證明他們被告沒有偽造文書，真是氣死人了！本來我以為台灣的司法比大陸公正，去年在上海打輸官司之後，轉戰台灣，沒想到台灣的司法一樣黑暗，對方政商人脈通達，花錢收買法官警員，無所不用其極，這下怎麼辦？」氣憤之餘，面對被告卑劣陰險的手法，當事人如同洩了氣的皮球。

是啊！法院檢察署實施的刑案發交警局調查制度，只是耽擱案情發現真實的時點，徒增基層員警的工作負擔與怨懟；更糟的是給了投機取巧、不知悔悟的被告操弄案件走後門的機會。眼前這種制度的弊端常令身為律師的我們徒呼負負，可是還是得先安撫當事人，想出具體因應之道：「我明天問問承辦警員吧！詢問為何發查已經三個月了，案子還不交回地檢署開庭偵辦……」案子留在分局，似乎容易讓當事人有上下其手的機會。

當事人根本沒心思聽下去，反而另有想法：「律師，妳用程序上的方法幫我們了解看看，我剛剛已經拜託台灣的友人幫我找找媒體，最好是《壹週刊》，挖出這則新聞，看看對方多有能耐，竟然收買分局長，掩飾罪行，事情鬧大的話，說不定分局長一起下台。」

氣憤的語氣含有很多委屈與不滿，通常司法戰打不下去，當事人想要另闢戰場，轉為媒體戰，他們複雜無奈的心情是可以理解，可是他不明白《壹週刊》在台灣的報導威力！雖然是八卦雜誌，有時封面故事一報導，殺傷力足以改變一個家庭、一對情侶、一家公司的命運或一個政務官的官職。香港四處充斥八卦雜誌，民眾見怪不怪，可是《壹週刊》在台灣可是一枝獨秀，影響力巨大呀！

身為律師，對於當事人對司法的不滿，無可解決，只能無奈地容忍；可是還得保護當事人，勿惹禍上身。不過眼下要勸阻他激進冒險的行徑，恐怕會充耳不聞，只能提醒他刑法加重誹謗罪對於媒體負面報導的規定，免得惹火燒身，害人害己。他聽是聽了，可是會不會接受警語，就不得而知了。

掛上電話，走到客廳，電視螢幕剛好出現學運領袖綁上「我不服」的黑布條，號召全民上凱道，吶喊著：「自己的國家自己救！反對黑箱作業……。」

立法上的黑箱作業，學生們可以衝進立法院死守抗爭，持續靜坐表達訴求；司法上的黑箱作業呢？當事人可以衝進法院霸占法庭，宣洩不滿嗎？

翌日電詢分局警員，關於偽造文書案發查的進度，他不願多說，僅簡單答覆：「律師，我們依法調查中，期限到的話，就會移送地檢署。」

是呀！「偵查不公開」的原則成了警察局、地檢署辦案的保護傘，律師探詢不到刑案進度是常態，司法黑箱裡進行什麼交易，我們就看不到了。

一週後，當事人又從香港來電，以為他要告知雜誌出刊報導的消息，沒想到竟是意想不到的結果，他嘆道：「律師，真不敢相信，我的朋友託《壹週刊》的主管指派一個厲害的記者把偽造文書案的前因後果，加油添醋寫好稿子提報上去，副總編輯那一關都通過了，原來預訂這個星期三發刊。沒想到今天送到總編輯那邊，居然總編立刻打電話給對方，對方今天中午就衝到《壹週刊》辦公室破口大罵，總編還把撰稿記者叫進去訓斥一番，退回這篇稿子。後來我的朋友打聽才知道，對方與總編輯是商業上好友，總編當然全力支持他，稿子就登不成了！」

哇！對方可真是神通廣大，政商人脈廣達警局與出版界，導致司法戰停滯，媒體戰失利，接下來呢？當事人鬥志高昂，是不會輕易認輸的，屢戰屢敗之餘，反撲的力量更不容忽視！

人間的仇怨只宜化解，不能纏縛，奈何世間事常與願違，我只能在司法程序上協助當事人。然而當法庭內戰況陷於膠著之時，當事人又無法繼續忍耐，另闢戰場引發的仇怨，勢將如同三月三十日學生衝進行政院大樓，被鎮暴警察以水柱強力驅離之後，蓄積的負面能量更深更強，如何解開？如何找到生命出口的契機？

政府的無能、立院的空轉、學生的熱情、政客的算計、群眾的期待遲遲還盼不到答案；而我的當事人在司法機關的遲延、警局的黑箱作業、媒體的偏袒下，也是還找不到解決的良方……。

如果法官身在公門，不能意識到司法使命，進而接納自己的工作，反而不斷地在法庭中發洩情緒，遷怒當事人；那麼市井小民要透過訴訟程序追尋真理公義，不啻緣木求魚，難上加難！

詭異的偵查庭——股東侵占案

「為什麼我要幫你們算帳？十幾年來一筆爛帳，就這樣丟到法院來，憑什麼我要幫你們算？……」檢察官不掩怒色，高分貝斥責當事人。一進偵查庭就遇上檢察官發飆，告訴人與被告皆不明所以，一個低頭不敢回應，一個轉過去向辯護律師求助……。

「檢察官，我們不是要請您替我們算帳，而是被告×××十多年來掌管連鎖店的財務，都沒作帳。上次提告時，前任檢察官深入追查，被告才拿出存摺，可是裡面很多筆的款項流向不明，我們請加盟店的會計勾稽核對，發現那幾筆資金流入被告私人帳戶，不是作公務使用，才請求檢察官調查資金流向。誰知道前任檢察官連查都不查就不起訴結案，告訴人只好向高檢署聲請再議，這次發回續行偵查，我們還是希望檢察官就這十筆款項逐一調查，可以查明被告把各家加盟店每月繳納的基金侵吞、據為己有的犯罪事實。」身為告訴代理人，我當然要立即回應，縱使在檢察官氣頭上，也要及時表明訴求。

以多年的訴訟經驗，深知在這種風暴氛圍下，法庭中往往沒有律師敢出面捋虎鬚，以免得罪法官，輕則可能影響此案結局；重則慘遭列入法院黑名單，日後波及其他案件。然而自己碰上不公平的訴訟程序，常覺無法忍受，毅然挺身而出，在法庭中積極爭取發言權，當然明著槓上法官、檢察官，通常都不會有好下場，但他們退庭後再度審視筆錄，或慎思明辨後，興許有轉圜的餘地。我就抱持著一絲對法律人的期勉與希望，在法庭上力陳己見，亟待為當事人爭取法律立場及權益空間。

「你們十幾年來都沒異議，自己不查清楚，一狀告進法院，就要我們查，妳以為我們法院是什麼？討債公司嗎？」檢察官繼續怒罵……。

偵查庭內另外兩位律師噤聲不語，避免掃到颱風尾，只有我繼續迎戰。有時檢察官心理不平衡，當庭發洩情緒，律師仍須把握機會在法庭上陳述，釐清盲點，否則檢察官曲解當事人立場，拒絕對案情深入調查，我們這件侵占案勢必石沉大海，無法水落石出，於是我再恭敬但堅定地解釋：「我們當然不敢把法院當作討債公司，這十幾年來，告訴人在連鎖店開月會時，都有表明要擔任基金管理人的被告提出財務報表及憑證帳冊，可是被告都推拖敷衍，我們又不能去銀行調閱基金帳戶的流向，銀行說只能由法院來調，不然他們會違反個資法，所以才請鈞署以公權力向銀行調閱那十筆異常的資金流向。」

檢察官聽了，居然不要求同在法庭中的被告說明帳務疑點，反而直接代他辯解：「被告在答辯狀不是說了嗎？那是他辦員工旅遊，匯到旅行社的團費，有些是他幫各加盟店添購的電腦設備……。」

今天的偵查庭有點詭異，檢察官似乎不只是遷怒告訴人，居然還幫被告答辯，難道檢察官忘了他的身分是代表國家，他的職務是要調查犯罪事實，應該居於超然客觀中立的立場在偵查庭執行公訴人的職責。然而檢察官不僅拒絕調查銀行資料，甚至還多方地幫被告脫罪，匪夷所思！

根據二十幾年來的訴訟經驗研判，今日庭上的檢察官不是混淆了自我的角色，就是受到其他因素影響，例如人情關說、金錢攻勢……。只是自己辦案向來避免從這個角度思考，否則會干擾訴訟程序及影響當事人心情。不過今天檢察官的反應太奇特了，我試著身段更柔軟些，繼續誠懇回應，看看能不能挽回劣勢！

我說：「謝謝檢察官的提醒，雖然被告有作這麼明確的答辯，但是『偵查不公開』，我們也無法調閱被告提呈的答辯狀及相關證物。不過根據過往的了解與查證，那些員工旅遊雖然有舉辦，可是其中有幾位參加旅遊的團員是被告的親朋好友，並非員工或眷屬，他們的團費居然也從我們連鎖店的基金支出，這部分就是被告侵占公款的明證，檢察官可以傳訊旅行社的承辦人員帶著投保旅遊險的資料，核對連鎖店的員工名冊，就可以查出來……」連調查方法都分析得如此明白，檢察官總該知道如何進行了吧！

沒想到事與願違，檢察官依然拒絕，反過來奚落訴苦：「大律師！妳要我們一個一個傳訊參加旅遊的員工及團員，一次旅遊有四十幾個人，總共有五次，那要傳幾個證人來問啊？妳難道不知道我們新北地檢署的案件量，我這個月就專辦你們這個案子就好了……。」

明明不是這個意思，檢察官為何刻意曲解我聲請調查證據的方式呢？他是裝傻，還是智商低，抑或受到其他因素影響？告訴人連續轉頭過來跟我示意，勿再衝撞檢察官，我仍然氣不過，也想探知檢察官的底線與真正原因，究竟是「智商」因素抑或「惡勢力」的介入？於是我再進一步陳述：

「檢察官辛苦了！其實只要傳旅行社的承辦人張××帶投保的保單來核對我們告訴狀附的員工名冊即可，我們絕對不敢增加檢察官的工作量。至於電腦設備的購置貨款，被告也有虛報，那套設備加上軟體程式才五萬元，被告卻以少報多，灌水到十萬元，我們有廠商的報價單可以證明，溢報的部分多達二百萬元，也是被告侵占公款的證明……。」

檢察官完全不理會，在偵查庭中我頓時成了隱形人，檢察官直接轉向問被告：「有何答辯？」

被告立即奸巧地附和檢察官剛剛幫他鋪陳的答辯理由，畢恭畢敬地回答：「我一毛錢都沒放進自己口袋，全部基金都是專款專用，辯護律師幫我提出的憑證都是真的，告訴人跟我有過節，才這樣告我。」

我的當事人也按捺不住，舉手說：「檢察官我有話要說，被告亂講，我跟他沒有什麼過節……。」

檢察官揮手制止：「不用說了，剛剛你的律師都幫你說那麼多了，你沒聽到嗎？筆錄簽名，退庭！」一站起來就走了。

當事人憂心忡忡地走出偵查庭，垂頭喪氣地問：「律師，妳看這個案子是不是沒希望了？我有沒有需要去改名或是拜拜許願……？」

唉！如果檢察官不能認清他的身分與職責，接納自己的工作，佛祖或神明影響得了他嗎？紅塵俗世靠的是世間法，當檢察官倒行逆施時，天道制裁得了嗎？我真不知該如何回答呢！

當事人喃喃自語說：「晚上我先去恩主公廟拜拜，星期天再去我有個長輩上次帶我去的雲林一個算命仙那裡祭解一下，看看檢察官會不會判我們勝訴……。」我不忍阻止他，有時宗教信仰是支撐當事人繼續訴訟的動力，如果宗教可以為他帶來力量及對司法制度的信心，何忍剝奪他這份卑微的希望呢！

（後記：一個月後，檢察官作成侵占案不起訴處分，當事人在氣憤不解中委託我向高等法院檢察署聲請再議，高檢署一個半月後駁回再議，全案確定。）

刑案中的黑白交會——土地建案背信罪

古云：二人同心，其利斷金！倘使二人不同心，卻對峙鬥力，發出的力量也是巨大的，只是那會轉變成為一種殺傷力，能讓人性沉淪、資金套牢、土地凍結……，彼此困在一起，找不到出路。

他走進我的會議室時，蒼白著臉、眼睛布滿血絲，看得出來熬夜多日，帶他來的小趙是房屋仲介公司的老友，寒暄後立刻切入正題：「律師，鄭董是『大合盛』建設公司的負責人，三年前跟一個朋友合夥開『大合盛』，專門購買土地做建案，蓋的房屋有自售，也有委託我們公司代銷。這幾年經濟不景氣，幾個建案做下來，不是打平，就是小賠，好不容易去年開發了一塊地，鄭董公司貸款買下來之後，地段佳，樣品屋吸引買氣，看屋的顧客絡繹不絕。預售屋開始銷售初期，成績不錯，沒想到合夥的股東居然不懷好意，想要把土地吃下來，找人來公司鬧事，還揚言要告鄭董，想逼退他，昨天鄭董跟我提，我覺得對方都請律師發函了，鄭董也該找律師協助。」

鄭董擠出些許笑容，遞過名片之後，把一疊文件從 Bally 的公事包中抽出來，翻開最上面的一份存證信函給我看，我快速讀畢，提出裡面的疑點：「這個股東說他的股份占一半，現在登記在鄭董人頭的名下，要求您過戶，這是怎麼一回事呢？有帶公司登記資料來嗎？」

鄭董立刻攤開另一份資料夾的文件，裡面有數份股東名冊，三年前的那一份有登記對方姓名，去年變更登記到鄭董的表弟名下，他解釋道：「去年公司運氣不好，推出南部的建案，那家台南的代銷公司沒處理好，客戶告我們背信，我是公司負責人，一起列為刑案被告。偵查期間，台南地檢署檢察官還來台北總公司搜索，丁哥很擔心，噢！對了，股東叫做丁大盛，我們都叫他丁哥，他怕客戶查到他是公司股東，也把他告進來，就跟我商量，先暫時把股份過戶到我親戚名下，等案子結了，再過回來，所以他的百分之三十五股份去年才會登記我表弟名字。」

我比對前後三份公司股東名冊，再提問：「後來呢？案件結了嗎？怎麼還沒登記回來給丁哥？」

鄭董邊找判決書邊回答：「判了，台南地方法院判我跟代銷公司都有罪，真的很冤枉！沒辦法，代銷公司的經理得罪一個關鍵證人，他出庭作偽證，而且客戶指認我簽約時有在場，其實我只是帶公司大小章去蓋，根本不知道代銷公司之前跟客戶承諾了什麼，代銷經理都沒告訴我，他不像小趙這麼坦誠、有信用。結果我被判九個月上訴二審後，法官同情我減到六個月，還給我緩刑兩年，上上個月才結案，判決書在這裡，律師可以看一下。」

我邊看判決主文，邊問：「既然背信案已經二審定讞，丁哥應該會急著要您過戶回去給他吧？不然多沒保障！」

鄭董點點頭說：「律師妳說得沒錯，判決書一收到，我轉寄給他。第二天丁哥就打電話要我趕快去辦過戶，我也答應了，就交代公司會計去辦，沒想到市政府工商處說缺文件，辦不出來，結果就發生丁哥帶人來公司鬧事的事。我那時才知道去年公司買土地，丁哥說他負責支付的頭期款七千萬元，居然都是開大合盛公司票，當初他應允要用自有資金來付，沒想到竟然偷開公司票，還向地下錢莊借錢。上個月他帶地下錢莊的債主來公司要錢，我才知道內情，趕緊報案，警察來了，他們才離開……。」

我繼續追問：「丁哥怎麼能開公司票呢？他又不是公司負責人，又沒公司印鑑章。」

鄭董滿臉懊惱地表示：「當初我們合夥時，就講好他負責公司財務，一切資金開銷他要出錢，我管業務，對外開發土地、接洽客戶、處理房屋銷售都由我負責，所以銀行印鑑章跟支票本都交到他手裡保管。可是我萬萬沒料到，他竟然偷開公司票來付土地款，以前都是我交代會計通知丁哥開支票給廠商，他才開票，這次他瞞著我，不曉得開多少張支票流到外面，我很擔心我是負責人，到時候跳票，不只債主會要我負責，還會影響公司土地貸款的信用。因為目前這一家銀行貸款利息太高，每個月要付二百多萬的利息，我想轉貸，如果公司支票跳票，就可能貸不成了。」

公司股東合夥常見這種分工模式，不過保管公司印鑑章的股東敢擅開鉅額支票，實在罕見！然而公司大小章與支票本都歸一個人保管，也太大意了，通常會分開保管以防弊端，可見得鄭董在財務方面不是很專精，也欠缺防人之心，容易給予對方可趁之機，利用他的弱點，上下其手，這個推測在後續的案情發展不斷得到證實。

我再問道：「存證信函最後一段提到您變更公司印鑑，涉嫌偽造文書使公務人員登載不實事項，是怎麼一回事？公司印鑑章是何人保管，是您去變更的嗎？」

鄭董急著解釋：「這點更離譜，因為上個月開始，丁哥都不付錢，公司發不出薪水，也無法支付廠商費用，建築師那邊卡到設計費跟承攬費付不出來，不幫我們的土地報開工，我很著急，打了很多次電話給丁哥，他都避不見面。請他把公司印章交給我要辦銀行轉貸，他就說印鑑不見了。我只好請會計師去市政府辦印鑑變更手續，丁哥說的偽造文書就是這件事，可是我沒有他存證信函裡說的謊報印鑑遺失啊！我只有請會計師辦變更而已。」

聽得出來事有蹊蹺，我開始抽絲剝繭，問道：「那麼丁哥怎麼會曉得您有去辦印鑑變更？您該不會去告訴他吧？」

鄭董點點頭說：「我沒講啊！不過會計師是他幫公司找的，可能是會計師透露訊息……。」

慘哉！當事人往往敵我不分，誤將敵營的人當作自己人，掉入陷阱還不自知！我連忙提醒：「您交代會計師去辦公司印鑑變更時，他有請您簽什麼文件嗎？」

鄭董回想片刻，答道：「好像有噢，會計師有叫我簽一份東西，他說是例行公事，我就沒仔細看，簽名蓋章之後拿給他，過兩天就辦好了。我應該有帶來，我找看看。」

小趙看我面色凝重，不禁問道：「律師，簽文件有關係嗎？鄭董也沒有偽造什麼文書啊！」

我說：「可能有關係，我認為會計師應該是跟丁哥有聯繫，說不定是設好圈套……。」說著鄭董從手機相簿中找到那張文件，我滑動手機放大內容一看，果真證實我的猜測，我說：「鄭董，您看您簽的這一份申請書，上面載明是因為原印鑑遺失而申請變更，丁哥應該就是抓這一點要告您偽造文書，他可以向檢察官主張您明知印章在他手上，謊報遺失，涉嫌使市政府工商管理處公務員登載不實事項。」

鄭董睜大眼睛仔細看手機內容，臉色大變，焦急地辯解：「可是我沒叫會計師這樣申請啊！我當初也不知道簽的內容是寫印鑑遺失……。」

小趙頭湊過來，看完後說：「鄭董，你被設計了，一定是會計師偷偷跟丁哥講，丁哥叫他準備這一份請你簽的。律師，這下要怎麼辦呢？」

鄭董拿起手機要撥號，叨念著要打電話去罵會計師，我見狀趕緊阻止，勸道：「您現在責罵會計師於事無補，反而會打草驚蛇；而且他一定立刻通報丁哥，丁哥一怒直接提告，事情不就沒有轉圜餘地了？我建議您以負責人的身分，代表公司回函給丁哥，表明並無違法情事，等他收到後，我再與他的律師聯絡，安排和解，大家坐下來談談看，能不能和平解決，股東之間不要動輒對簿公堂。」

鄭董同意了，我再說明：「回函主要是解釋您這邊股份過戶並未拖延，也無侵占股份之意，至於變更印鑑偽造文書亦非事實，請丁哥勿輕易啟開訟端，以免後果不堪收拾。」

鄭董表示完全接受，辦妥委任手續後，小趙陪著他離去。我翻閱著鄭董留下來的資料，心裡想著：再一次打開潘朵拉的盒子，讓當事人認清真相，才能面對現實，接下來是否能促成雙方和解，就要看案情發展及天意運行了。

存證信函的回函我擬好草稿後，鄭董看了一改再改，時而擔心語氣太強硬，激怒丁哥速啟訟爭；時而認為我寫的股份比例含糊帶過，要求明確寫出數據；甚至指示詳細敘述變更印鑑的經過……。我只好耐心地向他解釋，目前丁哥的出資金額尚未結算，如果載明股份比例，反而喪失我方談判籌碼；而變更印鑑一節我們無法得悉究竟他確實已掌控哪些證據，倘使鉅細靡遺地敘述，豈非不打自招、落人口實？至於信函口氣強硬，是因丁哥的來信已經揚言提告，語帶威脅，自然我方回信必須理直氣壯、表明立場。終於來回修改數次後，鄭董接受最終版本，我立刻以限時雙掛號寄出，接下來就等候對方的回應。

不料三天過去了，丁哥音訊全無，倒是鄭董急得像熱鍋上的螞蟻，不斷傳 LINE 或撥電話詢問我對方的反應，一聽到答案是否定的，他又焦躁地要我即時聯絡丁哥的律師，我建議稍安勿躁，過沒多久，鄭董又擔憂是否丁哥已經上法院提告了？

如此沉不住氣，怎麼打仗呢？難道他不知道《孫子兵法．始計篇》第一就提到：「兵者，詭道也……亂而取之，怒而撓之……」對方了解他的個性，故意製造混亂，挑釁使其發怒，再乘亂攻擊。戰鼓未催，鄭董就心亂如麻，豈不落入對方的詭道布局？我得趕緊安定軍心，提醒安慰鄭董目前公司股份全由他掌控，丁哥手上並無官方登記之持股，而且土地資產登記在公司名下，他又擔任負責人，全部的籌碼都在他手上，著急的人應該是丁哥，而不是握有一手好牌的他！可鄭董聽了仍覺不踏實，依然焦慮不安，我猜想他們兩合夥人之間可能有些隱情未曾公開吧，鄭董才會無法沉著下來；要不然就是丁哥太了解鄭董的心性，掌控住他最大的弱點，到底是什麼呢？刑案提告？公司倒閉？土地拱手讓人？或是還有其他內幕……？且待慢慢揭開謎底吧！

當事人倘若不願意和盤托出，律師只能耐心等候，否則窮追猛問、打探隱私，只會引發當事人的反彈。多年與當事人互動的經驗，我明白什麼時候該打破砂鍋問到底，什麼時候該保持沉默，免得失去當事人的信任及安全感。到了第五日，我估計對方已收到我們的存證信函，且已與他的律師商量後，我直接聯繫丁哥存證信函上記載的律師，詢問雙方見面研商解決方案的可能性？

「大律師，我們上次的存證信函寫得很清楚，請鄭先生先把丁副董的股份百分之六十五過戶回來，再談其他的事，這個立場很清楚，如果鄭先生不願意過戶，那就沒什麼好談，只好進行訴訟了。」高律師非常強硬地表示，隔著話筒就可以感受到他的倨傲。

「高律師，我理解您的當事人的訴求，不過既然要見面談，就把雙方的爭議一次談清楚嘛！您也知道，鄭董與丁副董三年前合夥時，沒簽書面契約，都憑雙方的口頭約定，這三年來公司的營運丁副董負責財務，支出了不少資金，我們相當明白，可是去年公司買了內湖那塊地，丁副董承諾要負擔百分之三十的現金，這部分應該用他的自有資金支應。鄭董事後才得知丁副董居然開公司票向地下錢莊周轉，土地價金雖然都付清了，但丁副董開的支票卻都未兌現，地下錢莊跑到公司討債，可見丁副董都沒付錢，這幾個月的貸款利息他又拒絕匯款，銀行催款孔急。因此丁副董實際的出資額究竟是多少，應該雙方要坐下來先算清楚，才能辦理股份過戶的手續嘛！您說是不是？」我耐著性子說明當事人的考量與事情的癥結點。

「可是如果他們之間的問題釐清之後，妳的當事人不願意過戶股份呢？那豈不是白談了？」高律師在試探我方的意圖與誠意。

「不會啦！鄭董是守信用的人，如果出資的數據雙方理得清清楚楚，鄭董沒理由不辦過戶。您也知道這麼多年來，他們兩個股東為了財務及股份時而爭論不休，我們兩邊的律師剛好趁這次談判的機會，把合夥的爭議一次理清楚，如果談得順暢，還可以幫他們補訂合夥契約，以後才不會常常舊事重提、積怨再起，這樣也算功德一件嘛！」我依舊柔性勸說。

「可是股票過戶的前提丁副董很堅持，我得跟他商量商量，才能決定是否先見面商談所有的事。」高律師態度稍稍緩和。

「沒問題，這是應該進行的程序，您先跟當事人溝通，得到他首肯，我們再來安排和解的事。」先禮後兵一向是我談判的原則，尊重對方，才能創造和談的空間。

「除了出資及股份的事，大律師妳希望他們雙方見面還要談什麼議題呢？妳知不知道在妳幫鄭先生回律師函之前，他們兩個人已經談了一個月了？我還幫他們擬出一份備忘錄，上面寫明兩種解決方案，看是鄭先生要承接土地建案、丁副董退出公司營運；或是鄭先生退夥，由丁副董接管公司，妳看過這份備忘錄吧？」高律師似乎開始為日後的和解鋪路。

「我前兩天有看到，我就是建議雙方針對這份備忘錄深入討論，所以才希望高律師促成雙方見面的事。」我順勢強調初衷。

「好吧！我先問丁副董看他同不同意，如果同意，請你們先商量好要選擇備忘錄的哪一個方案，見面時直接表示，免得浪費時間。」高律師又回復傲慢冷漠的態度。為了當事人的和談，我只好先忍耐下來，只要能促成雙方當面談判，理出案情的輪廓，甚至達成共識，簽署和解書，眼前這些枝微末節，都值得忍讓。我客氣地答應了，約好明天下班前雙方再聯絡。

翌日中午高律師就來電表示當事人同意了，不過指定談判地點在他的律師事務所，我立刻應允。沒想到鄭董獲悉後，憂心忡忡地說：「律師，萬一我們去了，丁哥找黑道來或是把我們錄音，是不是很麻煩，可不可以換到妳的事務所？」

我答道：「高律師是檢察官退下來轉任的資深律師，不會容許他的當事人帶黑道來鬧事的。至於錄音，我們也無法提防，只能君子協定，如果他們不遵守，換到我的辦公室，還是可能偷偷錄音，現在手機或錄音設備那麼方便，很難防止的，我們只能小心一點，不要說錯話。」鄭董若有所思地點頭接受了。

「鄭董，請您這兩天仔細考慮備忘錄的方案，作好決定，到時候我們一併討論。」我提醒他作準備。

「我目前傾向第一個方案承接土地建案，這才是我三年前開大合盛公司的初衷，總希望做出實績，蓋一批好的房子，為自己的建築生涯立下卓越的里程碑。如果土地交給丁哥，他是蓋不起來的，頂多把土地賣掉，賺取差價，那就枉費我辛辛苦苦爭取了兩年多，好不容易開發的一塊好基地。至於第二個方案，簡直是完全抹煞我這幾年的努力，叫我『淨身出戶』，不給我半毛錢，股份完全讓給他，土地資產也跟我沒關係，太狠了吧！這個人吃乾抹盡，他把我當什麼？來幫他免費打工三年，等買到一塊好建地，就把我踢出去，真是過分。如果真的談不攏，要叫我走，也得付一筆錢，至少是三千萬，才能彌補我這幾年的辛苦。」鄭董先提出腹案，我請他回去思考得更細膩些，過兩天會議時提供完整的方案。

兩天後，鄭董開車來接我準時抵達高律師的事務所。雙方寒暄坐定後，高律師作了開場白，我依照原先的約定，建議雙方當事人先討論出資額及股份比例。丁哥首先表示從兩人合夥之始，他就擁有百分之六十五的股份，後來登記的過程有增有減，是因為公司財務的考量及會計師的專業規畫，實質上他的股份比例始終沒變，鄭董不服氣地搶白，強調他才是股份百分之六十五的持有者，丁哥只有百分之三十五，而且去年盜開公司支票，實際出資額應該減得更低，可能百分之二十五都不到。

丁哥聞言大怒，當場指責鄭董胡說八道、侵占股權、偽造文書……鄭董不甘示弱，索性站起來爭論，丁哥怒氣沖天，拍桌斥罵，眼看兩個人就要動手，我趕緊拉開鄭董，勸他冷靜，高律師與助理把丁哥帶到另一間會議室，雙方分開才能稍稍冷卻肅殺的氣氛。

鄭董趁這個空檔出外抽菸，紓解焦躁的情緒，我與高律師溝通後，同意暫將股份的議題擱置，先讓雙方表明備忘錄方案的選擇。孰知進入這個話題，丁哥與鄭董更不對盤，新仇舊恨一一攤到檯面上，互相數落斥責對方，我們律師完全無法插話。後來我提高音量，勸止了雙方當事人的發言，我代表鄭董表達第一方案的決定，希望承接土地，要求丁哥退夥，但彌補的金額須折半，並且要分期付款。丁哥聽了又火冒三丈，指著鄭董飆罵三字經，鄭董又被激怒，差點失控，衝過去作勢要抓丁哥的衣領，高律師把卷宗用力砸在桌上，大叫一聲說：「你們再這樣胡鬧，我報警了。」

說時遲那時快，我拉住鄭董的右臂，阻止他出手，丁哥倉皇往後退，怒道：「不要談了！」

鄭董立刻回嗆：「不要談就不要談，跟你這種無賴沒什麼好談！」我跟高律師示意今天到此為止，改日再議，匆匆忙忙將鄭董拉出會議室，提醒他切勿滋事，免得留下把柄，他悻悻然地步出大門，我們一起走向電梯離去。

回程中，心想著這兩個人絕對無法再合作了，可是能否善了，經歷今天的混亂局面，我有些懷疑，伴雜著猶豫，真不知接下來如何處理才能圓滿地解決雙方的仇怨與欲求……。

和解談判破裂之後，我建議鄭董暫時勿與丁哥聯繫。激烈爭吵後，雙方都不可能立刻讓步，此時段的聯繫無濟於事，倒不如讓雙方冷靜沉澱數日，我再詢問高律師，丁哥是否答應採取上次會議討論的第一方案？鄭董同意了我的提議，接下來他忙著籌錢繳納每月須支付銀行的土地貸款利息，也無暇煩憂這件事。

一週後我主動聯絡高律師表達第二次和解會議的需求，高律師冷淡地敷衍：「我的當事人還在考慮，目前還不是適當的時機來安排雙方再度協商。」

在上次當場領教丁哥的激進與獲利了結的強烈企圖心之後，我覺得這段時日丁哥應該會有所行動，不可能如同高律師所描述的僅處於「考慮」狀態。於是提醒鄭董要留意丁哥檯面下的動作，鄭董聽了半信半疑，問道：「丁哥能怎樣，公司的錢他也不付，貸款利息他也拒繳，他敢怎樣？難不成他敢去偷賣土地？」

我說：「他跟你合作，目的是要賺錢，眼下公司最值錢的資產就是這筆土地，丁哥當然會打這塊土地的主意，不過土地的權狀在你手上，你又是公司負責人，他縱使敢在市場上找人來買土地，也無法真正過戶，這部分我較不擔心。我認為經過上次的爭吵，丁哥一定感覺到股份的掌控權他已經喪失，『公司股權』反而變成你的籌碼，土地又登記在公司名下，他沒有任何主控權，進退失據的狀況下，極可能以訴訟來進行第一波的攻擊，逼你就範。」鄭董仍覺得雙方合夥吵吵談談，已是多年常態，不太可能真的反目成仇，殺進法院。

過兩天鄭董來電，慌張地問道：「律師，被妳說中了，丁哥真的去找買主，而且出價三億元，到時候土地如果真的賣掉了，丁哥拿走所有的錢，我豈不是血本無歸？」

我安慰他切莫亂了陣腳：「丁哥只是在市場放出風聲，目的要讓你驚慌失措，被迫接受他的方案。商場如戰場，對方的招數愈奇特，你愈需要沉穩以對！放心，丁哥沒辦法真的賣掉土地的，因為買家也不是傻瓜，他們只要一去查土地登記資料，知道地主是公司，就不會跟丁哥作交易了。」鄭董想想似乎有道理，就不那麼憂心了。

不料第二天又有新變化，丁哥寄發存證信函，信裡表明和解破局，已經向台北地檢署提告偽造文書。鄭董拿著存證信函來問我：「律師，妳看丁哥是真的告，還是嚇嚇我而已？」事實攤在眼前，如此明顯，居然還要律師給答案?!我心裡不禁納悶，當事人在營建業叱吒風雲，面臨法律糾紛，卻無法作成正確判斷，是他個人特質使然，或是一般人遭遇法律議題就會自動喪失理智邏輯思考能力？抑或不願面對現實，只好否定既成事實？

我明講：「這是丁哥委託律師寫的存證信函，內容已經載明提告，就不是戲言或威脅之語，接下來你應該就會收到地檢署的傳票或警察局的約談通知。如果你要儘快確定，今天下午我就幫你到法院查詢案件，可以馬上知道丁哥告你了沒。」急性子的鄭董立即在刑事偵查的委任狀上簽名蓋章，委託我去地檢署查清楚。果然下午我一到台北地檢署就查到丁哥提告的刑案案號，確定兩人的戰火已延燒到法院了。

回到事務所，我先撥電話詢問書記官案件進度，他說檢察官已發交中山分局調查。我向鄭董解釋，檢察官循例把財產犯罪的案件發交給分局進行初步調查，接下來要等候分局偵查隊的約談通知。十天後鄭董就收到了警局通知，約談前我們先討論案情，整理可能的問答，再陪鄭董到中山分局接受約談、製作筆錄後，全案再送回法院。

中山分局移送這件偽造文書案回地檢署後，先由檢察事務官負責開庭偵辦，開庭地點是在地檢署第三辦公室，正好位於台大辛亥路的後門。往昔開庭我有時候會提早到達第三辦公室，報到之後，先走進台大校園走走逛逛，舒緩開庭的緊張氣氛。不過，今天似乎氣氛詭異，在地檢署門口等候鄭董時，看到丁哥在幾名身著黑衣白布鞋的人陪同下走進法院，沒多久鄭董從一部休旅車走出來，後面跟隨兩名平頭黑衣人，手臂還刺青，嚼著檳榔亦步亦趨。

怎麼回事？是要黑道對決嗎？兩邊都帶了兄弟出庭，我得特別留意，免得捲入江湖火併中。

偵查庭外，兩軍對峙，局勢緊張；偵查庭中，告訴人丁哥與被告鄭董倒是都相當自我節制，對於檢察事務官的訊問，平和客氣地回答，不過在問到關鍵處——公司印鑑章被告為何作變更、告訴人是否拒付公司管銷費用，兩人在聽到對方的說詞時，火氣都上來了，開始猛烈抨擊對方的不是，煙硝味四溢，情勢一觸即發。

檢察事務官倒是完全不受影響，耐心勸道：「我聽你們雙方的說辭，應該是合夥事業算帳的問題，尤其是這半年來告訴人沒進辦公室，公司財務狀況究竟如何，有很多疑問，你們應該坐下來好好對帳，兩邊律師也可以幫忙核對，才能徹底解決雙方的爭議。你們是不是同意把這個案子移送調解，將公司的帳好好地對一對，能夠達成和解最好。其實如果要處理這個案子，罪疑惟輕，目前也看不出有明確的涉案證據，我們很快就可以結案，不過這樣是無法徹底解決你們的問題。雙方意見如何？同意移送調解嗎？」

開庭前我已告知鄭董，檢事官可能有移送調解庭之提議，最好能接受，可以避免訴訟曠日費時，也表態尊重檢方的程序，因此鄭董立刻同意，丁哥本來反對，在高律師勸導下，也表示同意，於是雙方在刑事筆錄上簽名退庭。

不料走出偵查庭，雙方人馬靠近後，人聲喧譁，現場開始有點小混亂，法警厲聲斥責勿在場叫囂滋事，我趕緊請鄭董離開大廳。不料步出大門後，丁哥身後的兄弟一個箭步，擋住鄭董的路，開口要談判，揚言鄭董今天如不給個交代，就別想離開現場。鄭董向後移步，身邊一位兄弟迎上前去，鄭董與特助示意我們先到法院旁邊的星巴克咖啡廳等候，我還在思索要先上車離開現場或隨他們去星巴克，這種黑道介入的場面一直是我避免面對的，可是值此敏感時刻，我一走了之，似乎不顧當事人的安危與需要，於是我緩步走入咖啡廳，尋思一有適當時機就離開。

幸好雙方黑道兄弟談判未釀成肢體衝突，光天化日在法院門口，這些大哥們非常識時務地抛出議題與訴求，談判未果，約好一週內再談。我聽完其中一位「大哥」轉述剛才協商過程，再跟鄭董解釋開庭狀況，就藉辭事務所有事先行告退。

這一次開庭顯然告訴人與被告都不滿意對方在偵查庭的說辭，表面上尊重檢方，等候調解通知，檯面下動作頻頻，告訴人退庭後立刻軋票，第二天銀行通知存款不足，即將跳票，而且連續三張退票就會成為拒絕往來戶，當事人接到銀行行員的電話，急得如同熱鍋上螞蟻，不曉得為何公司票軋入銀行。經過多通電話積極交涉，鄭董才拿到票據提示的資料，原來告訴人盜開公司支票在外舉債借款，持票人軋票求償。

當事人並無資力補足存款，公司資金已呈負數，只好忍痛讓它跳票，於是公司與負責人信用都受傷害。內憂外患不斷，土地貸款銀行催款孔急，當事人已經告貸無門，他來電詢問，語氣極其疲累無力，聽得出來心力交瘁，鄭董說：「律師，我撐不下去了！公司跟我個人信用都不良，在外頭已經借不到錢繳貸款利息了，銀行最後通牒警告說週五前無法清償這兩期利息及違約金，就要拍賣土地了。眼下我只能賣土地，來防止公司破產，因為銀行一查封土地，我的預售屋就賣不了，大樓更蓋不成；如果進入拍賣程序，土地價值跌個兩、三成，甚至賤價拍賣，公司損失更大，我已走投無路。請教律師假若賣土地，要注意什麼事？」

「依公司法規定，你要處分公司重要資產，必須得到全體股東的同意，如果土地的承接人要轉貸，你也必須與原來的貸款銀行談好，最好先請代書請領最新的土地登記謄本，確定對方還沒聲請假扣押，或是提起民事訴訟向地政機關請求禁止處分，土地是沒問題的，買主轉貸時才能拿土地當作擔保品。」我一一分析，嘴上說得平和順暢，心裡卻開始擔憂。誰說律師是自由業，我常覺得是煩惱業——為當事人煩惱，從接案到結案，煩惱不斷。

還好當事人打過這次電話後，就沒再聯繫詢問其他事，雖然我心裡一直掛念著他的案件，卻也不知土地是否賣了沒，或是公司營運後續情況如何？律師與當事人關係很微妙，在法庭中並肩作戰，一起面對訴訟的壓力，雙方關係緊密，有時依賴感比家人還要深，當事人可能會告訴你連妻子都不知道的秘密，可是一旦走出法院，當事人回到生活或工作軌道中，「律師」可能會成為最遙遠的人，當事人甚至不想與律師聯繫，因為「律師」代表令他頭痛的司法程序，而與律師聯絡或討論，就表示當事人必須面對那個令他傷神心碎的案件，常常當事人是寧可逃避的。因此，除非訴訟的必要，我不會經常主動聯繫當事人，免得增加他們的心理負擔，而且很多案件在醞釀、形成或變化的過程中，律師也幫不上忙，只能等待、旁觀，不宜介入、干涉或甚至主導，因為案件代表當事人的人生，律師不是命運之神，更非當事人本人，如何為他（她）決定或主導當事人的人生呢？

過了三個禮拜，當事人沒找我，倒是法院找上門，書記官通知檢察官要緊急開庭，我不解地問：「這個案子上次開庭檢察事務官說要移送調解庭，我們還在等調解通知，為什麼突然要開庭？」

書記官耐心說明：「檢察官指示的，因為前幾天告訴人緊急聲請強制處分，說被告盜賣土地，請檢察官儘快調查。律師明天有空嗎？檢察官預定明天下午兩點開庭，請妳通知被告出庭，由於時間匆促來不及發傳票，請你們直接到法警室報到。」

我掛斷電話，立刻撥手機給當事人，他允諾下午立刻到我辦公室，討論明天檢方緊急開庭的因應對策。當事人下午把土地買賣及過戶的資料全部帶來，連同公司股東同意書、銀行轉貸文件都攤在會議桌上，逐一向我解釋整個過程，我核對所有證明文件後，告訴當事人原則上土地買賣的法定要件都沒問題，會計師及代書處理過程都合法，接著提醒他明天開庭的重點，說道：「我不太確定告訴人緊急聲請的事項是什麼，應該跟土地或錢有關，由於『偵查不公開』，我無法在開庭前看到告訴人所附的資料，不過他應該有提供直接的證據文件，檢方才會同意緊急開庭。明天檢察官訊問的重點可能集中在公司財務狀況、出售土地的原因，以及買賣價款資金流向，你剛剛的說辭，我覺得都合理，其中最大的問題是為什麼處分土地前你沒告知對方，畢竟他是合夥人，對土地出售與否有決定權。」

當事人提到這點火氣就上來，他憤憤不平地說：「他真的很惡劣，存心要毀掉我的事業，上次到檢察事務官那邊開庭，他也把我罵得狗血淋頭，故意把公司財務搞爛，逼我退場，要不是我在外面人頭熟，還湊得了一、兩千萬救急……。」

當事人一有情緒，就無法冷靜討論，我及時勸阻他發洩情緒：「鄭董，我理解您的不滿，不過明天檢察官不會有時間聽你訴苦或說明你們之間的恩怨，他要的是事實與證據，我們得在很有限的開庭時間中，釐清土地非賣不可的理由，以及買賣過程合法的重點。」

「律師，我明天會儘量克制自己，妳聽聽看我這樣的解釋檢察官會不會接受？」鄭董把處分土地的前因後果逐一說明，同時配合提出相關契約、存證信函、銀行通知、退票理由單……，解釋這一個月來的處理過程。果真是商場老將，鏗鏘有力的講法我當場就被說服了，希望明天不要有突發狀況，一切順遂就好。

第二天我們約在法院一樓法警室前的大廳碰面，當事人準時抵達，進電梯時發現鄭董又有弟兄陪同，步出電梯口，到了偵查庭前的走道，對方除了身邊有兩位律師之外，後面也出現三、四名黑衣人，上次開庭黑道對峙的情景又重現在檢察署偵查庭前，我依然保持冷靜淡漠，刻意不跟他們打招呼，在法警點名後，我們魚貫進入偵查庭。

檢察官先請告訴人的律師說明今日聲請的原因與理由，我趕緊凝神聆聽告訴代理人的說辭，邊琢磨著如何反駁，幫被告辯解。沒想到對方律師居然從盤古開天，兩人合夥的故事開始講起，口若懸河，但說沒兩分鐘就被檢察官打斷了，要求他直接說重點，這時才聽到他匆忙地說：「被告沒經過告訴人的同意就盜賣土地，不符合公司法的規定，因為這筆土地是公司唯一且最重要的資產，必須經過全體股東同意。」

檢察官邊查看聲請狀的證據，邊抬頭問告訴人：「你們有合夥契約嗎？」告訴人搖頭，檢察官看看電腦螢幕，確定書記官打好筆錄後，就轉向站在應訊台的被告：「被告有何解釋，為什麼你要賣土地？」

經過昨天的討論，當事人一發言就提到關鍵點：「報告檢察官，我實在是不得已，公司財務撐不下去了，這七個月來告訴人不進公司、不付款，我只好承接這個財務缺口。本來我們合夥有講好，我對外負責土地開發案，他對內要負擔所有資金開銷，結果好不容易我努力好幾年，爭取到這塊土地，如果大樓順利蓋起來，三年後可以賺進雙倍的利潤，公司獲利可多達兩億，沒想到付完頭期款，告訴人只繳一次貸款利息就撒手不管了，銀行每個月催款，我只好對外舉債籌款來繳納利息、公司人事管銷、辦公室租金……本來勉強撐得過去，可是上次開完庭告訴人就跑去軋票，公司沒錢被銀行退票，甚至變成拒絕往來戶，貸款銀行催告要查封土地逕行拍賣。現在房地產這麼不景氣，一旦拍賣一定會賠更多錢，我為了挽救公司，才不得不賣土地。」被告一字一句話語沉重。

檢察官抓到關鍵字，轉頭向告訴人查證：「被告說公司跳票是事實嗎？」

告訴人站在應訊台，點頭稱是，接著補充說明：「過去幾年都是我拿錢出來，可是公司都沒賺錢，去年買了土地後，公司財務就像無底洞，我不斷掏錢出來，付得也會怕啊！也會沒錢繳啊！更何況被告私人也有向我借錢，二千多萬都還沒還我……。」

「不要跟我講你們之間私下的借貸，這個案子你告的是背信，背信盜賣土地是公司受害，你一個股東怎麼可以告呢？應該只算是告發吧！」檢察官開始不耐煩，挑出告訴人書狀上的錯處。告訴人轉頭望向律師，告訴代理人無言以對，只能點頭承認。

檢察官繼續質問：「告訴人你不付錢，被告也沒錢付，這樣公司怎麼維持營運？你們把私人恩怨放到公司的經營，一鬧翻就不履行義務，又沒簽合夥契約，簡直是在兒戲。辯護人有何意見？告訴代理人說被告出售土地違反公司法，這部分被告這邊在法律上有什麼答辯？」

我起身辯護：「被告身為公司負責人，出售公司土地完全符合公司法規定，全體股東都簽了同意書，會計師與代書才去辦理買賣契約的簽署與土地過戶手續。」我同步提出股東同意書影本呈給檢察官，法警接了過去提交給檢座。

檢察官從法警手中接過同意書端詳內容，問道：「為何同意書上沒有告訴人名字？他不是股東嗎？」

被告說：「他是啊！只是去年他說公司股份要登記在人頭底下，免得公司經營要負法律責任，債權人會找他負責，他叫我幫他找人頭，我就找朋友來過戶。」我同時提呈公司變更登記事項卡最新版本給檢察官核對股東姓名，檢察官看過遞給告訴人問他是否屬實，告訴人承認。

檢察官問：「既然買賣過戶程序都合法，告訴人你到底要聲請什麼？」

告訴代理人回答：「我們聲請限制被告出境，還要扣押土地，如果檢座認為扣押土地不合法定要件，那就請求扣押買賣價款。」

檢察官再問被告：「你土地賣了多少錢？買受人付錢了嗎？」

被告拿出一份買賣契約書說道：「總共賣了二億五千萬元，完全符合市價行情，簽約時付了二千五百萬元，錢都匯進公司帳戶，我有帶存摺來請檢察官看，裡面收到的錢有繳了一筆增值稅，還有繳公司積欠房東三個月的房租，剩下的拿去償還貸款銀行積欠的利息與違約金，還有餘額一百三百九十萬元，明天要支付員工薪水，還有預售屋代銷公司的酬勞，這些都有單據。」法警一份一份單據憑證轉遞給檢察官過目，檢察官仔細查核。

此時偵查庭中氣氛凝重，雙方都不知道檢察官會作成何種決定，幾分鐘後，終於檢察官檢查完畢，宣布：「被告代表公司出售土地資產並無不法，告訴人聲請緊急處分駁回。」

告訴人與律師面面相覷，立刻舉手想提出意見，檢察官見狀，揮揮手說：「退庭，筆錄簽完請回。」被告如釋重負，我走上前接過書記官當場列印的筆錄，逐頁閱讀後，告知被告內容均無問題，我們快速簽名就走出偵查庭。被告滿臉疲憊，在外等候的弟兄與公司秘書疾步跟隨，我請鄭董先回去休息，他上車前轉身與我握手說：「律師，感謝妳又陪我過了一關。」

這一關有驚無險地度過了，可是下一個關卡呢？土地的利潤如此鉅大，當事人身為營建業的老闆，面對各方的貪慾與染指，以及無止盡的鉅額財務調度周轉，如同走在高空的鋼索，是否能平安抵達彼岸，望著鄭董疾駛離去的黑色休旅車，我心中似乎也找不到答案。

同性戀情，當愛已成往事時，只能以安眠藥、水果刀、鮮血來道別嗎？

當愛已成往事——同性戀殺人未遂案

有別於一般刑事案件的委託，受害人本人沒出現，是她的母親來事務所辦理殺人案的委任手續，後來才知道受害人正躺在醫院加護病房急救中。

這位眉頭深鎖的母親坐在會議室長吁短嘆，沉默許久，才開口說了第一句話：「我女兒是同性戀……」看得出來她鼓起很大勇氣，抬起頭望著我，沒瞧見臉上有任何異樣神情，她嘗試敘說案情，說不上兩句話，卻開始哽咽：「……我也是昨天女兒被刺殺，接到通知趕到醫院聽警察說，才知道的。」

聽了著實令人震驚，為人母的悲痛此刻任誰都感受得到。我隨即從會議桌這一側走過去遞上面紙，拍拍她的肩膀，示意她繼續說下去，她無法克制情緒，只好和著淚水說：「殺她的人就是同性戀的對方，我沒看過那個人，昨天事發後，她就被警方押走了。」

「妳女兒呢？情況如何？有沒有生命危險？」面對神色憔悴、滿臉倦容的母親，不知如何安慰，還是先關心她的女兒傷勢吧。事發後被害人送醫急救中，憂心如焚的母親昨晚守在醫院開刀房外，一夜未眠！

「現在還在加護病房，總共刺三刀，左胸下側的最嚴重，還好沒刺到心臟，不然就沒命了，昨天開刀搶救，醫生說應該沒有生命危險，不過還在觀察中。」驚嚇之情溢於言表，看一下她女兒的資料，已經二十幾歲了，母親依然必須擔心她的生活與身體安危。母女親情，真是一輩子卸不下的包袱。

「事情怎麼發生的？」雖然猜想她不會知道詳情，還是先詢問概況。

「都是警察告訴我的，我女兒還在昏迷中，警察給對方作筆錄時，對方說她們已經同居二年多了，昨天兩人大吵一架，對方吃完安眠藥，就拿水果刀刺我女兒，要置她於死地，真是心狠手辣！聽說現場血跡斑斑，行凶過程我女兒毫無防衛能力，大量失血，我到現在還不敢去現場看呢！」她驚魂未定地轉述。

「兩人為什麼吵架？誰先動手的？對方有喝酒嗎？」要先了解行凶原因，才能預知被告上了法庭會如何答辯，被告行凶時的精神狀態或出手先後都有可能影響法官對案情的判斷。至少我得先了解事實經過，撰寫告訴理由狀，為被害人說明受傷原因及傷勢，才能為「殺人未遂」罪鋪陳基礎。

「我不知道唉！對方告訴警察說是我女兒變心，喜歡上另一個女生，對方吃完一百顆安眠藥，持刀砍殺，想要跟我女兒同歸於盡。真搞不懂這些年輕人，兩條人命欸！」她又開始激動起來。

看來必須跑醫院一趟了，不然書狀寫得零零落落，檢察官也無法獲知事實全貌，而犯罪事實還是得問當事人，不在現場的親人隔了一層的敘述，加上情緒因素干擾，難免失真！

當晚先到書局找了幾本關於同性戀的書，了解同性戀的感情傾向與表達方式，期能深入找出殺機。尤其同性戀者在感情層面的占有慾，與異性戀的表現迥異，先行分析，以求掌握法庭的攻防。

三天後被害人從加護病房轉到普通病房，我單獨前往醫院探訪，這種特殊的情感狀態，母親若在一旁，當事人是無法暢所欲言的！果然一進病房遞上名片，作了簡短介紹與說明母親的委託後，女兒第一句話就是說不要告對方了。看得出來愛恨情仇糾纏深縛，告訴她是否要追訴對方的法律責任，由她自己作決定，不過我受人之託，必須先了解案情，她才斷斷續續回想，虛弱地敘述案發經過。

確實那一晚兩人吵得很凶，她先睡了後，半夜被對方叫起來，質問她為何移情別戀？對方吞了一大堆安眠藥，語無倫次，她要拍醒對方，對方誤以為要打她，就拿起桌上的水果刀往她身上刺了三下，她疼痛慘叫，仍心繫對方，兩人緊擁抱頭痛哭，室友回家看到躺在血泊中的兩人，趕緊叫救護車，同時報警，她才被送到醫院急救。

「我是想離開她，因為她占有慾太強，疑心病又重，常常找我吵架，兩年來我也受夠了！可是她威脅我，揚言如果分手，就要同歸於盡。我遲遲不敢提分手的事，那一天她偷開我手機，看到我跟另一個女生的親密相片，突然抓狂，才會差點鬧出人命！」她眼神中仍有難捨的情意。

了解事發過程，回到事務所，她母親已在會議室等候。轉告她女兒放棄提告的想法，她立刻跳起來，大力反對，眼神堅定地強調：「我要趁這次的災難事件，逼她們兩人分開，一定要告到底，不然她們會沒完沒了，真是一段孽緣。」我接受母親的委託，只能繼續進行刑案控告的程序。

偵查期間，有了被害人的當庭陳述，與我方的書狀補充說明，加上現場案發相片、血衣、診斷證明書、凶器……等證物，檢察官很快地起訴了。殺人未遂案件移送台北地方法院刑事庭，第一次開庭法官認為羈押被告已經四個月，被害人身體傷勢復原順利，也沒有人證串供的可能，在辯護律師極力爭取下，被告以三十萬元交保。法官退庭時語重心長地囑咐蒼白娟秀的被告與她的辯護律師，好好地和被害人商談和解，否則仍不免牢獄之災。

接下來的程序兵分兩路，法庭內我們律師進行法律攻防，爭辯此案罪名究竟是「重傷害」或「殺人未遂」；法庭外則積極推動和解，當事人卻不管訴訟程序檢辯雙方激烈攻防，只為兒女情長，怨懟不休。

在我辦公室商議和解條件過程中，被告與被害人時而口角斥罵，時而深情款款，最後終因我的當事人選擇新歡，被告黯然神傷被迫退出三角戀局，以現金五十萬元作為賠償刀傷的代價。雙方和解成立，律師迅速陳報法院後，法官立刻訂出辯論期日，儘快審結。

辯論當天，檢察官論述被告罪行後，被告律師慷慨激昂地陳述答辯理由：

「被告與被害人相戀三年，情深意重，不可能圖謀殺害情人。此次因是被害人另結新歡，欲棄被告而去，被告萬念俱灰，才購買百顆安眠藥伴酒吞服，決心自殺。被害人當天返家又對被告施暴，被告反抗拉扯之際誤傷被害人，並誤取桌旁水果刀而生意外，並非預謀故意殺人。告訴人（即被害人）的傷口深度皆未及二公分，醫院病歷表記載詳確，倘使被告主觀上具殺人犯意，何以下手輕微，刀刀未中要害？而且被告先服食大量安眠藥致精神耗弱、體力虛脫時下手，不符合犯罪的計畫。被告與被害人同性戀關係尚未出櫃，難以被社會大眾接受，內心壓力與煎熬既深且鉅，被告又蒙受感情被背叛的委屈，致使精神狀態異於常人，犯案時已失去理智，請法官以顯可憫恕的理由，惠賜輕判以啟自新！」

被告聞之掩面低泣，我的當事人在法庭一角則神色木然，她的新歡在旁聽席上不時流露關懷之色。最後要結案前，法官問被害人有何意見？我的當事人沉默不語，我起身以告訴代理人的身分代為回答：

「感謝審判長的詳盡調查，在現代社會同性戀原本就辛苦，他們的不安全感與占有慾比一般情侶強烈。被害人與被告曾經攜手走過一段歲月，雖然很遺憾以刑案收場，但如今雙方已和解，被害人也不願再追究了，相信被告不是真的要殺害告訴人，只是不知道怎麼處理『失去』這件事，這一次事件對她的教訓也夠深重了。請鈞院依法判決，以示警惕，並給予被告緩刑，讓這一對年輕人能重新開啟屬於自己新的人生。」

一個月後，收到判決書，主文記載：「○○○殺人，未遂，處有期徒刑貳年，緩刑伍年。扣案水果刀壹把沒收。」

翌日被告單獨來到我事務所致意，希望我能勸被害人再回到她身邊。我搖搖頭表示這是她們個人的選擇，律師不便介入；同時勸她當愛情已成往事，就讓它過去吧，強求的感情是不會甜蜜，更不能長久的！

她不再多言，只問我為何能深入了解她們的內心世界，在法庭上多次道出她們的心聲？我拿出當時參考的同性戀書籍，告訴她我只是透過書本的分析刻劃，嘗試著進入她們的內心，讓法官對於同志戀情多一份理解、同情與尊重。

臨走前她問我可否向我借閱這幾本書，我說：「都送妳吧！帶回去慢慢看，請保重！」望著她瘦削的背影，希望經歷過生死交關的痛苦考驗與訴訟程序後，她漸漸懂得愛不是占有，而是尊重、忍耐與包容。

亂槍打鳥的策略——價金返還案

律師在訴訟中，究竟是幫忙還是造業？在法庭中，看著對方律師滔滔雄辯、口若懸河，卻是閃避所有的問題，法官無奈地低頭看卷宗，而我在一陣反駁激辯後，也茫然了……。

站在台北地方法院第二十五法庭，抬頭看看門口的庭期表與燈號，現在法庭內才進行到第三件，我們的民事價金返還案排在第六件，還有得等呢！信步走到律師休息室，喝杯熱茶，舒緩心神，稍後進了法庭，又是一場槍林彈雨，腹背受敵，決定先靜坐調氣凝神一番。

等候一個小時才輪到我們的案件，雙方當事人都沒出庭，兩造律師坐定後，年輕的法官開始第一次開庭的程序。顯然法官已經研究過案情，詢問原告訴之聲明與被告答辯聲明後，就切入重點：「本件原告請求權基礎是什麼？」

民事案件原告必須針對起訴狀訴求的根據提出說明，這是訴訟實務的基本動作，兩個月前接到原告的起訴狀加上厚厚的一疊證物，長篇大論，卻看不出起訴的憑據，只寫了一堆民法上的請求權——契約、侵權行為、不當得利，這幾個權利在民事請求上是不能併存的，怎麼不分青紅皂白全部放進來？難道對方律師如此資深會不明曉訴訟法的規定，料想是故意要弄「亂槍打鳥」的策略，打到幾隻算幾隻，真瞎！

開庭前曾好奇對方律師如何說服法官，讓他遂行這種卑劣的訴訟策略，想趁這次庭期探個究竟。不過一開庭便知法官不會輕易放行，因為法官步上審判台一坐定就提問原告的請求權基礎，顯示法官識破原告律師的技倆，要追根究柢了。

沒想到對方居然毫無警覺地大剌剌說出起訴狀那一串請求權，法官先客氣地提醒，相關的刑案獲判無罪，侵權行為損害賠償請求權已不存在，是否還要提出？

原告律師開始察覺法官有備而來，於是舉重若輕地回答：「那麼我們先捨棄侵權行為的請求權。」

「至於不當得利呢？這一件是根據契約請求支付價金，為什麼主張被告不當得利？不是已經有法律上的原因嗎？」法官繼續耐心地推敲。

對方律師居然不順著法官給的台階下，還胡扯一套不當得利的法律要件，我坐在被告訴訟代理人席位上，實在聽不下去了，如果繼續聽由這位溫良恭儉讓的法官循序漸進，逐步問案，恐怕問到晚上還問不完。於是我起身開始說明本件契約請求權與不當得利請求權不能併存的理由，請原告針對請求權擇一敘明，否則被告這一方無法防禦。法官立刻表示認同，當庭諭知原告應該明確表達法律立場。

原告律師這時才心不甘情不願地再捨棄一個請求權。這下總該清場完畢，可以針對主目標攻擊了吧！孰料對方再耍賤招，又用假設性的說法建立他的起訴請求：「被告在答辯狀提到雙方的契約尚未終止，如果是這樣，我們就請求依契約返還一百萬元。」

我心裡不禁OS：「幫幫忙好不好！是你先告的耶，我們被告還沒提出答辯狀之前，原告起訴時就要先表明立場，講清楚、說明白到底雙方契約終止了沒有，打官司原告要先表態嘛！不然攻防之間怎麼進行呢？怎麼可以且戰且走，亂打一通？」很明顯地，對方採取觀望方式，看看法官的態度，才決定拋出什麼球。

打官司二十年了，什麼樣的律師沒有交手過？我怎麼可能陪對方律師一庭一庭耗下去，讓他騎牆觀望，伺機盜壘？我立刻砲火猛烈地反擊，逼他到牆角，要求確定原告起訴的基本立場，同時強調如果今天原告無法明確表態，就請法官駁回原告之訴。

法官沒作聲，肢體語言倒是明白顯示贊同我方講法，他轉過頭凝視原告律師，要他給答案。終於對方就範，承認起訴的契約已經終止，雙方將法庭攻防集中在我方是否應該交還買賣價金一百萬元。

我再度起身辯解當事人已依約完成給付，提出五個理由及相關證據，對方卻依然打混仗，大放厥辭，說得慷慨激昂，卻是言詞閃爍，迴避重點，法官無奈又不耐煩地低頭看卷宗。我坐在律師席上，望著對方律師，登時整個法庭彷彿只剩下他的一張嘴持續開合，嘴巴愈張愈大，把卷宗、六法全書、法庭桌椅、法槌、正義、公理、善惡全部吸進去，如同深淵黑洞……。

終於等到對方律師陳述完畢，法官宣布退庭。我望向法官背後牆上的天平標誌，心裡疑惑著，當事人之間有了爭端，求助於律師，我們究竟是幫上了忙、圓滿解決，還是治絲益棼，營造更多惡業？

有些人拒絕不了請託，只好出庭作證，在證人席上，才知道糾結在親情、友情與愛情中，進退兩難，不知如何是好?!

證人席上的掙扎——股權借名登記案

這個案件牽涉到家族企業的內幕，很多公司的隱私秘密，當年只有總裁的家人知曉，連公司的老臣也無從得知，二十幾年後總裁夫妻離異，財產分配協商破裂，對簿公堂。數十億元的公司資產歸屬，關鍵在於股東名冊，上面記載很清楚，先生是第一大股、妻子是第二大股，其餘都是掛名的親朋好友。

「可是我太太也只是人頭呀，二十幾年前她是個家庭主婦，哪有一千兩百萬元的股金？我把公司的營業收入轉到她戶頭，當作出資額去市政府登記的。」開庭前，總裁憤憤不平地解釋。問題是資金轉換流程無法證明，離婚時妻子將所有帳簿憑證帶走，丈夫前往銀行查帳戶明細，已因年代久遠而銷毀。

又是一樁算不清楚的陳年老帳，當年濃情蜜意，錢財相通，如今各自分飛，回頭算總帳，已是人事全非。

「在法庭上沒有證據是無法說服法官的！」我抛出法庭的遊戲規則。

「律師，既然找不到物證，可不可以找人證？」當事人常被我嚴格的證據要求逼到牆角，在快要翻臉或絕望的前一刻想出解法，當事人冒出一線希望的神情，小心翼翼地問著。

「當然可以，誰可以來作證呢？」我疑惑著，當事人的父母已過世，兄弟姊妹鮮少往來，他常自嘲孤僻，朋友極少，還有誰願意作證？

「我的小弟，當年他也是人頭……」當事人先提出一個人選，我皺了眉頭：「親弟弟的證詞在法律上證明力是很低的，有沒有朋友可以出庭說明？」

「是有啦！不過那個朋友幾年前生意失敗，被通緝，現在好像跑到國外不敢回來……另外有兩個大學同學也有參與公司的業務，他們也知悉內情，可是前一陣子向我借錢，我拒絕後就沒再來往。」他心虛地說。

法庭上請人作證，簡直是人際關係的驗收大賽，常常在逐一過濾證人名單後，才發現做人很失敗，打官司時請不到任何人來幫忙作證。這位老闆在國內雖然也算企業鉅富，但平日的嗜好就是拚命工作賺錢，不敢與人深交，因為社交場合中「富有」好像變成企業鉅子的原罪，只要拒絕借錢或向人討債，立刻被列為拒絕往來戶，嚇得他築起高牆，不敢期待無條件的情誼，於是打起官司，很難獲得證人協助。

看來只好傳訊親弟弟作證了，總比找不到證據好！弟弟得悉出庭消息，第一個反應是：

「那麼多年，我已經忘光了。」等收到開庭通知，他要求要看看當年的文件回復記憶，哥哥不願意被誤解串通證人，於是出國前將燙手的山芋交給我，請我給弟弟看看當年處理的文件。

面對證人，我是有潔癖的。執業以來，一向儘量避免開庭前與證人接觸，雖然現今民事訴訟法已通人性，明文規定聲請傳喚證人的一方必須督促證人到場，律師倫理規範也規定：「律師得在訴訟程序外就與案情或證明力有關之事項詢問證人。」載明事先與證人接觸並不違法，只要勿勾串證詞、教唆偽證，即無嫌疑，可是在職場多年，依然兢業以對，因此這位弟弟要求閱覽文件，回憶往事，我也只提醒他上法庭據實以告。

到了開庭這一天，雙方嚴陣以待，對方找了三個律師陪同出庭。證人一坐上證人席，說明他與原告有兄弟關係後，法官依照程序，先宣讀民事訴訟法第三〇七條的規定，接著問證人：「你是原告四親等內的血親，依法可以拒絕證言，你要拒絕證言，還是要作證？」

證人立即回答：「我願意作證。」

短短一句話，裡面有著多少無奈與掙扎？一邊原告是哥哥，一邊被告是嫂嫂，要幫誰呢？坐上證人席需要多少勇氣與定力呢！我在訴訟代理人席看著程序的進行，心中輕輕喟嘆著……。

法官指揮程序行禮如儀後，指示我方提問。由於年代久遠，證人記憶模糊，所知有限，我只問了幾個有關聯性的問題，正要結束訊問證人程序，沒想到這位弟弟提到一件往事，非常勁爆，我聽了精神大振，對方律師也屏氣凝神，因為如果法官相信他這段證詞，我方勝訴機率就大幅提高。

等他說完這段往事，我立刻追問：「你說被告當年親口告訴你這番話，被告目前就在這法庭裡，你願不願意與她當庭對質？」

他神色凝重地說：「我講的都是事實，可是我不願意跟被告對質，她是我嫂嫂，在我哥哥嫂嫂還沒吵架打官司之前，她這個嫂嫂做得很不錯，對我爸爸媽媽也很孝順，我不想跟嫂嫂當庭對質。」證人已是如此左右為難，何必苦苦相逼?!

我回應說：「那麼我就不為難你了。報告審判長，原告這邊沒有其他問題要問證人了。」法官讓證人離開，兩造繼續辯論攻防，一場激辯下來，案情仍陷膠著，法官諭示改期續審，宣布退庭。

我與總裁走出法庭，遠遠看到那位弟弟證人還坐在法庭外的長廊椅上等候我們，孤單的身影、默然的神情，見到我們出來，他只淡淡說一句：「我走了。」背影愈來愈遠，看不出隱藏在內心深處的情緒……。

步出法院，秋陽明照，涼風拂面，心情卻始終是低低的。想到剛剛那位弟弟作證時的掙扎與進退維谷，在親情與良心之間要求得平衡，真是難上加難啊！

「公平正義」在法庭中真的可以實現嗎？法官在指揮訴訟的過程中，可以真正做到「我心如秤」嗎？

中國古城中的法庭戰——股權轉讓案

「沈律師，上次您錯過了上海法院的庭期，這次另一件股權糾紛在蘇州中院要開庭了，下週有沒有空飛過來看看，了解大陸訴訟的進展，應該對我們台灣的訴訟也有幫助！」當事人從香港來電，徵詢我的意見，聽得出他口氣中的期待。當事人的家族股權糾紛纏訟多年，同一組案件事實在兩岸同時提告，我與上海的律師密切聯繫，時常交換訴訟策略，上次他們飛來台灣討論案情，順便到台北地方法院旁聽我出庭辯論，這一次輪到我飛往蘇州觀摩庭訊了。

順手翻開案頭的行事曆，下禮拜行程較鬆，看來應該可以安排三天兩夜的出國公差，於是電話講定掛斷後，立刻訂機票，調整台灣的會議，儘量將事務所的待辦事務提前在下週三前處理完畢，週四可以安心地出國。

當事人請大陸律師轉寄蘇州法院股權糾紛案件的起訴狀與二十份證物給我，其中編號十的書證——「股權轉讓通知書」格式、文字內容與台灣股權訴訟對方提出的證物如出一轍，只是多了最末一行的註記：「（向台灣教育部申請台胞子弟學校證明用途）」，這倒可以好好琢磨了，在台灣的訴訟我們主張這份文書是偽造的，因為對方是利用董事長生前簽名的空白文件，在他辭世十年後於空白處偽填文字，虛構股權轉讓之旨。兩個月前對方在台北地方法院民事庭提出這份「股權轉讓通知書」，我方抗辯是偽造的文件請求進行鑑定，台北地院的法官居然延滯訴訟迄今，不敢續行審理，沒想到對方食髓知味，又偽造另一份「股權轉讓通知書」正本，企圖矇騙對岸法官，達到搶奪公司股權的目的。

在大陸律師的請託下，我先電詢台灣的教育部，是否受理此類大陸學校的股權轉讓證明的申請？國際司兩岸科的承辦人員審慎地回覆：「我們只有處理幾家台胞到中國大陸設立學校的審核工作，目前只通過三家，經過我們教育部的核准，承認台胞在大陸設置學校的學位，至於學校的股權轉讓是股東之間的私經濟行為，應該是學校董事會的事，我們教育部不可能核發股權轉讓的證明。」顯然對方魚目混珠，利用兩岸混沌的政治情勢，假冒台商申請官方文件，假冒台灣教育部之名義，提高文書公信力，企圖騙取大陸法院的信任。

上海的律師聽懂我的轉述後，決定相應的訴訟行為：「我明白了，我會在蘇州法院這個股權糾紛案子的答辯狀中敘明，必要的時候申請台灣的教育部出具證明遞交法院。」

一週後，如期飛抵上海浦東機場，當事人接機後立刻僱車開往蘇州，辦妥酒店入住手續，上海幾位律師也陸續抵達。一放妥行李，律師團隊立即進入酒店的商務中心開會。六位律師加上兩名當事人，會議桌坐定後，由翌日負責出庭的兩位上海律師簡報分析我方（被告）答辯方向，包括主張原告提出的主體錯誤、股權轉讓違反政府推行九年義務教育的外資禁止規定，以及訴訟時效抗辯。

開庭前夕，律師團成員沙盤推演順利進行，當事人聽了兩岸律師的法律見解及法庭模擬演練之後，憂心忡忡的神色漸漸趨緩，期盼明日的開庭扭轉這一年多來兩岸訴訟陷入僵局的膠著延宕態勢。可是大家都沒料到明天再回到商務中心開會，居然是另一番光景！

翌日陽光普照，用過酒店早餐，大家整隊出發，二十分鐘後望見法院圍牆上懸掛「蘇州審判法庭」牌示，兩部車緩緩駛入偌大的停車場，我們依序走入蘇州中級法院，安全檢查及證件數位掃描登記後，上海律師帶領一行人到第一二二法庭。沒想到法官居然遲到十分鐘，原告律師更離譜，比法官晚五分鐘才姍姍來遲。今日負責主審的審判員是個女法官，容貌娟秀，神態嚴肅，初時客氣敬謹，我與當事人坐在旁聽席安心不少，可是隨著「質證」程序進行愈久，就發現法官態度漸趨偏袒，當事人愈看臉色愈沉，我也開始著急……。

本來今天準備程序剛開始，法官指示原告先說明證據清單及提示每一項證據的原件，並解說待證的目的。被告律師則針對每一項證據，仔細核對原告律師遞交的原件後，提出對該項證據的質疑意見，主要是從證據的「三性」——真實性、關聯性、合法性表達被告的看法，程序順暢展開，訓練有素的法律人依照遊戲規則進行著庭訊。

在一來一往的兩造律師爭執辯論中，雙方提出的證據真假及必要性獲得釐清，雖然時間冗長，但對於日後原告、被告提出的事實與法律理由有很大的幫助。我在旁聽席上邊聆聽法庭的各方發言，邊對照台灣的訴訟程序制度，發現在台灣的民事訴訟程序，似乎證據的「質證」工作並未如大陸法庭來的徹底嚴格。在大陸法庭中兩造律師非常嫻熟地操作這一套「質證」程序，先確立證據的真實性、關聯性、合法性，日後程序進入法律論點的攻防，爭點明確，不至於再與證據攪和在一起，導致訴訟失焦；台灣法庭則訴訟程序推進的同時，法官依序開庭調查人證、物證、書證，因此證據的爭議與調查會一路向下發展，直到地院言詞辯論或高院準備程序終結前都還可能質疑證據的合法性，不免造成程序拖延。

我一邊觀摩，一邊認同今日的質證程序之際，漸漸發覺法官態度有點異常，當被告律師忘記攜帶部分證據原件到庭而且理由很離譜，例如被告律師說：「我以為有帶，一打開袋子才發現沒有，這份原件當事人還沒向銀行申請……」真是缺乏專業素養！孰料法官只是靜默，未加斥責，甚至雙方在爭執本案關鍵證據——「股權轉讓通知書」，連原告律師都不敢堅持在簽署通知書前後，原告與董事長曾簽署「轉讓協議」，沒想到法官在整理兩造律師的筆錄時，居然直接提到「原告簽署轉讓協議」，指示書記員打字輸入筆錄中，而且公開提醒原告律師要另外提出股權轉讓的一百萬元人民幣的對價證明——銀行進帳單，證明原告已經支付股權轉讓金。

吓！有如此「善解人意」的法官?!甚至連原告律師疏忽的證據，法官都和善地提醒他下次開庭要記得提交到法院。法官不是應該站在中立客觀超然的立場嗎？中國大陸的訴訟法基本精神跟我們都一樣啊！為什麼這個一板一眼的女法官明顯倒向天平的另一端呢？我心裡冒出不少OS的同時，更驚人的事情發生了。

明明我方律師把原告起訴狀上面提到的主體——原告是香港身分，不具備內地身分的主體資格錯誤的問題解釋得很清楚，主張法官應該以程序理由駁回此案。法官聽完，不以為然地批評：「資格形式不重要，原告不論是何身分，他都是這個人，是吧?!重要的是客觀事實，被告毋需爭論形式資格的問題。」

我在旁聽席聽了都傻眼了，訴訟法基本處理順序一定是先程序後實體，不論中外皆須遵守這個重要原則，居然庭上的法官完全忽略程序主體爭議，也太不可思議了吧！我看著法官袍上的五星旗，再對照牆上五星旗的黨徽，難不成中共的訴訟法有所不同?!

我方律師不放棄努力，再提出第二道防線，主張本件股權轉讓的客體是一家民辦教育事業的公司，而且涉及九年義務教育，中共投資項目的規定禁止外資經營。法官有點訝異，可能事先沒考慮這個法律觀點，於是她連忙翻閱卷宗，想要找出推翻這項禁止規定的材料，倒是坐在台下的原告律師好整以暇地只是記下被告律師的主張，絲毫沒露出任何提出辯解的緊張模樣，四平八穩地坐著，沉默以對。

法官翻過資料後，詢問雙方律師：「本件爭執的公司是內資企業或外資企業？」我方律師再度重申是內資企業，原告律師依然如如不動，也不回應，法官見狀沒催促，就這麼擱置這個攻防動作。

我方律師不死心，再強調原告的訴訟請求權已經罹於時效，不可以再提出本案的請求，不待原告律師解釋，法官已然代他回答：「這是股權糾紛，與繼承權無關，不受繼承權兩年時效規定的拘束。」原告律師繼續微笑不語。

法官輪番急切地為原告護航的企圖太明顯了吧！連不懂法律的白癡都看得出來法官偏袒哪一方，難怪對方律師如此沉穩淡定。即使我方律師認為那份「股權轉讓證明書」是虛假的，要求司法鑑定，原告律師依然含笑同意，毫無倉皇攔阻之意，顯然對於訴訟結果已有十足把握。

難道在中國大陸打官司，真的是「有關係，就沒關係」?!只要跟法官談妥條件，就萬事OK，連上法庭都可以輕騎過關？

走出法庭時，當事人鐵青著臉，不滿的情緒傾洩而出：「我的直覺是很準的，這個女法官太偏他們了，絕對有問題！一旦這個案子他們打贏，這家公司就變成他們的了，而我去年辦好繼承登記的執照，一定會被工商管理局撤銷，太可惡了。」

他轉向我，問道：「沈律師，妳看呢？這不是很明顯嗎？」上海律師試圖要解釋法官的態度，減緩當事人的憤懣情緒，當事人完全聽不下去，而我刻意不在此時搭腔，因為若是我的回應印證了他的猜測，豈不火上加油；倘若否認法官的偏袒，也違背我的良心與專業觀察。我只說先回酒店吧，回去再詳談。

從法庭走廊轉到中庭，陽光灑落寬敞的空間，大理石的牆面刻著法國思想家孟德斯鳩期勉的話語：「在一個人民的國家中，還要有一種推動的樞紐，這就是美德。」此時此刻讀著這句千古傳誦的哲語，不免令人疑惑。這個「推動的樞紐」指的是什麼呢？司法制度還是人心嚮往的公平正義？這個國家真的接受或願意建立「推動的樞紐」嗎？可為什麼參與審判過程的當事人走出法庭，卻是極度不認同審判長的態度，不僅未感受到法律對人民的保護，反而深切地懷疑法官的立場？在中國大陸司法機關「推動的樞紐」是打通關節走後門的文化，抑或獨立審判的精神？聽說在中國大陸打官司，連市委書記、省長、法院院長都可以把手伸到法庭之中，將法庭以外的交易落實到判決書的結論中，判生判死，任憑黨政領導決定，難怪上海律師來台北地院旁聽我出庭訴訟代理案件之後，以羨慕的口吻告訴我：「在台灣當律師是幸福的，可以根據法律盡情揮灑！」

在回程的車上，望向窗外白牆黛瓦的蘇州建築，景點指標牌告上註記：拙政園、虎丘、蘇州博物館、寒山寺，這一回出差怕是沒機會好好觀覽暮春三月，江南草長的風光了，耳際響起當事人忿憤難平，忙著以手機及時向長官報告方才開庭經過的話語。在一個十字路口紅燈亮起，我正欣賞車窗外楓紅片片的河邊景致，當事人掛斷電話，失望地宣告：「果然他們去找了關係，律師，妳知道為什麼開庭前法官遲到了？承審法官要進入法庭前，臨時接到一通來自市委書記的電話，指示她要多關照原告的訴求，是對方透過國台辦去傳話的，難怪法官的態度一面倒！」

這種三十年前在台灣行政干預司法的亂象居然也在中國大陸上演了，黨政軍領導一切，司法審判只好靠邊站，這也說明了蘇州法院的法庭牆面中掛的徽章不是象徵公平正義的法律天平，而是五星旗的緣由。當審判者向共產黨致敬宣示效忠時，公平正義就要屈服在黨的意志之下了。我搖搖頭沒作任何評論，深知此際根本無從撫平當事人委屈莫名的情緒，面對司法大環境，審判者向政治靠攏，身為律師根本找不到使力點，這就是共產制度下司法的困境。

回到酒店，簡單用餐後，鑒於事況緊急，大家無暇休息，立刻進入商務中心商討對策。上海律師看到當事人依舊憤恨填膺，先帶他們兩位到外頭舒緩情緒，否則在充斥情緒的氛圍中，是無法理性討論法律問題。我與其餘四位律師繼續探討早上在法庭上提出司法鑑定的聲請事項，由於「股權轉讓通知書」是本案關鍵證據，推翻這項證據，對方就得棄械投降，因此鑑定工作成為我方防禦的利器。

「早上在法庭仔細檢查原告律師提供的原件，發現『股權轉讓通知書』紙張很新，不像十年前的紙，而且董事長的簽名未留筆痕，這是很奇怪的地方，據我所知，董事長生前簽名下筆是很有力道的，會有筆跡穿透的紙痕。我懷疑這份文件是對方在三年前董事長臨終前請他簽空白文件，近日要提告才二次打印，把其他文字打字上去，而且為了混淆視聽，在最後一行加上要向台灣教育部申請的字樣，來矇騙我們這邊的法官。」上海律師深入分析。

我們比對著「股權轉讓通知書」的影印本，覺得這些分析觀點都成立，可是上午法庭中法官的態度令人擔憂，加上原告律師聽聞我方司法鑑定聲請之際淡定的神色，更令人懷疑他們已做好打點工作，於是我問：「司法鑑定通常是哪個機關來負責鑑定？鑑定方法專業嗎？立場公正嗎？在台灣是由訴訟兩造合意交由第三方具有公信力的專業機構進行鑑定，不曉得大陸的法院如何處理？」

上海律師給了個令人憂慮的答案：「法官指定。」

當事人在一旁驚呼：「那不就死定了？法官早上已經擺明在幫他們了，這下必然指定聽話的鑑定機構，照他們的意思寫鑑定報告，我現在都可以想像鑑定報告的結論就是這份『股權轉讓通知書』是真的，法官就可以根據鑑定報告判我們輸了。」

有時候當事人好像對方派來亂的，一直唱衰，害得律師不曉得要先給他心理建設，或是進行法律專業分析。當事人從上午開庭結束就不斷強調敗訴的可能性，完全不理會我們律師團隊的感受，似乎這些律師都是沒用的廢物，在對方神通廣大地收買法官之後，我們提出任何一項法律意見或策略建議，都淪為敗訴者的多餘辯解！當事人難道都認為律師必須為對方的失格、法官的失德、案件的失勢負擔全部的責任，而且還要承受當事人積怨已久的情緒宣洩？其實有時律師也是很脆弱的，也需要鼓勵與支持啊……。

望著當事人滿臉的悲憤，我脫口而出：「不然你是要舉白旗投降嗎？」此言一落，當事人愣住了，他可能沒料到自己提出激烈極端的反彈，原本想要獲得更多安慰與保證，不意出現更大的負面嗆辭。空氣逐漸凝結，我有點後悔如此刺激當事人，上海律師趕緊跳出來打圓場，連聲說道：「我們力戰到底，不會輕言放棄的！來，我們一塊兒再想想如何突破對方的攻勢，尤其是司法鑑定，想想辦法防範對方去影響鑑定單位，我有個朋友在國家鑑定單位，可以請教他如何進行這一項鑑定，會對我方最有利。」

當事人覺得燃起一線希望，總算可以理性冷靜地與律師團隊思索對策。

打官司是要一關一關挺進，在過關斬將的歷程中，難免傷亡，何需一逕兒長別人氣焰，滅自己威風？特別是在對方足以掌控法官動向之際，我們更要設法破解。山窮水盡疑無路，柳暗花明又一村，在困境中，更要設法突破，易經六十四卦一路走到「困」卦時，更需找出藍海策略，殺出一條血路，才能進入下一卦——「井」卦，挖出新的渠道，衝破目前的僵局，而不是坐困愁城，自憐自嘆！

那一夜，律師團隊從下午兩點密集討論到深夜，甚至晚餐都是請酒店煮麵點送入商務中心，邊吃邊腦力激盪，群策群力，終於匯整建構新的訴訟策略與落實方案。翌日清晨驅車前往上海浦東機場，搭機返台，飛機降落時望見桃園機場迎接歸鄉遊子是一面明亮的青天白日滿地紅國旗，「回家了，真好！」走出空橋，心裡不知怎麼就溫暖踏實了起來。

調解庭上的掙扎——清算合夥財產案

在法庭中究竟要選擇和解休兵，或是力戰到底？當事人、律師與法官常有無盡的掙扎與拉鋸，最終的決定通常不見得是當事人樂於接受的。

建設公司二十年前與另一家建商合建一筆土地，兩棟大樓一百多間房屋順利建竣交屋，購買戶從預售屋訂購到交屋，屋價翻了一倍，大家樂得眉開眼笑，建商更是喜上眉梢。然而大筆鈔票入袋後，兩家合建的建商老董突然翻臉，雙方對於興建大樓期間的收支項目認定不合，對方先是委託會計師來建設公司查閱所有合建開支憑證及帳目，爭議未決中，查帳多次。雙方歷經數度衝突後，對方負責人因為參加宜蘭民意代表競選失利，債台高築，落選後跑路失蹤，多年音訊杳然，我的當事人早已將合建案結案歸檔，當作一切結束了。

沒想到十年後，對方心有不甘，找黑道兄弟登門恐嚇，以合建案尚未結算利潤，欲強索數千萬元。當事人也不是省油的燈，透過關係，尋訪堂主出面擺平，最後上門勒索的黑道兄弟拿到幾十萬元走路工，一哄而散。不過噩夢還沒結束，再過幾年，對方竟然告上法院，訴請我方當事人——建設公司老董清算合夥財產、返還出資額及剩餘財產五千萬元。

當事人收到起訴狀與開庭通知怒不可遏，立刻委託我出庭答辯。幾近二十年前的合建關係，很多合約憑證都銷毀了，董事長很著急，擔心憑證不足，無法證明帳目清楚，導致敗訴的危機。我分析案情說：「在法律上對方提告訴請求償，必須先負舉證責任。目前看到起訴狀連當年合約都沒附上，只有薄薄兩張結算書，舉證不足，原告如果無法備齊相關證據，很難說服法官。」

董事長經營建設公司長達三十年，訴訟經驗豐富。雖然多次案情討論下來，屢屢接受我的法律論點及訴訟策略，加上這幾年委託其他案件都打贏官司，對我信任有加，但是每次開庭前夕的案情會議，老董仍然憂心忡忡，嚴陣以待。這樁合建案在台北地方法院審理將近兩年，換了三位承審法官，兩造法庭交鋒激烈凌厲，尤其證據爭議成為攻防焦點，最終對方舉證薄弱，提告訴訟主體錯誤，一審我方獲勝，董事長欣慰振奮。不過，高興不到三天，對方又上訴了。

二審法官很快就訂了庭期。開庭前夕，董事長循例來事務所討論，複習案情，不過由於一審我方勝訴，會議氣氛輕鬆無比，老董一本嚴謹的態度，指明要提供兩項新證據。

我分析案件進入第二審，我們勝訴方的應訴基本立場：「主要是維護鞏固一審判決，嚴防對方提出新事證或新論點推翻即可。如果開庭後發現對方提呈新證據，我們再來評估證據的影響及整體案情，考量是否有必要補充新證據。否則，如果二審剛開庭，我們勝訴方就提出新證據，對方一定加以質疑挑戰，不只增加無謂的調查程序，也可能影響一審判決的基礎。為了避免節外生枝，建議暫勿提出這兩項證物，先觀察高院法官態度，再作決定。」

董事長同意了，會議結束時，順便提醒他近年來高院民事庭法官常會勸諭當事人和解，疏減訟源。如果開庭過程中，法官提及和解，如何回應？老董立馬搖頭，給了決絕的答案：「我在一審打贏了官司，為什麼還要和解？這個案子對方那麼可惡，二十年前該分的利潤都給他了，還欠我四、五千萬的競選經費，我都沒告他了！沒想到他前債未還，又叫黑道恐嚇我，天天到我公司坐，好不容易花錢消災後，居然上法院告我。忘恩負義，不知羞恥，還有什麼臉要跟我談和解？如果法官真的要我和解，唯一的條件就是對方無條件撤回上訴，我不會再付半毛錢的。」

翌日，果不其然，高院法官問明雙方上訴理由及答辯立場後，開始詢問兩造和解的意願。對方律師立即表示和解大門始終開著，希望以和為貴。用詞懇摯，投合法官心意，庭上審判長露出喜逢知音的愉悅神情，接著轉向我，問道：「被上訴人的意見呢？」

深知我方答覆極可能觸怒法官，於是敬謹審慎地起身回答：「謝謝審判長願意花時間勸諭兩造和解！不過，由於本件在二十年前，被上訴人早已與上訴人結算清楚，並無欠債。反而是對方積欠票款數千萬元尚未償還，因此我方當事人恐怕無法接受和解的安排……。」

還沒解釋完，法官已按捺不住，開始訓話：「大律師！對妳而言，和解可能不重要。可是對當事人來說，和解成立可以消除他們多年的債務與仇怨，免除法院奔波之苦。你們身為律師應該多勸當事人，冤家宜解不宜結，妳都還沒勸當事人，怎麼就直接拒絕和解？」

這個法官一定沒當過律師，在這個節骨眼，當事人剛打贏一審官司，我們律師怎可能勸告當事人和解？倘使貿然提議，當事人不僅會勃然大怒，認為律師在唱衰他的案子，甚至如果彼此信任度不夠，當事人還會誤解律師的忠誠度，懷疑律師在幫對造謀取解套方式。更何況我們這個案件建設公司老闆縱橫商場卅年，驍勇善戰，無役不與，進出法院已成為他們的業務項目之一，「和解」對他們而言是求和告饒的失敗作為，一審勝訴，二審才展開序幕，毫無壓力之下，建商老闆怎可能輕易退讓，接受和解?!法官無法理解當事人的心情與律師的難處，在不恰當的時間點，強求和解，苦的是夾在中間的律師。可是在法庭上又不敢「忤逆」法官，只好唯唯諾諾，答應退庭後會規勸當事人。

法官大概讀出我臉上的委屈與無奈，立即庭諭：「下次開庭，請兩造當事人親自出庭，敘明和解意願與條件，如有和解可能，本院將安排調解庭處理。」這般處置甚好，省得我們律師遭受當事人誤會！回到事務所，立刻向當事人轉達，建商老董知悉法官的指示後，爽快地允諾出庭，還帶上一句話說：「我的和解條件就是無條件，相信法官也不能對我怎麼樣！」

是啊！法庭協商和解是不具強制性的，當事人堅持不和解，法官也沒轍。不過觀察目前態勢，承審法官看來是玩真的，建商老董也很強硬，顯然下次調解庭精采可期！

一週後，偕同當事人與公司副總準時到達高院一樓調解庭，法官已經在調解室等候了，準備當事人一報到，調解程序立即開始。在被上訴人還沒報到之前，法官先婉言勸我方當事人，得饒人處且饒人。

建商老董回應：「法官，今天是您慈悲的建議，我才願意來和解。可是他欠我那麼多錢，怎麼算這筆帳？還叫黑道來陷害我，我怎麼可能再付錢！」

法官好言相勸：「對方今天錢沒了，情況不好，跑去開計程車，你看了不也覺得心酸？過去合作期間，他也幫你賺了不少錢。人世間會有糾紛，會相害的都是親人或好友。如果不認識的，你都嚇死了，不敢接近，怎可能被害？人生就是如此，你看開點。」

老董不甘心，口吐怨言：「他是富家子弟，愛玩政治，錢都選輸光光，他欠我錢，我還讓他告，天下怎有這種道理？」

法官繼續開示：「你比他有福分啊，才能守財守業到現在呀！」

此時對方滿臉怒氣地走進來，律師跟隨在後。法官開口問對方和解金額，對方律師代為回答：「上次法官說不超過六百萬元，現在就看對方誠意。我們的最低要求六百萬元。」

老董氣呼呼地提出條件：「我只願給一百萬元，那還是看在法官分上。誰欠誰還不知道，我哪有那麼倒楣還欠他錢？當然打官司要花錢，請律師打個幾審下來也要花上百萬元。今天法官勸和解，不要打官司最好。我在外面也常救濟窮人，可是拿錢給他，我不要！」

對方也不甘示弱，立刻嗆聲：「我感謝法官安排今天的和解，但對方要有誠意，不然就不要講了。上次查帳時，對方居然拿六十萬元給查帳的人當作走路工，太可惡了。對方說我付的錢是工程款，那我就叫會計師來查帳。」

老董更加生氣：「你怎麼不講你叫黑道來，來威脅我們建設公司……。」

法官急忙緩頰：「今天兩邊來坐在這裡，是給我面子，不要大小聲嘛！這樣怎麼解決問題？」

雙方當事人臉色和緩下來，法官轉過去跟對方說：「你當過政治人物，處理事情不可能這樣吵，你這樣講，就氣氛不好。」

對方稍降音量，表達立場：「法官上次叫我開六百萬元，我勉強接受。」

法官立即澄清：「我從沒講到六百萬元，金額是在顯示你們雙方的智慧。」

對方再表態：「我只能退讓到五百五十萬元，縱使對方支付五百五十萬元，我也拿不到五百萬元，因為案子要繳律師費、裁判費。」

老董也表達不滿：「我給你一百萬元，扣掉裁判費，也還有剩下呀。」

法官發現雙方金額差距太大，開始調整和解價格，先勸要付錢的這一方：「你這邊加一點吧！不然上次提出一百萬元就成立了，你今天如果堅持這個數字，就白來這一趟了，儘量往上加，加到整數吧！不要再提往事，好的、壞的都過去了。」

老董聽了，態度有點軟化：「我同意加到一百五十萬。」

法官聽到只增加五十萬元，皺著眉頭說：「你們兩邊都給我難題。」

對方律師提議：「請法官提個金額吧。」

法官想了一下：「我建議三百七十萬，被上訴人這邊再加二百二十萬元，上訴人再退讓一百八十萬元，裁判費二審依法會全退回給上訴人，但一切都不能再節外生枝，上訴人不可再讓與這個案子的債權，如果讓與而致被上訴人敗訴，則上訴人須賠償。」

法官看到雙方臉色都不好看，顯然對和解金額不滿，於是示意雙方分開考慮，請我方出去外面私下協商，而他在調解室內與對方溝通。我們走出調解室，站在長廊中，建商老董猶豫中有一絲心軟。

看到當事人心意鬆動，似乎同情對方的處境，我開始力勸和解：「剛才您已答應一百五十萬了，調解庭前您告訴我和解底線，只願意加到二百萬元。那麼法官建議的金額比底線多出來的一百七十萬元，您要思考是否值得再付給他？我是認為這麼多年來，您打這個官司也很辛苦，每次開庭前要準備，開庭時被他亂講話氣得要死，身心都不安寧，這樣值得嗎？您就當作是做善事救濟對方，他十幾年前就選舉失敗、公司也倒閉了，現在經濟困難，不論是救濟他或當作花錢消災，對您未來都可以享有一個平安寧靜的晚年。更何況一般律師都希望儘量打官司，多賺一些律師費，可是我跟董事長認識十幾年，很希望您不要為這件事情再煩惱，才會建議您和解，我都願意少賺律師費了，您還執著什麼呢?!」半開玩笑，讓老董在輕鬆氣氛中有台階下。

此番勸言奏效，老董最後答應了：「我是看在法官分上，但是出去以後，對方不可以說我告輸，賠他三百七十萬元，他不可以到外面亂講，以後也不可以再叫黑道來我公司亂。」

我答應他會向法官要求加上保密條款，就不會有這些後遺症了。

走進調解室，瞥見對方神色輕鬆，顯然也被法官說服了。我提出當事人肯定的答案，但附加條件要求對方不可以對外揭露和解內容，更不可再找其他不相干人士到公司擾亂，對方也點頭，法官立刻撰述和解筆錄，雙方簽字後，全案結束了。

走出調解室，高等法院民庭大廈外雨過天青，希望明亮的陽光一掃當事人多年的陰霾與惡緣！

俗云：「冤有頭，債有主。」生命之中有時候卻仍是會碰上無妄之災，連我們律師陪著當事人歷經好幾年的訴訟，都不明瞭為什麼老天爺下了這局棋？

當證人說謊——買賣違約賠償案

平時買賣房屋有了糾紛，通常是買方、賣方互告，可是這一樁官司比較特別，買賣雙方交屋後，居然是鄰居告買方，訴求新屋主把頂樓違建拆除。舊屋主早已搬離他住，可是收到新屋主轉寄的存證信函，驚訝之餘，趕緊來找我諮詢，想了解是否須進行何種程序或動作。我看了存證信函附的開庭通知，不解地問當事人：「他們打官司，妳已經交屋搬走了，還擔心什麼？回一封存證信函說明妳已經履約完畢就好啦！」

有時當事人杞人憂天，來找律師諮詢只是為了安心！不過這位當事人除了安心之外，似乎未雨綢繆，先行設想未來如果新屋主官司打輸了，可能轉而向賣方求償——詢問現在有沒有防範之道？

「這也不無可能，畢竟台北市大樓的違建三十年來法令不一，二十幾年前雖然工務局同意你們的頂樓增建免拆，現在法規修改，加上頂樓使用權的歸屬已從二十年前建商或住戶約定歸屬最高樓層，轉變為全體住戶共有，法官在這種時代趨勢下，也有可能判定要拆除頂樓違建，這要檢視你們當初的買賣合約如何約定了。」我據實以告，不要誤引當事人盲目樂觀！

當事人只要聽到可能官司輸了要負責任，情緒就冒出來，也不管律師正在幫他們想方設法地尋找答辯的防線，不滿的情緒傾洩而出，開始責罵買方：「當初簽約時我們明明有告訴對方，頂樓加蓋有使用權，可是並不保證永久可以用，當年我們蓋了之後，一直相安無事，這個買方不懂得敦親睦鄰，一搬進去就跟鄰居吵架，還在頂樓大興土木，加蓋大型遮雨棚，難怪『顧人怨』，現在出事了，反過來要我們賠償，怎麼說得過去？」

是啊！個人造業個人擔，何況買賣契約也載明頂樓增建物不保證永久使用，可是到了法庭，大家第一個反應就是推卸責任，以保自己平安，很少人願意在法官面前承擔一切，當個英雄好漢！

為了避免當事人日後不明不白地遭受求償，建議他們「參加訴訟」，以利害關係人的身分，主張訴訟結果會影響原屋主的權利義務，請求參加訴訟程序，一方面掌握訴訟進度，二方面協助新屋主爭取頂樓增建物的權利。

法官很快就核准了，通知我們出庭參加訴訟。一次一次出庭，才發現果真新屋主剛搬進來，對過往三十年來房屋使用狀況及頂樓增建過程一無所悉，所有訴訟中舉證工作都落到我們「參加人」頭上。當事人抱怨連連，趕緊安慰他們如果目前提供證物、傳喚證人可以免除官司落敗的後遺症，這一切委屈與辛苦都值得，他們只好咬著牙儘量配合了。

可是很不幸，第一審法官雖然只判新屋主要拆除遮雨棚，房屋增建部分毋需拆除，但是樓下鄰居立刻上訴，第二審法官竟然採取最嚴格的見解，無視於工務局免拆的公文，判決認定頂樓房屋增建物影響全棟大樓區分所有權人的頂樓平台使用權益，尤其公共危難時增加避難之不便，於是判令全部增建物都要拆除。

接到判決書當天，新、舊屋主都傻眼了，這種案子訴訟標的價值未超過一百五十萬元，不能再上訴第三審法院，打了兩年的官司，最後敗訴定讞，新屋主只好乖乖地拆了全部增建物。新屋主當然不甘受損，頂樓違建拆不到一個月，我的當事人立即收到新屋主提告的起訴通知，以違反瑕疵擔保義務為由，主張賣方（我的當事人）應該賠償頂樓增建物拆除的損失五百萬元，要求減少買賣價金。果然兩年前的噩夢成真，當事人被迫站上火線，還好在前案中我為他們日後的答辯打下深厚的基礎，不論是傳喚證人或是官方文件都對他們有利。

民事庭第一次開庭，法官也皺眉頭問原告律師根據什麼法律規定或買賣契約的約款來求償？原告律師顯然低估承審法官的功力，以為這位甫自刑事庭調過來的法官，不太懂得民事法律關係，於是寬泛籠統地虛應故事一番。殊不知這位厲害的法官是小我好幾屆的台大學弟，睿智又有膽識，十年前我在刑事法庭遇上他，第一次開庭他就警告我的被告：「不要以為你找到一位認真出色的律師，就可以洗刷你所有的犯行，你做了哪些壞事，我們法院都查得出來。」我在辯護席上憂喜交加，然而法官的肯定帶來的欣喜也無法取代對被告刑責的憂心，果不其然深入調查兩年後，被告慘遭重判入獄服刑。

日後再碰上這位法官，我一點都不敢輕忽，看到他的判決被報社以頭版頭條新聞大肆報導，也不會驚訝！沒想到對方律師有眼不識泰山，想要唬弄過去，立即慘遭法官訓斥，庭諭兩週內闡明訴訟標的法律關係及請求權依據，否則駁回訴訟！

對方律師不到一個禮拜書狀就提出到法院了，而且在第二次開庭時聲請傳訊前案告他的樓下鄰居作證，法官橫眉冷眼地問這位白目的律師：「傳他來要證明什麼事？」

原告律師恭敬地回答：「這位證人可以證明在我們當事人買房子之前，他就曾向舊屋主（被告）抗議違建的事，賣方（被告）卻隱瞞，我們當事人可以依這條規定要求解約賠償。」

買賣契約是有這麼一條規定沒錯，可是幾十年來樓下鄰居從來沒為了頂樓加蓋抗議過呀！而且在前一案件審理中也沒提出過這樣的主張，顯然事有蹊蹺，不是原告企圖亂槍打鳥，就是可能勾串證人，妄想以偽證獲得有利判決。

我立刻提出反對的主張，快速地解釋幾點有力的理由，法官面無表情地聽完，迅速裁定准予傳訊證人，真是一點都不留情面！這也是為什麼每次打官司，知道承辦法官是同校同學或前後期校友都不敢張揚。因為根據過往的實際經驗，台大的畢業生在法院反而更鐵面無私、正直無情，上次就曾因擔任法官的同班好友剛巧抽中我承辦同一案件，彼此都有默契，私底下中止聯絡見面，免得帶給對方困擾，後來又接辦一件高院的刑案，忍耐了半年，好不容易等案子結束後，才與高院同學恢復聚餐的習慣。台大人很難「團結」，在法律人身上更看得見吧！

退庭後儘速轉告當事人關於對方傳訊鄰居作證的事，提醒他法官同時交代請他一起出庭對質。開庭前夕約當事人來事務所，分析各種證人作偽證的可能性及回應之道，到最後當事人說：「沈律師，不用這樣費心設想了，我說實話就好了，把一切交給上帝。」

打官司有時宗教信仰的支持，真的更能幫助當事人度過各種難關的煎熬，可是我又不是基督徒，上帝不見得站在我這一邊，官司是我在打，天助自助者，還是要想到最壞的狀況與當庭的及時反應，只好週末抱著一大疊卷宗回家，準備在週一開庭前再作最後的地毯式總複習。

開庭前當事人早早到了法院，在法庭外長廊巧遇鄰居證人，當事人熱絡地打招呼，鄰居頭也不回地走過去。如此不友善的場景，看在眼裡，我知道待會兒開庭有場硬仗要打了。果不其然鄰居一坐上證人席便開始撒謊，從刑事庭調過來的法官也不是省油的燈，在刑事庭面對那麼多掩飾罪刑的被告，怎麼會不知道證人有沒有說謊！

法官問起二十年前的往事，六十幾歲的證人把人、事、時、地、物交代得清清楚楚，證述發現頂樓違建，曾在大樓樓梯間向我的當事人質疑為何頂樓蓋違建；然而問到對她不利的事便支吾相應。

法官察覺證人有備而來，開始使出殺手鐧：「妳說在另外一個案子，先生幫妳寫的狀子內容妳竟然不清楚，那是妳先生偽造文書囉！」

一般人聽到刑事罪名會臉色發白，這位婦人只是稍稍收斂驕氣，回答：「不是啊！我先生只是一時疏忽，不然你可以傳他來問啊。」

法官被激怒了，開始訓斥：「今天是傳妳做證，不要把責任推到不在場的人身上。」證人依然強調她的證詞是真實的，看得出來法官百分之兩百不相信她的證言，可是也莫可奈何！

接著法官依照訴訟程序，詢問兩造律師有何提問。我在一旁等候多時，冷眼旁觀證人漫天說謊，早已磨刀霍霍要揭穿她的謊言，我開始一一發問：

「妳剛剛說二十年前就質疑我的當事人蓋違建的事，當時有告訴妳先生嗎？」溫和地問，降低她的警戒心，果然她毫不思索地回答：「沒有啊！」

「那妳什麼時候才告訴妳先生的？」我講故事般地順著問下去。

「直到前兩年要告新屋主的時候。」她輕鬆作答。

「為什麼想要告訴妳先生呢？」我再提出合理的疑問，證人不疑有它地陳述：「因為要告新屋主了，要我先生先去查清楚。」

我再追問：「那麼請問妳是怎麼告訴妳先生的？」

證人回憶著：「我說新屋主的違建到底是不是違法，你去查查看！」

「聽起來妳沒提到二十年前妳跟我當事人質疑頂樓為何加蓋的事嘛！」我開始抓證人的話柄了。

「我又沒說有跟我先生提到被告頂樓加蓋的事！」證人挑釁地反問。

「有啊！妳剛才回答時就承認了，法庭有錄音噢！妳講話不可以顛三倒四喔！」面對狡猾的證人只好先行警告。沒想到她依然執迷不悟，否認先前的說詞，還向法官數落我的當事人違建的不合法，又抱怨我誤會她的說辭。

法官公正地提醒她：「我從頭到尾都聽得很清楚，是妳自己講話前後矛盾，律師並沒有誤會妳哪一句話！」

聽到法官頭腦清楚主持正義，放心許多。我再把證人注意力拉回原先設計的問題，剛剛第一回合已經順利打擊她的證詞可信度了，現在要進行第二波的攻擊。

「妳先生是台大法律系畢業的，是嗎？」我先布局，通常問到這種背景事實，證人都不知道律師葫蘆裡賣什麼藥，會老實地回答：「是啊！」

我接著問：「家裡的法律問題都是他在處理吧！」她更莫名其妙地點頭承認。

接下來的問題才是關鍵：「二十年前你得知我的當事人告訴妳頂樓加蓋是合法的，為什麼妳沒有立刻向妳先生反映，叫他去查清楚這個法律問題，甚至請他到工務局檢舉請他們來拆除？為什麼隔了二十年才突然想到叫妳先生查清楚？」

一連串的提問她有點招架不了，不知先回答哪一個問題，一發急就說：「因為被告之前都同意讓我上去頂樓曬棉被晾衣服，所以我就沒跟我先生講了嘛！」

正好自己跳下陷阱，我緊追不捨地問：「那麼為什麼時隔二十年，妳又突然想到違建是不是合法的事，還告到法院？」

「因為新搬來的屋主不讓我上去晾衣服啊！」她理直氣壯地答。

這下法官聽懂了，立刻下個結論：「那麼妳根本不是在意被告是不是在頂樓加蓋增建物，妳只是在乎可不可以上去晾衣服嘛！」

很欣慰法官理解我設計這些問題的目的，於是繼續引君入甕：「既然被告都有讓妳上頂樓晾衣服，妳根本就沒有跟她主張權利了，是不是？」要讓問題引導到原告提告的買賣契約條款中，這樣就可以從證人的答案，推翻原告的訴求。可惜功虧一簣，證人開始提防我的問題，現在她明白我問每一個問題都不是閒聊，都有特別含意，她一時之間無法立即意會回答「是」或「否」何者對她較有利，只好先裝傻：「我聽不懂妳說『主張權利』是什麼意思！」

沒關係！要裝傻，就陪妳玩到底，再從其他問題繞回來：「二十年前妳有跟其他住戶提到被告頂樓加蓋的事嗎？」

她小心翼翼地答：「沒有。」

我試著挑出另一個敏感問題：「妳說二十年來都可以去晾衣服，就沒追究被告違建的事，那妳有跟公務機關檢舉嗎？」

「有啊！我有打電話去市政府。」她又開始說謊，剛剛已經說不追究被告的違建了，而且可以上去晾衣服，絲毫不影響她行使權利，居然又冒出來說有去檢舉。

法官實在聽不下去了，指示我不用再訊問證人了，轉向證人再度嚴正警告：「妳作偽證，我是可以把妳移送到檢察官那邊偵辦，看妳年紀這麼大，我可以不這樣處理。不過妳不要再說謊話了，每說一個謊言，妳就必須要編另一個更大的謊言來掩飾，妳就不要再說了。」

沒想到法官苦口婆心，證人居然得寸進尺，高調斥罵我的當事人違法加蓋，又說律師都對她的證詞會錯意，這下把法官惹火了：「妳有作證的權利與義務，可是要由我們法院來作判斷，就像前任總統口口聲聲說沒貪污，法官也不信他。妳不要再解釋了，你們之前的那個案子只是個別法官的看法，如果我來判，就不會判頂樓違建要拆除，那是有歷史背景的，妳不要拿了勝訴判決，在這裡得了便宜又賣乖，謊話連篇。證人請回！」

證人依然自顧自地發言，一直不肯離開，法官提高音量命她出去，居然還不死心繼續占據證人席，法官沒料到證人完全不尊重法庭指揮權，大聲斥責：「妳出去，不然叫法警進來。」證人才悻悻然地走出法庭，結束這場鬧劇。

（後記：一審判決我方勝訴，原告敗訴的理由是當初買賣時，賣方（我的當事人）未保證頂樓增建可永久使用，縱使嗣後判定被拆除，亦不負瑕疵擔保的賠償責任，因此買方不得請求減少價金。原告上訴後，高等法院維持原判。）

人世間，無論善緣、惡緣，只要未曾好好了結，恩怨情仇就會牽扯不斷，持續追隨……。

二十年恩怨何時了——音樂侵權賠償案

台北地方法院民事第二十一法庭，侵權賠償案開了三次庭之後，對方當事人親自出庭了，浩浩蕩蕩一群人，不只親友團專程走進法庭旁聽，連記者也帶來了，坐在旁聽席上，振筆疾書。我坐在被告訴訟代理席位，一邊小心翼翼地回答審判長的提問，一邊留意旁聽席的動態，納悶著為何媒體會得知今天的庭期……。

雖然我方當事人是紅遍兩岸三地的唱片製作，可是為了尋求和解機會，我們一直很低調，以防激怒對方——一位過氣的詞曲作家，不能接受年華老去、江郎才盡的現實，翻出二十年前的舊帳，煞有介事地高調提告，指控我的當事人當年簽署的經紀詞曲合約已經終止，卻繼續對外代理授權，賺取鉅額版稅，漠視真正音樂著作權人的心酸與無奈，應該負擔侵權責任！

滿腹委屈的詞曲作家前年先到台北地檢署控告我方當事人侵權，檢察官傳訊各方證人，調查二十年來的合約、版稅支付紀錄、存證信函，認定早年詞曲作家持續收受版稅，嗣後寄發終止經紀代理合約的存證信函未合法送達，合約尚在存續中，我方當事人授權使用詞曲，未構成侵權，作成不起訴處分。

對方當然不甘心，先前偵查期間悍然拒絕我方的和解條件，認為賠償金過低。沒想到對方錯估情勢，檢察官不接受他的指控，認為被告刑事侵權責任不成立，他兩頭落空後，這下再轉戰民事庭，要求侵權賠償。

「你們有談過和解嗎？」第一次開庭，民事庭法官看過不起訴處分書後，皺著眉頭問。

「有，可是和解金額差距過大，上次調解庭也談過，還是談不攏。」對方律師代表原告詞曲老師，趕緊回答，話語中帶著委屈與不滿。

「和解金額差多少？」法官追問，看來他很不想審理此案，不然不會繞著和解話題連續提問。

「上次告侵權刑案，在偵查庭被告曾提出一百萬元的賠償金額，詞曲老師覺得太低，因為這十首歌中有三首都很紅，很多歌手開演唱會都有買歌來唱，也有唱片公司發專輯收錄這幾首歌，十五年下來，怎麼可能才一百萬元?!」原告律師好不容易逮到機會，開始抒發上個月在調解庭和解破局累積的情緒，接著訴苦：「結果檢察官不起訴之後，被告更囂張，我們提告民事侵權賠償後，上個月鈞院調解庭上，被告律師居然才提出五十萬元的版稅賠償金，我們怎麼可能接受？」

「被告大律師，怎麼回事？為什麼版稅金額前後差這麼多？」法官轉過來問我，有點不解。法官態度還算平和，雖然是資淺的男法官，並沒有因為原告女律師年輕貌美，又刻意嗲聲訴說不滿就有所偏袒。

「審判長，請容我說明。因為這個案子從三年前詞曲老師告刑事侵權案，我就開始承辦，參與雙方和解談判，一直到現在，了解整個過程及轉折。原告律師是最近才接辦民事部分的訴訟，可能不是非常清楚過往和解破裂的真正原因。三年前對方一告刑事，我的當事人很有誠意，馬上從國外飛回來，設宴款待，還請出唱片業界重量級的大老出面遊說，當場致歉，解釋這十年來忙於國外演唱會邀約及為唱片公司製作專輯，無暇返台與他結算版稅，以至於造成誤會，願意以八十萬元解決全案……。」法官聽我細述從頭，對方律師也睜大眼睛聽這段歷史，顯然當事人沒對她說出完整的故事。

我繼續敘述始末：「後來雙方喬到一百萬元，我準備好和解書之後，簽約前夕，對方的經紀人突然跳出來阻止，說他去四處尋訪，查到的詞曲授權不止這個數字，尤其海外授權更是數量驚人，叫我們再加碼一倍以上，到二百五十萬元，不然就不和解了。」對方律師聽了，搖頭不已，霍地站起來要反駁，法官示意她坐下，讓我講完。

我再說：「我的當事人聽到對方出爾反爾，又擅自加碼，似乎是吃定他，於是火氣一上來，一通越洋電話就取消和解。」

我只是敘述事實，對方當事人（原告）卻彷彿被踩到痛腳，顧不得他的律師攔手阻止，立刻高分貝發言：「法官，絕對不是這樣，整個和解根本就是沈律師在阻攔，當初在檢察官那裡，我們都談好了，就是她反對，才沒辦法和解，事情才會鬧到這裡來……」眼神中射出幾分怨恨之意。

扯到哪裡去了嘛?!我一介律師，憑什麼阻止當事人和解？和解後撤回訴訟，我們被告這一邊求之不得。更何況兩年前的刑案造成我方當事人極大的困擾，每回開庭要從國外返台，影響到的不只是演唱會、廣告代言、新專輯製作，還有家庭生活與心情，每次開庭結束他飛離台灣，總是無奈又氣憤地寫電郵紓壓訴苦，怎可能不想花錢消災、息事寧人！如果不是對方經紀人得寸進尺，獅子大開口，踩到我方當事人紅線，怎會導致和談破裂？

人，往往不願意面對自己的錯誤（或失誤），甚至更可惡的是，把錯誤轉嫁到別人身上！我又不是一個剛出道的律師，豈容對方當事人在公開審判庭，尤其是媒體在場時惡意污衊，當然要立即澄清反擊，否則法庭中每一個人包括法官、原告律師、旁聽記者，一旦認定我是個嗜財好訟的律師，日後跳到黃河也洗不清！

但在正要起身反駁的前一刻，心念一轉，想到清晨讀誦《金剛經》那一段經文：「如我昔為歌利王割截身體，我於爾時，無我相、無人相、無眾生相、無壽者相。何以故？我於往昔節節支解時，若有我相、人相、眾生相、壽者相，應生瞋恨。須菩提！又念過去於五百世作忍辱仙人，於爾所世，無我相、無人相、無眾生相、無壽者相。」

思緒峰迴路轉，當事人糾結之因果已深，悉心解開已屬不易，何忍再造口業，增加情緒之爭，導致治絲益棼？對方企圖推卸和解破局的責任，是他沒能力面對，並且接受因為己方貪婪造成的結果；倘使我身為律師在法庭上逞口舌之快，只會更加激化雙方的衝突，捲入當事人的仇怨爭執中，屆時雙方恩怨如何善了呢？

於是決定「忍辱」，刻意讓眼睛不正視原告，臉朝向審判長，我平和地解釋：「我們律師是不會幫當事人決定是否和解，更不會去反對和解，原告可能記憶模糊，因而有所誤會。這個案子爆發迄今，被告的和解大門始終開著，不放棄任何與人為善的機會。不過和解必須要站在合理估算版稅的立場，既然原告一直堅持超過實際授權的版稅數十倍以上的和解金額，就請體諒被告無法接受的苦衷了。」

法官理解了，明曉勸和不易，開始調查證據之程序，請原告說明聲請調查證據的理由。原告見計謀未得逞，惱羞成怒，強勢要求法官發函給數十家唱片公司、卡拉OK業者、傳播製作公司及詞曲著作權人協會等調閱二十年來授權使用這些詞曲的版稅報表。

年輕的法官不了解音樂市場的運作與實況，露出疑惑的神色。我及時表達反對這種亂槍打鳥式的調查證據方式，主張原告應該提出已經查到被告授權實例的詞曲仲介團體資料，才能建立相關聯的待證事項基礎，聲請法院進一步函詢調閱文件，接著說明娛樂唱片界授權詞曲的市場機制，法官聽懂之後，庭諭原告須在一週內提出相關聯的授權資訊，始進行調查，宣布退庭。

原告悻悻然離開法庭，不過見到媒體他又開始眉飛色舞，抓著麥克風訴說司法不公、被告不義，我拉著卷宗資料箱經過他們身邊，原告還不忘瞪我一眼，多深的恨意，多麼錯置的恩怨啊！

當天晚上電子報即時新聞就出來了：「（中央社記者台北23日電）作詞人×××指控……。」報導前幾段想必是對方在法庭外的長廊接受採訪，所作演講式的聲明，迅速略過後，瞥見最後一段：「被告委任律師當庭表示，本案刑事部分，被告不構成侵權，獲不起訴處分，本案的詞曲是由被告指導原告創作，證人也出庭證實此事。審判長庭末諭知，全案訂於十月三日再開庭。」

新聞內容平衡報導，記者立場尚稱公平。闔上了iPad，邊看女兒的家庭聯絡簿，思緒卻仍停留在法庭的場景，對方花白的頭髮、滔滔不絕的陳述、法官無奈的神情……。

對方當事人提起這場訴訟，特地邀請媒體前來法庭旁聽，目的何在？為名、為利、為了當年嚥不下的一口氣？或是為了攀附被告——知名製作人的名氣，拉抬自己已然消失的知名度？

唉！人生的因緣無法強求，已逝的青春才華及合作機緣消逝了，就放下吧！苦苦強留的青春不再璀璨，刻意拉扯的際遇不會重現光亮，《金剛經》曰：「過去心不可得，現在心不可得，未來心不可得。」認清當下，掌握眼前的一切，才是真實的。

（後記：一審法官於半年後宣判，認定雙方經紀詞曲合約尚未終止，但根據市場實際授權交易情行，被告依約只須給付詞曲版稅新台幣二十萬元予原告。）

貪婪的人們啊！在世間不會永遠得逞的，現在享受的財富名聲，是透支命運的福分而來，日後必當加倍償還。

法庭原音重現——原住民音樂侵權賠償案

她在律師界算是特立獨行、風格獨樹一幟的，業務上大多是接辦與文化藝術有關的著作權法案件，眾多法院中，智慧財產法院是她進出最頻繁的地方，其他的民、刑事案件一一婉拒，敬謝不敏，或許是那些財產爭奪、人性糾葛案件的刀光劍影會影響這幾年她潛心的修行，於是訴訟案件中她只承接藝文領域的爭訟。平素藝術的浸淫與對藝術家欠缺法律意識的悲憫，讓她不忍心拒絕他們的訴訟案，雖然兩年前聽聞同行中資深的著作權法前輩們因工作壓力過重，有罹癌赴美休養、有重症住院，也有退休就讀神學院，種種際遇都令她感觸良深，日漸推卻更多的訟案，不過有些案件就是會落在她身上，擋都擋不掉……。

如同這件侵權案，它是原住民部落傳唱已久的歌曲，近年發生爭議，一位原住民跳出來對外宣稱是他的創作，差點造成流行音樂界的大地震。因為那首曲子多年前唱片公司已經收錄在唱片專輯中全球發行，甚至經原住民美女歌手受邀在國際活動上演唱，名噪一時。近日這位聲稱擁有權利的原住民向各單位寄發存證信函，附上二十年前內政部核發的著作權執照影本，警告各單位切勿再侵權使用，即日起下架，否則三日內提告求償。

唱片公司的法務焦急地詢問她是否有空，當天下午可否到公司出席法律諮詢會議？老闆想了解這份存證信函背後支持的證據與法律論點，以及危機處理方式。她二話不說答應了，因為台北市還有主要的音樂仲介團體 MÜST 及 ARCO 同時收到存證信函，各團體負責人要一起到唱片公司開會研究對策，事況緊急，需要各單位配合時間共商共策，尤其需要她提供法律意見，評斷侵權行為有無構成，與後續因應方案。

下午的會議在紛擾喧鬧中進行了兩個小時，各方人馬慷慨陳詞、各抒己見，音樂仲介團體指出經紀代理原住民音樂的授權障礙，唱片公司製作部門解釋存證信函指控侵權的當年這張專輯唱片灌錄製作的過程，法務部門提出唱片公司與合製的傳播製作公司的合約說明雙方權利義務，財務部門計算唱片專輯發行迄今的銷售收入，只有唱片公司老闆始終冷靜平和地主導會議的進行，聽取各單位的說辭與立場。

最後老闆請她分析法律上的觀點及建議時，她走到電動白板前，喧囂的會議室突然安靜下來，大家先是被她身上時尚又雅致的湖綠洋裝所吸引，如此裝扮有別於一般女律師穿著的嚴肅套裝，在座多數人士不認識她，無法從外表連結到法律專業，不過一經她以清晰的聲音、條理化的解析，敘明原住民音樂的特殊性與著作權歸屬之際，立即抓住與會者的目光。

繼之她配合白板上的圖示，把方才各部門爭論的焦點逐一解答後，提出言簡意賅的建議：一、立刻回函表明唱片公司與音樂仲介團體並未侵權的立場；二、請對方——原住民詞曲作家提出享有詞曲音樂著作的證明；三、宣示產品不下架、不和談、不賠償之決心。

唱片公司老闆在她回座的同時，以犀利的目光掃視會議桌上每一個人，與會者皆表同意以律師提出的法律意見為本案處理方針，於是老闆以主席身分作出結論，表示理解律師的解說，並接受她的建議，最後決定共同委請她明天下班前擬妥回函的草稿，以電郵寄給唱片公司與音樂仲介團體，書面交流意見後，最遲後天中午前寄發律師函回覆對方，以免對方藉詞提告。

三天後，詞曲作家接到唱片公司、音樂仲介團體的律師回函後，怒氣衝天，立刻召開記者會，高調宣示打官司打到底，揚言誓死爭取原住民的尊嚴與權益，反擊漢民族的音樂侵略與掠奪。她瀏覽網路上即時新聞的同時，正巧助理衝進辦公室問她，《蘋果日報》記者來電表示，唱片公司對於詞曲作家在記者會上的宣示不予置評，詢問可否專訪承辦侵權案的律師？她搖搖頭，十年前陸續接受媒體採訪的時代已經過了，現在的她只想安靜低調辦案。

一個月後，唱片公司法務轉寄智慧財產法院開庭通知給她，沒有多少訝異的感覺，只確定侵權案要開戰了。

她開始把這個月蒐集的資料分類彙整，包括這首歌公開發行的檔案、歌手公開演唱的資訊、唱片公司簽署的製作發行合約、版稅銷售報表、智慧財產局的註冊文件，反覆研究，準備撰擬被告唱片公司的答辯狀，針對原告（原住民詞曲作家）起訴狀的訴求：一、被告公司侵權，不得再使用提告的詞曲；二、音樂著作產品全面下架；三、求償新台幣五百萬元，仔細思索答辯方向，建立起幾道防線。

站在被告立場，首先要求原告舉證說明享有起訴歌曲的詞曲權利來源，倘使原告未享有詞曲音樂著作權，則無法提告本件侵權案；其次分析唱片公司有合約保障，接受委託製作專輯的音樂公司擔保取得詞曲權利人之授權，唱片公司並無可歸責性，若有侵權情事，應由製作公司負責；最後一道防線是時效消滅的主張，專輯唱片發行銷售至今已超過十年，縱使本案侵權責任成立，原告的侵權求償時效業已消滅，唱片公司亦毋需負擔任何賠償條件。長達二十頁的答辯狀草稿經過唱片公司內部討論確認後就遞交到智慧財產法院。

智慧財產法院第一次開庭時，旁聽席上人滿為患，一群原住民特地從台東北上聲援，媒體記者加上唱片公司員工擠入法庭，頓時法院彷彿菜市場。喧譁聲中，她依然冷靜自若，雲淡風輕地背著赭紅色公事包，報到後步入法庭前方坐上代理人席，原告與他的律師已入座，在對面盯著她看，她與音樂仲介團體及歌手的律師寒暄交換名片後，就翻閱卷宗，靜默定心，等候庭務員宣布開庭。

幾分鐘後法官席側邊的門開了，她抬頭一看，才發現步上審判席的承審法官是她台大研究所的學弟，雙方目光短暫接觸後，神色無異地開始法庭程序。她也沒有竊喜在心，因為司法界的法律人除了維持固有的依法行事、獨立作業之風格外，有兩種極少數的特別作風，一種是善用人脈資源，法官與律師互通聲息、各取所需、沆瀣一氣、同流合污；另一款法律人則是具有高度潔癖，審辯雙方彼此壁壘分明，避嫌猶恐不及，承辦案件有交集時，反而私下彼此暫停聯絡，避免蜚語流言四起。她就是屬於後者，去年有一樁電影發行糾紛的案件，法院適巧分派給她的大學同學承辦審理，高等法院案件訴訟期間，彼此互不聯繫，連定期的同學聚餐，她都刻意缺席，這是法律人的一種典型，道德上特殊的潔癖，在司法正義的追尋過程中，不容一絲污染。

望著訴訟代理人席上電腦螢幕開啟的畫面，思緒短暫飄移中，她發現法庭旁聽席逐漸安靜下來，原來是庭務員宣布：「一〇五年民著訴字第×××號有關財產權爭議等事件開始審理」，法官請原告訴訟代理人陳述起訴之聲明與事實理由，繼之交由被告答辯，此案中唱片公司被列為最後一名被告，因此程序上先由專輯歌手的律師、音樂仲介團體的律師發言，最後才會輪到她代表唱片公司答辯。由於同為被告的歌手本身未出庭，加上歌手的代理律師答辯理由冗長，旁聽席上已有一些記者及民眾不耐地騷動，輪到她起身陳述意見時，已近中午十二點，法庭內一股昏沉氣氛，她先請求法官播放這首歌，再透過法庭白牆投影放映專輯所收錄歌手五年前在自由廣場與原住民小朋友合唱的影片。大家聽了精神大振，她才開始從樂曲結構分析這首歌曲與傳統原住民音樂之差異，再陳述提告歌曲在部落傳唱的時點早於原告主張的創作時點，接著要求原告必須提出親自作曲填詞的證據，才符合著作權法提告侵權的規定，又解釋唱片公司並無任何侵權行為，有合約可為根據，也有證人可以出庭作證，最後不忘強調原告求償時效消滅的主張。

還等不及她論辯結束，原告急得頻頻舉手作勢要發言。法官請他稍安勿躁，問道：「被告律師剛剛提出的主張都有著作權法的依據，原告要告別人侵權，必須先證明你有著作權，其次再證明被告有侵權的事實。原告你有當年創作的證據嗎？」

原告詞曲作家迫不及待站起來辯解：「法官大人，你聽我說、你聽我說，剛剛那個女律師根本不懂原住民音樂，她是漢人，也沒去過部落，她怎麼懂？她說這首曲子的歌詞曲風與傳統原住民音樂差很多，她憑什麼這樣說，她又不是音樂專家，又沒創作過歌曲，怎麼知道？最離譜的是她居然敢說這首曲子不是我作的，那是誰作的？她也講不出來，亂講一通，這首歌明明就是我作的，部落的人都可以證明，法官大人你可以問他們看看（指旁聽席的原住民），每一個人都會說我就是當年的作者。如果不是我作的，內政部在二十年前會發著作權執照給我嗎？三年前總統大選，綠營候選人的競選總部請我授權，也有給我授權金，難道他們不懂法律嗎？我這裡有授權書可以證明，而且台灣很多中小學的音樂課本也都寫說我是作者，我起訴的時候都有附上這些課本的影印了。」原告激動地快速翻找背包，抽出一張文件請庭務員轉呈給法官，法官看完指示庭務員拿給被告律師閱覽，並指示被告律師表示意見。

她依然神色平靜，不疾不徐地回應：「這份授權同意書是影本，對於它的形式真正，被告有爭執，至於實質真正我們也有意見。當初候選人的競選總部並未經過查證，以訛傳訛，誤以為部落傳聞他就是這首曲子的詞曲權利人，這份授權書根本無法證明原告享有音樂著作權。」

旁聽席上，一片靜蘊，媒體記者振筆疾書，快速記錄，她等書記官打字完畢，繼續說道：「國內著作權法在民國七十四年改採創作主義，廢除著作登記生效制度，過往註冊登記的著作權證書只是智慧財產局行政管理的文書，不能作為擁有著作權的根據，關於這一點，實務上通說都採納，智慧財產法院這幾年的判決也都明確宣示相同立場，我們會具狀提呈相關判決書。我們還要特別指出這份原告的著作權註冊證書的時空背景，在二十年前國內原住民普遍法律意識不足，部落裡真正的原住民詞曲作者不懂得向漢民族設置的內政部著作權委員會申請著作權註冊登記。而且這首歌在四十多年前部落傳唱多時，我們拜訪部落的長老，得知這首歌很多人共同傳唱，甚至豐年祭或慶典活動上領唱者改編詞曲，已經找不到原創者了，可是族人都可以確定絕對不是原告創作的詞曲，原告只是比一般原住民了解著作權登記制度，而且很早就移居到都市生活，才會利用這個登記制度，搶先登記下來，實際上並不是他的創作。」

原告一臉怒意，又要舉手發言，法官說：「現在已經中午一點了，今天的庭訊就暫時到此，原告可以請律師幫你整理想講的話，具狀提出，我一定會仔細看，下一庭請原告提出創作詞曲的證明，被告如有其他證據，也請一併提出，退庭。」

法庭內一陣喧鬧，她依然腳步輕盈，含笑婉拒媒體的採訪。在法庭外長廊上與唱片公司法務討論片刻，她就走進電梯搭車離去，留下原告在電梯媒體架設麥克風前面大放厥辭：「你們看，為什麼原住民有這麼多不滿跟委屈？這麼多年來，漢人搶走了我們的土地，掠奪我們祖先留下來的資產，現在又要盜用我們的音樂。我今天勇敢地站出來，就是要捍衛原住民的音樂！明天我要揪集族人到智慧財產局抗議，為什麼官方發給我的著作權執照被對方律師說成了廢紙……。」記者們忙著採訪，警衛走過來維持秩序，禁止法庭外廊道哄鬧的人群干擾法官開庭，一群人移動到一樓大門外，原告繼續激動控訴……。

過了兩個月，唱片公司的法務終於聯絡上當年合作的專輯唱片製作公司老闆，透露他們公司早已結束營業，聽到詞曲作家提告，製作公司老闆非常訝異。他說：「當初明明有打電話徵詢詞曲老師，他很開心這首歌可以由原住民歌手在自由廣場獻唱，說這是他極大的榮耀，當然樂意授權，而且是無條件的。我還記得後來我們把自由廣場的實況錄影剪接製作MV，請他來錄音室看MV的毛片，剛好歌手也在錄那首歌，他覺得唱得很棒，很欣慰啊！怎麼事後會告到法院？真是難以想像……噢！律師要請我作證喔？沒問題啊！我可以去跟法官說明。」

第二次開庭她代表唱片公司傳了三名證人，一位是這家專輯製作公司老闆，另一位是研究原住民音樂的學者專家，還有就是部落的長老出庭說明這首歌曲當年在部落傳唱的時點及過程。庭訊結束，原告的表情已經不若第一次開庭那般篤定、意氣風發，因為今天出庭證人的證詞都對他不利，他也交不出法官要求的創作歌曲的五線譜草稿，或 Demo 展示帶，或親自見聞他創作歷程的人證。

不過到了第三次開庭，原告竟然直接帶了幾位部落的朋友要求出庭作證，法官拗不過他的強力請求，臨時允諾當庭訊問他帶來的證人，但限於詢問兩名證人，因為欲證明之待證事項皆相同，毋需重複傳訊。第一位原住民證人一走上證人席，就在法庭上引吭高歌，曲畢說明當年部落豐年祭及各項活動原告如何教他們唱這首歌，第二位證人也表示在祭典活動舉行中原告有上台宣布他就是這首歌的作者，當時台下掌聲如雷，沒有人出來反對他的說詞。原告聽了這一番有利證詞，得意洋洋，原告律師也滿意地向法官表示詢問完畢。

法官依訴訟法規定，接著請被告律師詢問證人。其他被告律師還在翻閱資料，思考問題時，她已準備好彈劾證詞的方法，於是她首先提問：「請問證人你有親眼看到或親耳聽到原告創作這首詞曲的經過嗎？」

證人搖頭，她接著問：「原告何時在豐年祭上宣布他是這首歌的詞曲作者？你有在豐年祭的現場嗎？」

證人立刻說：「我記得是十年前的暑假，我那次有事在台北，沒回去參加，是我媽媽聽到告訴我的。」

她再追問：「原告當時用哪一種語言宣布？是阿美族的族語或國語，你母親聽得懂嗎？」

證人想　想才回答：「好像是國語，我母親聽不懂國語，好像是坐在旁邊的隔壁鄰居跟她講的，我也不確定。」看來證人所述只是傳聞證據，法官不會採信。

她繼續對第一位證人提問：「你剛剛說你那一年是迎賓活動的主持人，知道原告有創作這首歌曲，請問你如何得知原告有創作？有當場看到或聽到嗎？」

證人回答：「我沒當場看到啦！我是這幾年才認識詞曲老師的，那一次迎賓活動，是活動前一天晚上原告跟我們幾個工作人員喝小米酒，他自己說的，他還唱給我們聽呢！我覺得很好聽，很適合在迎賓活動中大合唱，就請他教我們，臨時安排第二天的活動中表演。」

法官聽完證人的敘述，轉頭問原告律師：「今天出庭的證人都沒有親自見聞原告創作歌曲的過程，他們的證詞均無法證明系爭詞曲是原告的創作。請問原告還有其他證據要提出嗎？」原告與律師均無反應，法官又朝向被告問道：「被告你們聲請傳訊的證人為何今天都沒來？」

被告歌手的律師回覆：「證人這幾天生病了，可否延到下一庭再來？」

原告律師則與原告交頭接耳，不知商量什麼事情，法官不耐久候，逕行宣布下一次庭期，原告才慌慌張張地站起來說：「法官，我還要傳證人……」法官看了一眼，書記官已經關了電腦，法官說：「請你的律師具狀聲請吧！退庭。」

沒想到下一次開庭，沒有任何證人報到，法官特別空出一個早上的庭期，準備詢問兩造的證人，旁聽席上聽眾寥寥無幾。訴訟的進行有時變成歹戲拖棚，大家的耐心漸漸磨蝕，這時除了比較雙方提出的證據與法律論點之外，就是比耐心，比氣長。

她仍然準時出庭，訴訟卷宗愈來愈厚，資料不斷累積。今日開庭，她穿著中國改良式旗袍背心裙，內搭黑色毛衣，罩上律師服，旗袍領露出，典雅柔美，連報到處的法警都不禁多看一眼。開庭前她先向唱片公司法務說明今日的庭訊程序，案件進行迄今，她絲毫未透露承審法官與她的學姊學弟關係，開庭時兩人公事公辦的正常法庭互動，也讓外人無法窺知她曾與法官在台大法研所一起上課報告，參加活動，情誼深厚。

她一直認為打官司要憑實力，不靠關係，如果讓當事人知悉她與法官的特殊關係，打贏了官司，當事人認為是靠關係取勝；打輸了，可能會怪罪律師不夠意思，沒替當事人利用關係謀取勝訴機會。甚至訴訟期間當事人可能要求安排與承審法官見面送禮，簡直是不堪其擾、自尋煩惱，所以執業二十幾年來，她不曾提起她與法官的關係，當事人也從來不知道……。而那些友好關係也不是勝訴保證，如果當事人法律上站不住腳的，法官依然根據法律判決敗訴。她平素形象正直，與她交情篤厚的同學、朋友也都是正派的法官，公私分明、是非清楚是他們共通的人格特質，縱使結案時她拿到敗訴的判決書，也不影響她與法官好友的交情，因為他們深刻理解友情與正義無法交易，甚至為了正義，必要時他們也可以犧牲友誼。

這一次開庭，法官確認傳訊的證人都未到庭，兩造律師也捨棄再行傳喚了，法官直接進行爭點整理與證據確認，徵詢在場全部律師表明無其他證據需要調查，法官宣示下一庭進行言詞辯論。

接下來兩週，她就專注地把辯論庭要提出的書狀擬妥。法院辯論庭是訴訟案件結案前的高潮，法庭攻防在辯論程序中達到巔峰，很多律師在辯論庭只是照本宣科，或行禮如儀地起身念一句「如書狀所載」就結束辯論；而她則是比照演講規格，要求自己提綱契領、言簡意賅，又能精采生動，聆聽她的法庭辯論，法官很少打瞌睡或分神，因為她不用背稿看書狀，所有辯論重點都在她腦海中整理、記誦、練習，上了法庭口若懸河、條理分明，甚至刑案辯護，被告聽畢為之動容，潸然淚下。

這樁侵權案的辯論庭，她從原告無法證實自身享有詞曲著作權，論述到唱片公司發行專輯有合約擔保條款的保障，並不構成侵權行為。每一項論證鏗鏘有力，庭後唱片公司法務信心十足地說：「律師，我看到妳辯論時法官專注聆聽的神情，他不斷點頭，其他律師辯論時他只點一、兩次頭，我有預感我們會贏！」

「噢！真的喔，希望如此，再過三個禮拜後宣判就知道了。」她淡然地回應，完全看不出十分鐘前在法庭上激烈攻防的神態。

她一向認為訴訟是追求正義的過程，不是樂透、抽籤，毋需猜測結果或請上帝天神保佑。《易經繫辭》不也在兩千多年前就宣告：「自天佑之，吉無不利。」老天只保佑自己能幫助自己的人，也就是走在正義路上的人。她從來都信任台灣的司法制度，也相信公理正義會在法庭實現，所以她不會事先預測訴訟結果或擔保一定勝訴，這個習慣有些當事人無法接受，當事人通常期盼在律師這裡透過勝訴保證，試圖獲得信心喊話，而她總是一笑置之。

過年後，她從巴黎自助旅行回來，心情還停留在花都的咖啡、甜點、博物館交織的景象中，助理已經上網查到唱片公司侵權案勝訴的判決主文。她看了，只是淡定地交代助理轉寄給當事人，沒有狂喜或尖叫，她只是思索著，那位原住民詞曲作家為了這首歌曲，五年前開始進法院提告，從刑事庭打到智慧財產法庭，從台東打到台北，只為了向世人宣示他才是這首歌曲的創作者，享有著作權，可以源源不絕地收取使用者的權利金及版稅。從二十年前他取得內政部著作權委員會核發的著作權證書執照以來，到處簽署授權書、廣收授權金，久而久之，他已然說服自己就是創作者，而刻意抹煞歌曲實際上是部落族人傳唱多年，蘊育而成的集體音樂資產之事實，事後當世人發現真相，開始試圖還原之際，冒名的詞曲作家無法面對現實，只好透過訴訟企圖掩飾謊言……。

原告難道不明白謊言是掩蓋不了事實真相的？第一審打輸了，他會再上訴嗎？如果上訴，他如何提出關鍵證據扭轉頹勢、挽救敗局？如果不上訴，他如何對世人交代過往的虛假，以及冒領的金錢利益？有時案件的當事人繼續纏訟，是因為不知道如何在法庭外善後，只好繼續讓案件在法庭內流轉。那麼最終誰來勸醒此案中穿著國王新衣的「詞曲作家」？——無端挨告的唱片公司、為當事人捍衛權利的律師、或判斷是非善惡的法官？冒牌的「詞曲作家」聽得下去嗎？縱使聽得了勸，那麼多年來收取的授權金如何交還給真正的權利人？日後如何面對曾經相信他的家人、族人、朋友、事業夥伴？

如果當初虛擬的謊言無法存在，是否就能避免今日的困境？是否有一種制度可以阻止這種謊言的發生，尤其針對原住民的音樂？如果原住民個人或部落族群都無力阻止時，政府機關是否應該出面規畫設計制度，整理宣示原住民藝術權利的歸屬者，為台灣這一塊土地最早的耕耘者、守護者進行回饋，也為擁有較少資源的原住民找出傳統智慧資產的歸屬和生存新方向。如此一來，庶幾能夠遏阻謊言的持續發酵，同時消弭不當訴訟的糾纏，進而促使世人享受原住民美好的天籟音樂，這就是《易經・大有卦》「遏惡揚善」的真諦吧！她望著電腦螢幕上「原住民族傳統智慧創作保護條例」及辦公桌上攤開的易經六十四卦，才領悟到原來現代法律與中國古代經典可以如此結合，深切期盼行政機關的積極任事，設置良善的原住民智慧創作保護機制，徹底解決法庭訴訟的爭議。

過了一個多月，音樂經紀公司轉寄對方上訴的聲明狀與二審法院開庭的通知，她仔細讀過對方的上訴理由，書狀中只是粗略地指出一審判決書對原告不利之處，卻無法引述法律規定或實務見解、學說加以推翻或批駁，反而充斥一些情緒謾罵指控司法不公的文字，通篇上訴理由狀不具任何說服力，面對這一類書狀，她覺得更難回應。法庭攻防講究的是事證明確、法條清晰、析理精準，如果對方上訴理由狀具體指摘原審法官審理程序的錯誤或引用法條的違失、判決理由的失當，她都可以透過法律專業觀點提出辯駁，而今手上這一份書狀每一段論述的結論都指向空泛的情緒指控，倒讓人不知從何下手。執業多年，她儘量不隨對方情緒反應起舞，撰擬書狀內容一向據於法、出乎情、止乎理，她深知律師書狀風格在法院也會形成口碑，如若律師撰擬的書狀言之無物，只有情緒性的話語，久而久之法官也就棄之如嫩屁了。

琢磨一週後，她才從對方的上訴理由梳理出重點，逐項駁斥，擬妥答辯狀寄給唱片公司確認內容後，即刻送法院。

兩週後二審法院開庭，一走進法庭看到上訴人（原告）仍委任同一律師，她不禁皺了皺眉頭，這位律師專打一般民、刑事訴訟，對於著作權的爭議並不熟悉，實在無法為當事人提出強有力的法律論點，在一審法院交手數回合就深諳他不專業也不敬業，跟這種對手打起官司來，真是不夠痛快！她很快地找到法庭中被上訴人訴訟代理人的位置坐下來，法官已經宣布開庭，庭務員念誦案件的名稱與案號後，法官依序詢問上訴人及被上訴人的聲明與理由，上訴程序行禮如儀完成後，法官才開始提問案情的重點，不過他提出第一個問題就讓對方傻眼。

法官問道：「上訴人你這件是告詞曲侵權，可是在一審的時候，證人來法庭作證都沒講得很清楚，到底是說你有沒有詞與曲的權利，我看筆錄都記的不明確。你要不要只告『詞』就好，『曲』的部分有可能是部落的古調，你就不要告了，這樣案件審理起來也比較單純！」

吓！有這款法官？兩邊當事人已經辛苦交戰一年多，打到二審法院了，他居然叫上訴人放棄一半的訴求，真是匪夷所思！通常這種情形只可能發生在雙方沒有委請律師出庭的案件，當事人不懂法律，法官有時為了審理案件的便利，會當庭找些理由，勸諭當事人撤回全案或一部分的訴求，有些當事人信以為真就傻傻地簽名撤回，案件就莫名其妙地結束了。當事人事後收到撤回結案的通知書，才恍然大悟在法庭上一個簡單的簽名動作竟讓全案不了了之。可是我們這一件上訴人與被上訴人都有聘任律師，而且雙方律師都在場，法官居然當庭提出這種節省審理程序的要求，雖然這個提議對她所代表的被上訴人這一方有利，可是面對法官離譜的要求，此刻她寧可保持靜默，不予附和，免得在程序上影響對方的權益保障，因為如果以這種方式促使對方撤回一部分的起訴，根本勝之不武！更何況一審法官在訊問證人的過程中，關於「詞」或「曲」的創作人，證詞筆錄記載得很清楚，這位二審法官究竟是如何的心態呢？為什麼會認為筆錄內容不明確呢？在法庭情況不明的狀態下，她決定保持觀望，先不表態。

倒是上訴人的律師聽出端倪，有點著急了，起身表示意見時居然口吃了起來，他說：「報、報、報告審判長，上、上、上訴人起訴主、主張侵權，是包含這首歌的詞、詞、詞跟曲，上訴二審還是一樣主張詞與曲同時遭到侵、侵、侵權，請審判長明鑑。」

法官見目的不達，立刻換下一個議題，接著問：「上訴人你們在一審有提到這首歌在八十七年有作專輯發行，為什麼筆錄有記這句話，可是卷宗裡面都沒有那張專輯的資料？如果可以提出那張專輯CD，就可以依著作權法第十三條主張有在著作公開發表時表示上訴人的名字，推定為這首歌的詞曲作者。」

慘了！這是在一審過程中，她與當事人最擔心的主張，還好對方後來沒提交那張專輯唱片到法院。一審判決書就完全未加著墨，怎麼上訴二審突然冒出這個最具威脅性的說法？尤其詭異的是對方這次的上訴理由狀毫未提及那張專輯，居然是法官主動提到，難道法官不明瞭這種著作權的侵權爭議依民事訴訟法的規定，必須遵守「當事人進行主義」，當事人未提出的主張或證據，法院不得依職權審理或調查，今天法官怎麼啦？為什麼都不按牌理出牌？身經百戰的她明曉此時不能自亂陣腳，在力持鎮定等候對方律師的反應後，她放下心來，因為對方律師詢問身旁的上訴人後，上訴人語無倫次地說：「法官，我在一審就有要提啊！可是律師說提了也沒用，後來上訴就沒再提，那張專輯到底有沒有，好像找不到了，又好像有……。」

法官有點不耐煩地問：「到底有沒有？回去找找看。被上訴人這張專輯不是你們出的嗎？可不可以提給我們法院？」

她低聲問過身旁的版權經理，起身平靜地表示：「那張專輯發行時間太久了，現在公司已經沒有庫存了，很抱歉！被上訴人無法提出。縱使上訴人日後提出，也已拖延過久，鈞院應依民事訴訟法第一九六條之規定，以上訴人延滯訴訟而駁回。」說完她看到版稅經理寫的紙條：「這法官頭腦有洞嗎？公司縱使有CD，也不可能拿出來!!!」

法官接著整理本案的爭點，他說：「本院認為這個案件的爭點只有兩項：上訴人是否對系爭詞曲享有音樂著作權？被上訴人有無侵權行為？」

兩造律師均表示無意見後，法官繼續問：「關於上訴人有無音樂著作權，你們雙方在一審都有分別請證人出庭作證，上訴人主張在民國六十八年創作這首歌，被上訴人則強調部落裡的族人在六十六年之前就聽過或傳唱這首歌，到底這首曲子是不是部落的古調？這首曲子最早是在何時出現，我想有必要深入調查，兩造可否找到專家證人，例如專門研究原住民音樂的民族音樂學者專家或部落耆老出庭協助本院查明這些疑點？」

上訴人不待律師表示，立刻回答：「法官，沒問題，我可以找幾個有研究這首歌的學者跟他們寫的論文，請法官傳他們來作證。」法官轉向被上訴人這一邊，她不疾不徐地說：「請審判長容我與當事人討論後，再具狀聲請。」

庭期結束兩個禮拜後，唱片公司透過部落的朋友專訪耆老，找到族中研究原住民音樂的大學教授，以及曾做過田野調查的專家願意出庭作證。她迅速向法院陳報證人的姓名、地址，並附上待證事項，同時以電話詢問書記官目前傳訊證人之情況，在電話中書記官透露對方聲請的一位專家證人表示拒絕作證。

咦！是何緣故拒絕作證呢？是對方請求證明的事項，那位音樂系老師不認同嗎？或是證人與對方交情不夠，不願為其說項？書記官說不得而知，只確定上訴人傳訊另一位大學民族音樂系教授與專輯製作人將出庭，提醒她要準備律師詢問證人的題目。她依書記官的要求，一週後就把預備提出的問題以電子郵件寄給法官助理，讓法官可以事先了解詢問證人題組的適當性，也便於書記官提前輸入電腦，減少開庭時激烈攻防中，各方快速的發言影響筆錄的製作或開庭的節奏。

一個月後，雙方齊聚法院，加上傳訊的證人，法庭裡幾乎坐滿。法官為了讓兩造律師充分詢問證人，今天下午只安排審理一個案件，庭期在兩點半開始，證人依序出庭，倘使順利的話可能六點可以結束；如果擦槍走火，案件槓上開花，或證人節外生枝，庭期持續到晚上都有可能。她在法庭外換穿律師袍時，順帶提醒當事人，今天的庭訊一時半刻是不可能結束的，唱片公司經理趕緊以手機交代公司同事後，隨她進入法院，書記官已經在電腦螢幕鍵入五位證人的身分證資料，她坐上訴訟代理人席，把兩大本卷宗放上桌面，再把詢問證人的題組攤開，連同專家證人的背景資訊與論文報告也一併擱在一旁，以備不時之需。

審判長準時走上法官席，坐定後進行證人的人別訊問，隨之請證人一起朗讀證人具結文後，決定先由她代表被上訴人詢問他們這一方聲請的證人。第一位出庭的證人是東部一所大學民族音樂學系的年邁教授，白髮蒼蒼但身體硬朗，他敘述職經歷及研究原住民各部落音樂祭儀的年資後，就由唱片公司的律師提問，一問一答中，證人具體分析這首上訴人提告歌曲的旋律結構、調性及歌詞內容，認為這首歌不屬於部落古調，而是原住民與漢民族通婚，生活融合下的感受，絕不是一個人或單一部落創作的歌曲。

聽完證人的專業分析之後，她進一步問：「請教證人，您最早聽到這首歌是什麼時候？在什麼地方、什麼場合聽到或唱過？」

證人答稱：「我在中學時就聽過了，那時候我在花蓮讀中學，大約是六十五年，音樂老師帶我們唱，因為旋律輕快、簡單，唱一節課我們就學會了，還帶動作，我對這首歌印象很深刻，後來上大學參加社團活動也有教部落的小朋友唱。」

她繼續問：「請問六十五年的唱法及歌詞如何？您記得嗎？可否請審判長提示上訴人在原審準備書狀所附的智慧財產局著作權執照及歌曲詞譜給證人閱覽，確認當年證人學唱的歌是不是就是這一首？」

法官開始找那份準備書狀，卷宗資料太多，一時找不到，法官詢問上訴人是否有那份書狀，直接提供給證人看。沒想到上訴人的律師居然說忘了帶，法官轉而問她，她馬上翻到卷宗那一頁請庭務員呈給法官審閱後，轉交給證人閱覽。

證人邊看邊哼唱，整個法庭靜默中只傳來證人哼唱歌曲的聲音，當他哼到第八音節時開口說道：「法官，這個小節有問題，它的音符有五個，歌詞卻只有兩個字，依我專業的樂曲結構與唱法來看，這樣是沒辦法唱的，除了這個音節外，另外第二段第三個小節也有相同的問題，其他部分都跟我六十五年時學唱的唱腔歌詞相同。」

上訴人在一旁按捺不住，一直要舉手打斷證人的敘述，法官等到證人陳述完畢才示意上訴人發言，法官說：「上訴人你要尊重證人的轉述，讓他完全講完再輪到你說嘛！你到底想說什麼，現在說吧！」

上訴人陡地起身，憤憤不平地說：「法官大人！證人亂講，什麼第八音節唱不出來，明明就可以，不然法官我唱給你聽！」

法官面對這項突如其來的請求，有點錯愕，思索片刻後，考量到上訴人有權彈劾專家證人的證詞，才准許上訴人的請求，指示說：「上訴人你現在就唱，不過你得照那張歌詞與譜來唱，才能跟證人剛剛哼唱的方式作比較！」同時交代書記官把那張歌譜掃描檔透過電腦連接顯示到法庭投影牆面，庭務員關燈後，大家凝視投影畫面的歌譜，等待上訴人當場吟唱。一分鐘過後，法庭仍是一片靜默，法官轉過頭望向上訴人，原來他還在打節拍作準備，法官啼笑皆非地說：「上訴人這裡不是開演唱會，也沒有樂器伴奏，你就直接唱出來吧！」

上訴人終於開口大聲唱，法庭中每一個人都看著投影畫面，一字一句核對歌詞，看看到底證人剛剛的證詞究竟是否正確，尤其到了第八音節時大夥兒更是屏氣凝神，聽得仔細，出人意料地，上訴人的唱法居然與自己提供的樂譜詞曲不符，反而與證人哼唱內容相符，最後兩句更是唱錯歌詞。

一曲唱畢，法庭重新開燈後，她就快速指出上訴人唱錯之處，證實證人的陳述才是正確的，她還補上一句話：「審判長，自己創作的歌曲就像自己生的孩子一樣，這句話是上訴人上一庭特別強調的。我們引用上訴人的話想反問他，唱錯歌詞就如同認錯小孩一般，請問上訴人自己生的小孩怎麼還會認錯呢？剛剛上訴人明明看著歌詞，怎麼還會唱錯呢？」

上訴人連忙解釋：「法官，剛剛我是融入感情，閉著眼睛唱，沒看歌譜才會唱錯啦！」語畢全法庭譁然，旁聽席更傳來大笑聲。

她冷冷地回應：「審判長，方才為了讓上訴人看清楚歌詞，也方便大家核對，您特地把歌詞打上投影牆面，還把日光燈全部關了，上訴人可以看得清楚牆面上的歌詞，現在又硬拗是閉著眼睛唱，孰能相信？從這個過程就可以看出來這首歌根本不是上訴人親自創作。」版權經理在桌上便條紙寫上「睜眼說瞎話、閉眼唱錯歌」遞給她，她看完只是搖搖頭，真是秀才遇到兵，有理說不清。

被上訴人這一方傳訊的證人在她多方準備的詢問後，幾乎可以確定這首歌曲傳唱的時間早於上訴人主張創作的時間，接下來輪到上訴人方詢問他們聲請傳訊的證人了。沒想到上訴人律師提問二個問題後，上訴人就舉手表示要自己發問，他的律師訕訕地在一旁坐著，不知該繼續問或交給上訴人詢問證人，法官有點不悅地說：「你的律師不是把詢問證人的問題都準備好了，你為什麼要自己問？」

上訴人急著回答：「律師不曉得這些事情，我問才能凸顯事情真相啦！」沒等法官表達是否准許，他就開口問道：「請問證人當初做這張專輯時，是不是你有陪同唱片公司去我台東的家來談這首歌授權的事？」

證人立刻點頭稱是，上訴人繼續問：「專輯上也有寫明我是創作者，對不對？」證人又附和其詞，還提出那張專輯的封面及內頁說明書呈給法官，法官指示庭務員立即影印存卷。

上訴人又問：「後來立委選舉有候選人用我的歌也要我授權，有沒有這件事？」證人點頭如搗蒜，上訴人滿意地坐下，結束他的證人問答秀。

版權經理開始著急，悄聲問她如何因應，她說：「別著急，這是對方跟證人套好的。接下來法官會讓我們問，會有機會揭穿證人的偽證。」說著法官就指示由被上訴人這一方提出問題。

她劈頭就問：「證人當初參與這張專輯的製作是擔任什麼職務？」

證人得意地陳述：「當年唱片公司請我擔任文案企畫，還有負責整張專輯的歌詞。」

她請法官提示方才證人庭呈的專輯CD內頁說明書，詢問證人：「請問專輯上工作團隊的記載關於『企畫』為什麼不是你的名字？」

證人一聽臉色大變，看了一眼庭務員遞上的CD內頁，答道：「噢！這是唱片公司的制度啦！在十幾年前都是會寫公司內部的人，不會寫我們的名字啦！律師妳可能比較年輕，不知道那時候的唱片圈。」

瞎掰還不忘揶揄律師，這款證人著實囂張。她沉住氣，不帶情緒地回應：「是嗎？十幾年前我就擔任唱片公司的法律顧問，怎麼沒看過這種寫法?!」

證人只好再找一個理由來搪塞：「可能每一個唱片公司作法不同吧！」她不想再讓證人有繼續發揮的機會，換個題目，再問：「請問當時唱片公司有跟證人簽約嗎？」

證人毫不遲疑地答：「沒有，我們那時都是口頭約定。」

她再追問：「您提到這張專輯十首歌的歌詞都是您負責改寫，請問唱片公司有請您授權，有簽授權同意書嗎？」

證人回答：「有啊！我簽了，授權同意書交到公司了。」

她展開攻擊，指出證詞的矛盾：「證人剛剛不是說那時候都是口頭約定，為什麼歌詞改編卻簽了書面？既然簽合約，一定壹式兩份，您手上怎會沒有留存？」

證人一時語塞，只好說：「時間這麼久，我也忘了。」

她再啟疑點，問道：「剛才上訴人問您，授權的事，您說有帶唱片公司的人去請上訴人授權詞曲也付了版稅，那麼既然歌詞是您重新寫的，唱片公司也跟您簽了授權書，為何又請求上訴人授權？這樣不是重複授權？付了兩次版稅？唱片公司會這麼糊塗嗎？」

證人沒料到她會揪住這個矛盾點，一時之間不知如何作答，竟將臉朝向上訴人，似乎是在求援。

她立刻表示：「請證人不用轉向上訴人，上訴人也不能代您回答，請自己說明。」

上訴人律師趁機告狀，向法官抗議她語氣凶悍給證人壓力，法官沒理會，只是指示證人直接回答，證人低聲地說：「那是唱片公司的作法，我怎麼知道？」

她感受到證人逐漸詞窮，決定繼續打擊他的證詞，問道：「剛剛上訴人提到這首歌曲他有授權給立委候選人做選舉宣傳曲，請問您有參與那次的授權過程嗎？有親眼看到或親耳聽到嗎？」

證人搖頭說：「沒有，是上訴人拿到授權金事後跟我說的。」顯然證人沒有親自見聞，他這項證詞也被否定了。

她循序漸進，再進攻另一個致命傷——關於專輯內頁說明書記載這首歌是上訴人創作一事，她問道：「請問專輯說明書這首歌的文案是您寫的嗎？」

證人承認後，她再問：「您當初為何知道這首歌是上訴人創作歌曲？」

證人答道：「我那時候有到部落住幾個月，就在那時候認識上訴人，他有唱一些歌給我聽，包括這一首，我就推薦給唱片公司，製作人聽了也很喜歡，就請我改編歌詞，後來要發行時，製作人問我是誰寫的詞曲，我問上訴人，他說是他，我才請製作人這樣寫。」

她追問：「當時您或製作人有去部落或其他管道打聽查證這首歌的創作人嗎？還是您只聽到上訴人一個人這麼說就認定他就是詞曲創作人？」

證人說：「沒有再去問別人，我想作者一定不會騙我們。」

她坐下來，轉身向審判長表示沒有其他問題了。法官宣布今日退庭，下一次庭期訂在一個半月之後續審，兩造須在開庭前一週提出對於今天證人庭訊證詞之意見。

一走出法庭，版權經理急著問她：「律師，怎麼樣？妳覺得今天證人講的對我們有利嗎？最後一個證人到底法官會不會相信他的話？」

她邊收律師袍，抬頭說：「我想法官是不會採信的，因為他的證詞疑點太多，而且他的資訊來源只有上訴人一處，欠缺客觀性，不足以說服法官，我們聲請的專家證人說辭卻對我們有利。等下禮拜調到電子筆錄，我會好好整理，寫一份狀子向法官分析證詞利弊，寫好會先給公司看，如果覺得證詞有風險，公司可以考慮找那張專輯的製作人出庭，反駁今天證人的講法，不過我覺得應該沒什麼必要，因為我詢問的過程幾乎都可以推翻他原先的證詞。」

版權經理走進電梯後說：「是呀！最後一段最驚險，也最精采！若要說今天開庭最經典的橋段就是對方唱歌的那部分，旁聽席都有人笑到快要翻過去了呢！」

她含笑道別後，走出智慧財產法院，在暮色中跳上計程車，心裡想著人生如戲，戲如人生，法庭裡有人說謊、有人偽證，而也有人堅持事實與公理，究竟孰是孰非，時間會說明一切的……。

（後記：一審判決原告敗訴，被告均未侵權，毋需賠償，理由是原告無法證明他是歌曲的著作人而享有著作財產權。原告上訴後，二審法官認定證人所言為傳聞證據，上訴人無法舉證創作之事實，故駁回上訴，維持原判。原告上訴最高法院，兩年後駁回上訴，三審定讞。）

當你惡事做絕時，縱使對方當事人被蒙在鼓裡，法官也遭蒙蔽；但天理昭彰，最終天道定會覺察感應，命運之神會冷不防地來個回馬槍，讓你明瞭因果業報的歷史軌跡。

偽證的代價——詞曲侵權案

這一場和解的協商，嚴格說來已經持續談半年了，主要是原告偕同律師與我的當事人在推動，本來在去年聖誕節前夕對方承諾撤回全案，雙方差點要簽署和解書了，卻又發生戲劇性的轉變！

起因是原告（詞曲老師）的律師貪婪之心大發，要求除了我的當事人（詞曲授權人）要賠償之外，另一家伴唱帶業者（詞曲被授權人）也必須同步彌補版稅損失，突如其來的和解條件，遭到同列被告的伴唱帶業者拒絕，伴唱帶公司老闆認為全案糾紛與他們無關，他們只是下游的音樂詞曲使用者，當初已從我的當事人詞曲代理公司取得合法授權，不該拉他們公司出來陪葬，因此拒絕賠償。我的當事人自然也不敢勉強他們，因為身為詞曲授權者，權利來源沒弄清楚，引發侵權訴訟，已經對於伴唱帶業者難以交代了，怎麼可能再強求被授權的伴唱帶公司連帶賠償！於是談判桌上和解宣告破局，原告律師痛罵，原告當場大怒，三方律師再回到法庭繼續訴訟攻防。

智慧財產法院的審判長一開庭就和氣地詢問和解進度，原告律師怒氣沖沖地抱怨伴唱帶公司被告拒絕和解，導致破局，本來已經談成就快簽和解書了……沒等原告律師說明完畢，伴唱帶公司的律師不願被抹黑，立刻起身，澄清當天和解現場實況，解釋伴唱帶公司並無任何侵權責任，只是倒楣被連累，何來阻礙和解之說？

「請原告大律師發言謹慎些，不要曲解實情，混淆視聽，尤其不要用和解當天你偷錄的現場錄音來作為訴訟的主張。」伴唱帶律師發出驚人之語，指控原告律師私下錄音，顯然意圖先發制人，取得反制之先機。

原告律師聞之震怒，立刻回應：「錄什麼音？請被告律師說清楚，我當場哪有偷錄音？」

「談和解那天，大律師你最晚到，一進門手機就擺在桌上，開關鍵一直亮著，又沒有來電顯示，可見得就是在錄音，當心觸犯妨害秘密的刑責！」伴唱帶被告律師不甘示弱，直接道出和解當天他注意到的細節。

「你不要含血噴人，我根本沒錄音。」原告律師極力撇清。伴唱帶公司律師看到我疑惑的眼神，湊近我耳朵悄聲說：「我只是要逼那個夭壽的原告律師講出沒有錄音的這句話而已，這樣他就不敢拿那天偷偷錄的音當作為這個案件的證據，因為那天我的當事人被設計，有在和解會議現場向原告道歉，萬一法官聽到錄音帶，不明就裡，誤以為我的當事人承認侵權而道歉，就冤枉了。」

審判長眼見兩造律師針鋒相對，法庭氣氛頓時火藥味十足，連忙制止，說道：「既然和解暫時無法達成，那麼我們就回到訴訟程序。原告訴代上次聲請傳訊證人，就是要傳當年簽署轉讓協議的唱片公司老闆，是不是還要聲請？因為本件的爭點，上一庭我們都整理過了，相關物證在準備程序雙方都提出原本核對，也表示過意見了，只剩下傳訊證人的程序。」法官邊翻閱卷宗，邊預定接下來的訴訟程序。

「是的，原告要聲請傳這位證人，待證事實載明在一月二十日我們提出的聲請調查證據狀第二頁，證人可以來證明十年前他們簽署轉讓協議書並沒有包括本件十五首詞曲的音樂著作權，只是移轉詞曲經紀代理權。」原告律師似乎心情平復了，語氣平和地回答。

法官轉過頭來詢問我們被告律師，對於原告傳訊證人的意見，我與伴唱帶公司的律師都點頭，表示同意傳訊，於是法官宣布三週後的庭期，結束了今日的庭訊。

走出法庭後，我問當事人指派來旁聽的版權部經理：「那位證人出庭會說實話嗎？當初你們老闆好意幫他度過事業上的危機，三天之內付給他三千萬元，買了他公司全部的專輯母帶的權利，當然也包括詞曲著作權，他出庭作證敢像原告律師主張的，證稱只賣詞曲代理權而已嗎？」

「律師，這就是我擔心的地方！一年前這個案子剛爆發時，對方到檢察官那邊告了刑事，我們老闆很生氣，立刻找到這位證人問是怎麼一回事，為什麼當年的詞曲作家會跳出來告？不是全部都賣給我們了嗎？證人居然說別人的詞曲我又沒版權，怎麼賣？我們老闆氣死了，還好檢察官沒聽信他的鬼話，後來判我們不起訴。沒想到詞曲作家又來告民事，要求賠償十年來的版稅五百萬元，上次他們打輸，這次原告一定會好好跟證人商量，串通好來作證，這樣案子很可能會翻盤。」經理憂心忡忡地表示。

「可不可以請你們老闆再去跟證人溝通一次，請他出庭據實以告，倘使他有來自詞曲作家的壓力，那麼他也有責任勸雙方和解嘛！尤其是詞曲作家那邊，一方面證人跟詞曲作家熟，二方面事情因他而起，無論情理法，他都該負責理順，如果案子和解了，他就不用出庭作證了，免得夾在中間，左右為難呢！」我提議當事人出面，說清楚講明白，避免證人一面倒，影響案情發展。

「律師，恐怕有困難，因為前兩天為了今天要開庭，您寄對方的聲請調查證據狀來，我向老闆報告，老闆立刻撥電話要約證人見面，他不僅手機不接聽，連傳 LINE 給他，也是已讀不回。」經理滿臉愁容。看來這下凶多吉少，下一次開庭恐怕會有場硬仗要打，我得好好準備如何破解證人偏袒原告的證詞了。

三週後，我們被告律師兩人臉色凝重地走入法庭，原告律師特地請原告出庭，顯然要在場監督，確保證人的證詞對她有利，從證人跟原告與律師有說有笑地報到，再走到證人席的神色看來，就知道今天證人肯定站在原告那一邊。果不其然法官連續提出五個問題，他的回答都對原告有利！

法官問：「九十八年五月你是否與被告朱先生簽了一份轉讓協議？」法官同時指示庭務員轉遞卷宗內的文件給證人閱覽。

證人答：「是，這份是我簽的，有蓋公司的大章。」

法官直接問到關鍵點：「協議書第一條寫明你的公司同意轉讓全部權利是什麼意思，是不是包括本件十五首歌曲的音樂著作權？」

證人答：「不包括這些詞曲的著作權，因為十年前我經營的唱片公司資金周轉不靈，找不到合適的人選來接手，地下錢莊又催款孔急，一度綁架我的兒子，後來老朋友就是被告朱先生借我二千萬元贖回我兒子，我跟他商量公司資產的讓渡，包括專輯的母帶權利跟詞曲代理權，提議他再給我三千萬元去還債，就可以接收公司的所有資產。老朱本來不要，因為他說他是搞建築的，不懂唱片行業，沒辦法經營，我拜託他一定要接下來，如果他不承接的話，公司的所有產品跟母帶的權利會被好幾個債主四分五裂，我經營二十多年的心血就會被毀掉，後來老朱答應了，三天內就匯三千萬元給我，我們就簽了這份轉讓協議書，我把公司所有的資產都移轉給他。那時候公司有幫七、八個詞曲作家經紀代理他們的歌，不過那些詞曲權利不是我的，我不可能移轉音樂著作權給老朱，我只是把詞曲代理權移轉給他。」

法官追問：「簽這份轉讓書時，你有明白地告訴被告朱先生這個意思嗎？為什麼協議書沒有寫得這麼清楚？」

證人答：「我有跟他講詞曲的權利是有時間性的，其他母帶的錄音著作權是永久的，因為我公司是Publishing，只有作經紀代理，通常詞曲作家只給我們代理權，業界都是十年的時限，我不知道為什麼協議沒有寫明，可能是那時候時間太匆促了，只有三天的時間，我一下子要整理這麼多東西，難免會有疏漏，不過我確定有口頭跟他講清楚。」

法官問：「協議書的附件呢？是不是這一份今天被告庭呈的原本？」法官又指示庭務員交給證人閱覽。

證人答：「對！就是這一份，除了母帶專輯名稱之外，還有附上演唱的藝人、詞曲歌名與詞曲作家姓名。」

法官問：「協議書所有轉讓的金額六千萬元，都支付給你了嗎？」

證人答：「是。」

法官把簽約的重要事項都問清楚時，原告與律師喜形於色，接下來法官請原告律師詢問證人時，原告律師與證人更是一搭一唱，配合得天衣無縫，我們被告律師看著電腦螢幕的筆錄問答，觸目驚心、烏雲罩頂。

原告律師問：「請問證人在台灣流行音樂界資歷有多久？」

證人得意洋洋地回答：「將近三十年了。我當兵退伍後就到歌林唱片當宣傳的助理，一路爬到企畫經理，後來出來自己開唱片公司，前後有二十七年了。」

原告律師問：「以你這麼長的音樂界資歷，如果十年前你有一併轉讓音樂著作權，是不是要先跟詞曲作家簽詞曲轉讓同意書，才能把詞曲權利轉給被告？」

證人立刻點頭，說：「對啊！詞曲老師賣給我，我才能轉賣給別人。唱片界大家都知道這個規矩。」

原告律師接著問：「那麼十年前你有跟這八位詞曲老師簽訂詞曲轉讓的契約嗎？」

證人搖頭說：「沒有。」

鋪陳這些證人當年不可能轉讓詞曲權利的事實之後，原告律師庭呈一份補充協議書給法官，法官交代庭務員給我一份影本，上面記載著補充九十八年所簽的轉讓協議書中移轉權利的項目，最令人吃驚的是竟然十個條文中有五條都有「詞曲經紀代理權」的用語，顯然對我方不利，我趕緊翻到最後簽約人的欄位看看是何時何人簽署，居然是空白的，原告律師在搞笑嗎？拿一份沒人簽名蓋章的文件到庭上當作證物？

我正要發言表達疑問，原告律師又繼續詢問證人關於這份補充協議書的效力，證人的答案讓我更為震驚，他說：「這份補充協議書我有蓋章呀！這是簽了協議書後過了一年，我到老朱的公司幫他清點那些我交給他的母帶，他似乎還搞不清楚我給他的權利到底有哪些，我就跟他公司的經理到倉庫清點，整理出一份清單，再補寫這份補充協議書，這裡就很明白地列出詞曲的經紀代理權了。」

原告律師滿意地向法官說：「代理人沒有進一步的問題了。」

法官轉向被告席，問我們是否有問題要向證人提問？倘使我方要扭轉被告案情的頹勢，揭穿證人的謊言，當然要向證人提出彈劾性的問題，質疑他方才對我們不利的證詞，於是我立刻點頭稱是。

法官准許後，我和顏悅色地請教證人：「您剛剛提到在台灣音樂界的資歷長達二十七年，算是資深的唱片界前輩，又開設公司發行唱片，長期經營詞曲的經紀代理，您一定明瞭『著作權的轉讓』與『代理權的轉讓』是不同的意義，是嗎？」

證人覺得有點奇怪我為什麼鋪陳如此長的開場白，只為了他說出一個字的證詞：「是。」

我繼續展開問題：「既然您理解『著作權』與『代理權』的不同，為何九十八年簽的轉讓協議書中關於詞曲代理權的移轉，不直接載明這個用語，卻寫成音樂著作的轉讓？」

證人開始感受到我前面的鋪陳是有目的，不知如何對應，乾脆推卸責任：「我不知道為什麼這樣寫，這份協議書不是我寫的！」

我緊追不捨：「那麼是誰幫您寫的？」

證人含混地答：「是我請律師寫的。」

我依然不放過：「是哪個律師？」

證人不情不願地說：「就是原告的律師。」

我轉向審判長請求記明筆錄：「請法官記明筆錄，證人說這份轉讓協議書是原告律師撰擬。依律師法第二十六條規定：『律師對於左列事件，不得執行其職務：本人曾受委託人之相對人之委任，或曾與商議而予以贊助者。』原告既然撰擬這份轉讓協議書，十年前曾與被告商議而給予法律意見，當然不得執行本件的職務，這部分我們先保留請求鈞院裁定原告律師停止執行職務的權利，等詢問證人完畢，再向鈞院陳明。」

原告律師臉色鐵青，一旁原告發覺有異，連忙問律師我的說辭是何意思。我不理會他們的反應，繼續提出問題：「您剛剛說原告律師今天庭呈的補充協議是九十九年簽的，為何時隔一年，法律知識大為進步，您立刻區分著作權與代理權的差異，在補充協議書好幾個條文寫到『詞曲代理權』？而轉讓協議書卻隻字未提？」

證人看看電腦螢幕，又看著我，不知我葫蘆裡藏著什麼藥，不敢直接作答，我再加碼質問：「九十八年您在音樂界的資歷已經將近二十年，為何移轉詞曲代理權卻寫錯，寫成轉讓音樂著作權；而短短一年過後，您立刻弄清楚在補充協議書中好幾個條文都載明是詞曲代理權的移轉？難不成短短一年的時間您的著作權知識臨時突飛猛進嗎？」

不待證人回應，原告律師就抗議：「請審判長制止沈律師刁難證人。」

吓！原告律師膽敢阻止我詢問證人，顯然他們就是沆瀣一氣，狼狽為奸，趁法官還沒意會過來，我立刻解釋：「審判長，代理人絕對沒有刁難證人的意思，方才是原告律師問到證人音樂界的資歷，才讓代理人聯想到證人的專業知識與協議書用語的關聯性，代理人的問題都是符合經驗法則與本案的待證事實的。」

法官說：「好，妳可以繼續問，證人請回答。」

「我忘了為什麼後來這份補充協議書的用語不一樣了，因為是別人寫的。」證人小心地陳述。

「又是原告律師寫的嗎？」我挑釁地問。

「我忘記了。」證人囁嚅地說，顯然被我剛才引用律師法的條文嚇到了，擔心再度連累原告律師，就推說忘了。

明明知道證人與原告事先套招，在法庭上與原告律師演雙簧，我怎麼可能放掉任何揭穿證人偽證的機會，於是再追問：「是不是簽完轉讓協議書，您拿到尾款三千萬元之後，債務壓力解除了，您後悔公司資產全部讓渡，所以再寫份補充協議書，企圖索回詞曲著作權？」

「沒有這回事，簽了就簽了，我從沒後悔。」證人急著否認。

「那麼相關權利都在民國九十八年的轉讓協議書明白約定了，何需畫蛇添足第二年又加訂這份補充協議書？」我揚一揚手中持著原告律師剛剛庭呈的文件。

證人連看都懶得看我，假裝盯著電腦螢幕，拒絕回答。

我再引用補充協議書中的條文直搗問題核心：「請問證人，『版權』是何涵義？補充協議書第七條約定音樂著作權，您取得百分之九十的版權，被告取得百分之十的版權，是什麼意思？如果您沒擁有百分之百的詞曲版權，如何分配其中的百分之十版權給被告？如果依您早先所述詞曲版權都是詞曲老師擁有，您如何作百分之九十：百分之十的比例分配？」

證人一副被砸到痛腳的神情，原告律師更焦急，他一定很懊悔今天在法庭上多事提出這份補充協議書，反而跟證人的證詞自相矛盾！法庭上一片靜默，法官凝視著證人，我不耐地催促：「現在已經開庭兩個多小時了，審判長接下來還有其他案子要審，請證人儘快回答吧！」

證人忿恨的眼神投向我之後，聲音微弱地說：「我不明瞭這個條文的意思，我也不知道為什麼這麼寫。」

本來想再窮追猛打，問點風涼話——音樂界二十七年的資歷，連這麼淺顯的條文都不懂嗎?!心頭頓一下，罷了，法官已聽懂其間的曲直，我就不用再落井下石了。

我開啟另一組新的問題：「請問證人您方才回答審判長的問題說一般業界詞曲經紀的年限是十年，為什麼原告律師上一次開庭提出兩份原告在十年前與您簽的詞曲授權同意書上面授權期間是永久，另一份寫著『著作權法規定之詞曲存續期間』，請問這代表是幾年？」

證人還沒弄清楚我指的是哪兩份同意書，正等候法官交代庭務員轉交給他在證人席上閱覽，原告律師已經臉色大變，萬萬沒想到我居然用他之前提出的證據透過證人的供詞來打擊原告！證人看完那兩份文件，神色有些不自然，只答道：「這是我簽的沒錯，可是我不知道存續期間是指幾年。」

「那麼我可以告訴您，著作權法規定詞曲的保護年限是詞曲作家一輩子加上五十年，如果原告活到一百歲，那就是一百五十年，請問一百五十年或永久，為何都跟您提到的十年業界規矩不一樣？」我故意搬出著作權法詳加說明，在訴訟上「以子之矛，攻子之盾」一向是最佳戰術。

證人用那雙足以殺死我的凌厲眼神說：「謝謝指教！」

我立馬微笑回應：「不客氣，再請教您……」我還沒說出問題，證人已然皺緊眉頭，他一定覺得今天踢到鐵板了。

「請問證人當初您公司與這七、八位詞曲老師簽署的詞曲經紀代理合約的年限到九十八年要簽轉讓協議書之際，剩下幾年？」我提出更具體的數據問題。

「不一定啊！要看個別詞曲，有些剩三年、五年或七、八年不等。」證人覺得我又問了奇怪的問題，似乎跟本案主題都無關。

「所以大多數不到十年喔！那麼為什麼您向審判長說您在九十八年時要簽轉讓協議，有跟被告口頭說明詞曲代理權是十年，這樣的數字也不正確啊?!」我說出真正問題所在。

證人聽了差點翻臉，強辯：「這是很正常的呀！因為每一首詞曲創作出來的時間不一樣嘛，我怎麼可能講那麼細！」

「可是就是與您提到的十年不符啊！我的當事人怎麼可能砸下天價的錢，去買您剩下一年、三年或五年不等的詞曲代理權，在十年前六千萬元是很大的數目呀！你卻沒跟被告講清楚，賣的不是詞曲著作權，只是剩下幾年的代理權，你這樣是不是設局詐騙啊？」我作了結論，企圖用激將法逼出他的真話。

證人怒不可遏，重重地拍了桌子，斥道：「我絕對沒有騙被告，當初愛買不買，他自己作的決定！」語畢拂袖離去。

法庭內一片錯愕，原告律師急忙衝出去攔阻他離席，法官說：「證人怎麼突然離開？程序又還沒結束。」我請書記官筆錄記明「證人憤而離席」，一抬頭證人在原告律師陪同下又走進法庭，坐上證人席，法官指示書記官記載「證人離開復回座」。

法官說：「證人也不用這麼生氣，律師有他的職責，你就針對事實說明就好，不需要有情緒。」證人向著法官連聲致歉，可是眼神飄到我這個方向時，居然是惡狠狠的一瞪，真是沒風度、沒擔當的證人！

法官處理完證人的情緒問題，確認兩造律師都沒有詢問證人的問題之後，我們都以為法官要退庭了，沒想到法官居然進入感性時間，法官先請原告到前面詢問席入座，告訴原告音樂是世界上最能撫慰人心的藝術，原告創作的歌曲站在消費者的立場應該要讓它流傳推廣……原告只聽到這幾句話，眼淚就撲簌簌地掉下來，滿腹委屈地說：「身為創作者，我沒想到還要來法院證明我是權利人，還要費盡力氣爭取權利，對方不只侵權，現在還把我的幾百首歌凍結，不讓別人使用，嗚……」哽咽的話語，使得法庭中的空氣幾乎凝結。

法官安慰著原告：「打官司就會造成兩敗俱傷，唱片公司賺不到錢，創作者也無法讓作品流通市場，甚至妳今天來到法庭裡，聽到雙方律師的對話也會不舒服。因為律師與音樂人不一樣，律師談的是冷冰冰的法律，藝術家在乎的是火熱熱的感情，透過訴訟程序，妳要爭取權利，必然會有更多的受傷！妳是基督徒，《聖經》不是說過嗎——和睦的人有福了，好好跟被告談和解吧！不用執著在某個點上，只要權利拿回來，文字用語毋需太計較，音樂作品能夠早日傳唱才是妳最在乎的事情，不是嗎？希望下次妳手上拿的是五線譜，而不是判決書。」

唉！我們律師何嘗不是如此盼望呢？歌聲總比六法全書迷人吧！可是當事人總希望透過法律爭取公道，卻不知曉自己的權利早已被出賣；縱使當年出賣權利的人今日來作偽證，也掩飾不了當年既成的事實，藝術與法律的糾結，也喚不回原告的權利……。

（後記：本案在法官勸諭與我方當事人再度要求懇談下，原告終於允諾和解，被告（我方當事人）答應在和解書中承認所有詞曲權利回歸原告，並且賠償版稅一百五十萬元，原告撤回本件訴訟，全案結束。）

法庭外的真相——專輯歌曲侵權案

如果經營事業，企業主不能理性處理業務，卻以音樂人的浪漫與感性面對一切，那麼禍事很快就會到來！

第一次跟這家音樂製作公司的老闆見面，我就不想接他的案子，倒不是因為他有另外一件相關聯的案子被判敗訴，已經三審定讞；而是他有著超乎一般音樂人的癡嗔迷著，執意活在自己的世界中，始終不願徹底檢討自己錯在哪裡，一味堅持用情緒與感覺經營唱片事業，不知幸或不幸，過往他的作品又曾獲得國內樂壇最高的殊榮，更讓他篤定地以作音樂的浪漫心態與方法來處理公司事務。以這樣的心態面對法律案件必死無疑，在執業二十幾年的律師生涯中，我曾遇見好幾位這種類型的音樂人與藝術家，縱使最後幫他們打贏官司，然而在並肩作戰進行法庭攻防的共事期間，還是嘗受到不少法律以外的情緒消耗困擾，每次都震盪起伏、難以承受。近年來勤讀中國經典，潛心習佛，心中清明，已不願將有限的工作能量耗費在當事人莫名的情緒習氣中。

在今日會議討論三個小時，提供給製作公司的老闆鉅細靡遺的法律專業意見之後，他似乎豁然開朗，離去之前詢問委辦這一樁著作權法案件如何收費，如何辦理委託手續？我決定婉拒他的委託，於是提出建議：「請你回去再考慮看看，我今天提出的訴訟策略及攻防步驟是否合適，不用急著作決定，這類案件從收到智慧財產法院的起訴通知到第一次開庭至少要等上一個月。你明天正好要出國，也沒時間立刻進行委託手續，倒不如先回去蒐集相關證據，評估勝算的可能性，如果我剛剛提到的幾項證物找不到，你可能要考慮和解的途徑。」

這位唱片製作公司的老闆一時之間對於我迂迴有禮的講法也不好再堅持什麼，點頭後問道：「好，就聽律師的建議，先回去蒐證。那麼今天的諮詢費要怎麼付呢？」

當事人挺上道的，知道還沒正式委辦案件，必須支付法律諮詢費，想必事先向介紹人打聽過了。平日三個小時的持續會議下來，至少要收一、二萬元的法律諮詢費，不過此刻我打定主意不接辦他的侵權案，為了避免他日後的心理不平衡，或是對介紹人有怨言，我決定採取不同作法，答道：「看在是我很敬重的長輩介紹的分上，今天就破例不收費了，而且這個案子對你也是無妄之災嘛，希望今天提供的諮詢意見對你有幫助。」

他聞之一愣，繼而連聲道謝，說是上了一堂寶貴的法律課，以前他都不知道花錢請人創作詞曲，居然公司沒簽特約就拿不到音樂著作權，今天終於明瞭法律的規定，原來著作權法早就修改了，他長年經營管理公司，卻一直以舊制度處理合約，真是離譜！他離開前允諾回國後會確定是否委辦案件。我不置可否地含笑送客，心想要如何婉拒接案就留待日後傷腦筋吧！

一個月後幾乎忘了這次會面之事，有一日他突然來電表示要委辦這件侵權訴訟案，希望第二天可以來討論案情，因為法院快要開庭了。

當事人常常在官司迫在眉睫時才要討救兵，雖然對於這種緊急電話習以為常，但在電話中把他的聲音連結到侵權案的案情，再快速回想到上次他來事務所諮詢後，介紹這案子的長輩曾勸我打消拒接此案的念頭，提及顧慮對方（原告）可能隨時會追加發行公司為共同被告，只有我接辦，發行公司才放心；而那一位長輩身為發行公司的股東，無論如何也得促成此事。於公於私我知道自己是很難拒絕了。

人在江湖、身不由己，雖然律師是自由業，卻還是得遵守江湖道義與人情世故，這個案件不論我多麼排拒當事人的情緒反應及思想邏輯，終究得接下來，只好當作是一種修煉了。在電話中立刻與當事人約定討論案情的時間，當下有一種明知山有虎，偏往虎山行的悲壯心情……。

第二天一走進會議室，我差點沒昏倒，當事人居然抱著三大本硬殼裝釘的厚重資料夾攤在會議桌上，示意要先討論這堆資料。我開始後悔昨日有情有義的決定，當事人擺明要從盤古開天談起這個案子，我得快快阻止，否則會議持續到下班也結束不了。

「案子不是剛起訴嗎？怎麼會有這麼多資料？」我試圖用疑問句掩飾心中的憂慮。

「噢！沒有啦，這個案子的資料目前只有這份起訴狀跟後面附的證物，幾頁而已。」他揚一揚手上的起訴狀，接著說：「不過，我覺得必須要先向律師說明前一個案子，妳才能更快進入狀況，開庭時也才不會被對方騙了。律師，妳不知道噢！對方很會演戲，上次在另外那個案子裡頭，還找她的朋友來作偽證呢！只是先前我委託那個案子的律師沒經驗，當場反應不過來，才會輸掉官司。對了！律師，我覺得妳上次幫我分析的都很正確，我都沒想到可以這樣反駁對方的鬼話連篇耶，我只是看完起訴狀非常生氣，可是完全不知道怎麼戳破對方的謊言。」

完了！碰上一個自我意識強又健談的當事人了，想必日後討論案情的時間會拖很長，我得及時阻止，否則後患無窮。我說：「上次我有分析過，你另一件案子已經敗訴定讞，對我們不利，在這樁侵權案中，我們不要主動提出。如果對方提交那個案件的判決或相關資料給法官，我們再作解釋，好嗎？而且那一件的焦點是授權書，你主張詞曲是對方授權來的，跟我們這件的法律立場是牴觸的。在這個侵權案，我們的基本立場是表明我方是創作人，詞曲完成就取得音樂著作權，倘使我們去強調授權書，反而顯得立場不一致，法官也會覺得混淆。前案的三審判決書我都讀過了，今天我們把討論的重點放在這件侵權案，我才來得及寫答辯狀，下禮拜要開庭了，法官有通知要在開庭前送出答辯狀，我有好幾個疑點要問你呢！」明確地交代事情緩急的先後順序。接案之初，我就得讓當事人適應我的辦案方式及節奏。

還好當事人立即意會過來，收起那三大宗資料夾，只交給我一個隨身碟，提醒我可以參考裡頭的前案所有資料，我馬上交代助理複製隨身碟全部資料，隨即展開今天案情重點的討論。

我先提問：「你先告訴我，這首曲子到底是誰創作的？起訴狀裡頭原告信誓旦旦地表明他是作曲人，幾段錄音檔他都整理交給法官了。可是你卻說你才是真正的創作者，到底實情如何，我想法官也會很疑惑。你的證據呢？有沒有當初寫的五線譜、作曲原稿或錄音檔案？」

他搖搖頭說：「沒有，這是我第一次嘗試作曲，我只會哼唱旋律出來。」

吓?!那如何讓法官相信被告是作曲人？對方提了一大堆證據，包括音樂系的畢業證書、多首作品清單，以及耀眼的職經歷，最重要的是原告有歌曲錄音檔案，而我們被告什麼都沒有，這官司還打得下去嗎？當事人是來亂的嗎？看他一臉無辜的樣子，似乎完全沒意識到事態嚴重。

「既然是你作的曲子，為什麼原告有錄音檔，還說是她的創作？」我壓抑下微微升起的怒火與滿腔疑惑，試著從另一個角度來探討這個愈聽愈離奇的案子。

「當初我們有約定，她來公司幫忙做一個活動的專案，協助我編曲，我付她工錢。這首曲子根本不是她作的，我好幾次在錄音室哼唱給她聽，交代她回去用樂器彈奏，編完曲再把工作檔案寄給我。」當事人述說從前，講得雲淡風清，我卻聽得膽戰心驚。

「你是說她交到法院的光碟是她偷了你作的曲子去編曲，充當她自己的作曲？一個小小的臨時工怎麼會如此膽大妄為？可是你怎麼證明呢？你自己沒有任何資料證明是你的創作啊！」我還是要回歸證據面，提醒當事人證據的重要性，進法庭缺乏證據是沒有立足之地的。

可是我的提醒似乎不生任何作用，當事人話匣子一開，就像似墜入記憶的深谷，如怨如訴地說起故事：「三年前她來找我，律師妳絕對想像不到她那時候多麼可憐，學校研究所課業念不下去，陷入深度憂鬱，精神科看了好幾個月，毫無緩解之勢。更糟的是她又跟家裡對立，父母親強烈反對她走音樂這條路，幾個月前已斷絕她的經濟來源，接著又與同居女友分手，情緒面臨崩潰邊緣。後來在我們公司歌手簽唱會上她遇見我，彷彿大海中抓到浮木。我那時製作專輯，忙碌不已，兩岸三地持續錄音、辦演唱會、發專輯、接代言，我根本沒時間跟這個研究生窮攪和，後來她懇求了好幾次，密集地發了很感人的微信給我，深更半夜傳簡訊關心我的工作，大哥長、大哥短的，拗不過她的熱情，我叫她來公司做活動專案，練習編編曲，她欣喜若狂。沒想到來沒三天就跟我哭窮，陸續開口借錢，加上後來付給她的工資，起碼已經花了二、三十萬在她身上，馬的！這小女生現在還來告我，要公司賠償版稅，她憑哪一點跟我要？律師妳看看她傳的微信，多熱情、多肉麻，現在看來都是屁！」

「做專案的那幾個月裡，她有作曲或編曲嗎？」阻止不了當事人訴說新仇舊恨的故事，至少不能隨他的情緒起舞，趕緊再回到案件的事實面，我沒看他手機裡的微信對話，直接提問重點。

「她哪會作曲啊?!在南部音樂系念到研究所，只懂理論，作的曲子根本不成熟，她有寄給我聽，半首都不能用。至於編曲嘛，勉強有三、四首可以用，上一張專輯就有用上了，不過我還是有請資深的詞曲老師修改潤飾，不然能聽嘛？我知道律師妳是說她在書狀後面附的作品表，那些嚴格說來都不算是作品，都是小配角去軋一角……」當事人滿帶情緒地回答。

「好，這些我理解，確實這些作品舉證不完整，我們可以輕易反駁。可是她提到你們公司臉書的粉絲專頁宣傳她有製作人的頭銜，這又是怎麼回事？她用這個頭銜來凸顯她的音樂實力及製作專輯的能力，對法官是很有說服力的。」我提出對方書狀強調的「豐功偉蹟」。

「唉！說起來是我自作孽，不可活！她這個草莓族哪有什麼能耐製作專輯的歌曲？充其量當個小助理跑跑腿、編編曲而已。她在錄音室打雜，對對譜、幫忙一些混音工作，她的能力頂多做到這樣而已，只是那時我大概一時昏了頭，想要栽培她，看能不能幫她轉型成為創作型的歌手，才在臉書介紹她是歌曲製作人，用意是要鼓勵鼓勵年輕人，其實她根本沒製作過什麼歌曲，沒料到她居然用這個虛名來墊高她的音樂地位，真是恬不知恥！」音樂公司老闆憤憤不平。

罵得再激烈，能改變公司臉書曾經登載的文字內容嗎？網路時代凡走過必留痕跡，難道身為音樂公司老闆的他沒有這種體悟嗎？更何況對方已經拿來當作證據了呢！當事人的識人不明總是要付出代價，只是他一定料想不到對方以恩將仇報的方式回報他的提攜之恩。

生命在這裡布下疑陣，讓他深陷其中，解不開謎團；抑或是他在哪一步下錯了棋，邀請別人來傷害自己呢？

我邊聽當事人宣洩新仇舊恨，一邊思索事件背後的意涵，同時回應音樂公司老闆的憤怒：「這一點可能很難反駁，因為官網是你們公司製作的，上面的文案記載，你是負責人一定有審核過，更何況當初是你授意寫上去，事後要全盤否認也說不過去！不過既然不是事實，就趕緊撤下吧。我們還是言歸正傳討論關鍵問題，對方在你公司當臨時工期間，有承諾她的創作詞曲著作權都歸公司，而用工資充抵酬勞或版稅嗎？」再拉回案件的基礎事實，免得當事人陷在陳年往事中，對案情的分析毫無助益。

「有啊！有錄音帶呀。我現在知道你們律師辦案的風格了，我每講一件事就要提一個證據，否則律師聽不進去、法官也不會相信我，對吧！我現在就放錄音帶給妳聽，不過，有點吵喔，因為那是在咖啡廳談判的時候我錄的。對了，忘了跟律師報告，她來我公司做專案不到半年，專案還沒結束就說要走了，要回學校寫研究所碩士論文，我也沒擋她。後來有人提醒我要簽個書面，理一下她來工作期間的作品，免得她明修棧道，暗渡陳倉，日後有爭議，也免得各說各話、後患無窮，所以我約她到咖啡廳談一談。」

真是有趣的當事人，又罵三字經，又能信手拈來中國成語，神氣活現地描述，難怪當上唱片製作公司的老闆，他的口才想必吸引不少藝人和發行公司，樂意與他合作。然而聽他口若懸河、舌粲蓮花之際，我沒忘記自己討論案情的原則——絕對不在會議桌上聽錄音帶。因為一聽下去沒完沒了，而且抓不到重點，更何況錄音品質拙劣的光碟當場播放，簡直是虐待聽覺。因此通常辦案我只看錄音譯文、拒聽錄音檔案，除非有重大的錄音瑕疵，不然聽錄音帶的苦差事，只能由當事人自己料理。於是我向當事人索取錄音譯文，迅速看完後我斬釘截鐵地表示這段錄音不能用，當事人不以為然，想問個究竟。

我指著錄音譯文解釋：「喏！你看這句話是你說的：『版稅你都不要嘛！』接著對方沒作聲，你自己在譯文上注明：『點頭』，這段如果在法庭上播放錄音帶，法官必定無法相信原告有承諾放棄版稅，因為『點頭』是沒聲音的，又不是錄影帶，根本看不到你們現場的動作，你如何向法官證明？」這種翻譯方式真令人啼笑皆非。

「可是這一段譯文是另外一個案子的律師教我這樣寫的，在談判的現場對方真的有點頭！」當事人依然堅持。

「除非你有錄影，不然『點頭』這件事錄音帶是無法顯示的！我不曉得那位律師為何這樣建議你。易地而處，如果你身為法官聽了這段沉默的錄音片段，會相信對方有點頭嗎？」這麼簡單的道理如果還聽不懂，我大概很難再繼續當他的律師了。

「我理解妳的意思了！可是很奇怪耶，以前那個律師都不會潑我冷水欸，也不會一直追著我要證據，為什麼我跟妳開會兩次下來，覺得妳講得都很有道理，可卻不斷潑我冷水，逼得我好像拿不出證據，就會輸掉官司一樣⋯⋯。」他神色有點落寞，摻合著疑惑，直率地問我。

「那個案子不就輸了嗎？而且還三審確定了耶，裡面有份授權書被法官認定無效，害得我們這個案子也不能用，而且可能會影響我們這一件的基本立場，殺傷力真的很大。法庭裡只有證據能講話，我們律師說得再好，終究是鏡花水月，如果沒有證據佐證，所有法庭上的慷慨激昂、長篇大論只是在幫當事人演講或洩憤，絕對打不贏官司的。所以請你不要怪我一直跟你要證據，我接這個案子，目的是要幫你打贏官司，不是帶你去法庭坐坐聊聊而已！你還沒告訴我，對方到底有沒有承諾詞曲創作權利歸你？有書面證明嗎？」在當事人質疑我的辦案風格之際，當然要先直白地溝通清楚，接下來仍是要回到案件上。每一次討論，不論當事人把話題繞多遠，我仍得清醒地要求當事人回歸主題，提供必要證據。

當事人像似打敗的公雞，沮喪地回答：「沒有，當初只有口頭講，對方也明確地答應了。我認為人與人之間要信守承諾，就沒寫書面。」

他今天是來宣示我們可以豎白旗投降了嗎？什麼有利證據都沒有，倒是不利的證據一籮筐，而且居然我方都無力扳倒，也找不到反證推翻。我決定告訴他到目前為止得到的初步結論：「沒有證據，這個案子我們一定輸，到時候你們公司得賠償五百萬元，判決書還得登在四大報上。」

他滿臉問號說道：「律師，妳怎麼還沒開庭就宣判了，難道找不到其他方法翻案？」當事人彷彿是七月半的鴨子，還不知死活。

「身為律師，我得告訴你真話。今天我們先討論到這裡，請你回去想想，努力回憶有什麼蛛絲馬跡或人證、物證，尤其是你創作歌曲的部分，如果找到了，趕緊讓我知道，我先寫答辯狀，不然會來不及。」再討論下去，我想我會氣得一頭撞死，只好先請走當事人，自己來研究案情，找解決方法。

收拾滿桌的資料時，他反而拋出一段深刻的感觸話語：「律師，我明白妳的想法了。謝謝妳願意跟我講真話，從我開公司當老闆之後，就很少人會跟我說真話了。我答應妳，回去公司作地毯式的搜索，看能不能找出妳想要的證據。」語畢走出會議室，滿臉歉意地離去。留下心頭一震的我，望著桌上原告的起訴狀與專輯唱片，突然覺得心好沉重。

過了一個禮拜，我寫出當事人答辯狀的草稿了，可是撰擬書狀的過程心裡卻是虛虛的。因為我方當事人的基本主張——「歌曲創作人是被告」，只能透過文字敘述，毫無創作原稿的證據支持，五線譜、Demo 帶都提不出來，只有一、二個證人在公司或錄音室聽過被告哼唱這首曲子的旋律，這種舉證方式完全不符合我一貫的辦案原則，在法庭上必然會遭受原告猛烈的攻擊，而法官用「經驗法則」也就是音樂界作曲的習慣審酌，恐怕也不會接受如此離奇的說辭。

心雖虛，案子還是要往下走。答辯狀草稿完成後，我透過微信 WeChat 寄給當事人，過了一天音訊杳然，心想怎麼回事？我要趕著送法院啊，當事人怎麼都沒回應？到底答辯狀內容有沒有問題、需不需要修改？總要給我回覆呀，當事人上禮拜有說他要帶樂團到日本東京的 Live House 表演，還計畫進錄音室錄新專輯的兩首歌，可是也不可能都沒看微信啊！

焦灼的等待兩天後，決定直接撥電話給當事人。日本手機撥了三次才有人接通，他急躁的聲音傳過來說：「律師，真不好意思，剛從錄音室走出來，我們持續熬夜了兩天，搶時間跟這裡的樂手錄現場的演奏，真的沒法子看妳寄來的書狀，很抱歉！我現在要趕去機場，方便我明天到事務所跟妳討論，好嗎？因為我後來有找到當初作曲的錄音檔，明天詳細跟妳說明噢。」

吓！關鍵證物出土了？怎麼以前討論都沒提到有作曲的錄音檔，答辯狀一寫出來，當事人忽然就找到了？雖然找到關鍵證據是好消息，可是辦案過程中我也不會是完全無條件地接受當事人的說法與證據，律師心中也有一把尺，在把當事人提供的證據呈上法庭之前，我們自己得先審視檢證這些證據的合法性、真實性，再評估提交給法院的利弊得失。倘使提出的證物是錯誤、偽造或有瑕疵的證據，不僅影響案情，甚至肇致律師自毀形象，日後縱使在其他案件，相同的法官仍會對我們提呈的證據存疑，因此當事人的證物我絕對不會照單全收，尤其是出現的時間、方式令人啟疑時……只能等明天當事人親自過來揭開謎底了。

第二天當事人真的帶著隨身碟來播放給我聽，電子琴彈奏的主旋律，二分四十八秒，電腦螢幕還出現錄音檔案建立的時間正是三年前的五月中旬，完全吻合當事人告訴我當年因為遭受打擊而創作歌曲的時間點。反覆聽了兩次確認是原告起訴侵權案的歌曲後，我立刻提出藏在心中的疑問：「為什麼這個案子起訴至今已三個月，你才提出作曲的證據？之前我們討論案情好幾次，為何都沒提過這個錄音檔？」

當事人疲憊的面容露出笑意，他說：「律師妳知道事情有多巧嗎！上次妳跟我講如果作曲部分都拿不出創作的證據，這個案子必輸無疑，我聽了很著急。第二天出國到東京，剛巧在演唱會上碰到三年前的專輯詞曲老師，他看到我心事重重的憔悴模樣就跑過來聊聊，我向他訴苦說到這個案子的障礙，他才提醒我當初我請他幫忙作專輯，在錄音室曾經哼唱過這首歌的主旋律給他聽，他覺得意境很不錯，就整理成簡譜，修飾了幾個副歌的音，回去後還用電子琴彈奏錄成 Demo 帶寄給我。可能是我當初要發專輯太忙了，完全忘記這件事，也沒留意這個製作人寄的 Demo 帶，更忘了有沒有存檔下來，後來換電腦，根本找不到這段錄音檔。前天他特地從他的 Notebook 中找到這段旋律跑來把錄音交給我，我聽了才想起有這麼一段往事，他說下禮拜回台灣，他會到工作室找找看那張簡譜還在不在，如果有，他會拿給我。喏！這就是他電腦的掃描檔，他說先給我這一份存檔的簡譜，雖然有點模糊，不過是這份沒錯，就是當年他幫我整理出來的。」

邊說邊抽出一張影印的簡譜，我看完信心大增，興奮地說：「太好了，這下我要的資料都出現了，找趕快把簡譜影本跟這段錄音檔作成證物附在答辯狀裡頭，如此一來我們的證據就有力多了。這個製作人出現得正是時候，他願意出庭作證嗎？當庭指證這段錄音檔與簡譜是三年前他幫你整理錄下來的，如果他可以出庭證明這首曲子是你的創作，法官會更相信我們被告的主張。」有了物證，再爭取人證。

「應該可以吧！他雖然這幾年都在大陸幫內地的藝人製作專輯，有時候會到韓國、日本支援演唱會，不過開庭的時間可以請他喬一下，我會拜託他特地回台灣一趟的。」當事人眼中透著光亮答道。

接著當事人又問：「對了！律師，妳在微信中提到前天跟對方律師吵架，怎麼回事，不是還沒開庭嗎？你們怎麼會吵架？」

我說：「噢！是在電話裡吵啦，因為原告起訴狀沒附光碟給我們被告，只有提交給法官，這樣我們怎麼知道他告我們的是哪一首歌曲。而且依著作權法的規定，原告主張侵權，必須先證明他是著作的權利人，如果他沒附上著作物當證據，我們怎麼知道他是哪一首著作物的權利人？我上次不是寫了聲請狀給法官，請法官命原告提供原證四號音樂光碟給我們，你還記得上次給你看的那份聲請狀嗎？」

當事人點點頭，我繼續說：「後來法院收到那份狀子，書記官就打電話來給我，說法官指示她與原告律師聯絡，要照我們的聲請寄光碟給我們。沒想到原告律師講了一大堆理由，書記官講不過他，就請原告律師直接跟我解釋。結果原告律師打電話來劈頭就說，如果他們提供光碟，被告就會 copy 下來，另外作成新的光碟向法院指稱歌曲是被告作的，所以原告拒絕提供原證四號的光碟。原告律師不想給證物，在電話中又找不到什麼訴訟法的條文當他的依據，也提不出合情合理的說法，就說等開庭再說吧。我聽了當然火冒三丈，這個律師是什麼邏輯嘛，原告不提供最主要的訴訟證據，我們被告怎麼答辯，如何進行法庭攻防啊？當律師的人居然還不懂訴訟的遊戲規則！而且明明歌曲不是原告作的，現在作賊的喊捉賊，還這樣誣蔑你說會盜用對方的證物，我就在電話裡開罵了，哪等得到開庭啊！所以就狠狠地駁斥他抹黑式的猜測。」

當事人只嘆了一句：「有什麼原告，就會找什麼律師，兩個人一個樣！」

兩週後智慧財產法院開庭了，我要求審判長先處理程序問題，代表被告引用民事訴訟法第一一九條，主張原告起訴狀附的原證四號光碟沒有依法同步提供給被告，這樣違反訴訟程序。原告律師急著向法官強調此舉是避免遭到被告證據的反噬，一副小人之心度君子之腹的心態，在法庭上卻是正義凜然的神色！

法官看著我，卻沒作任何表示，眉宇之間的神色變化，似乎接受對方的理由與顧慮。

我趕緊起身釐清原告詭異的論點，解釋道：「原告起訴主張被告公司發行的專輯歌曲盜用他的創作，如果這是事實，顯然被告已經把專輯歌曲公開發表。那麼既然被告手中握有原告指稱『侵權』歌曲的錄音檔案，就根本毋需另將此次訴訟中原告提出作為侵權證據的音樂檔案，轉拷成為被告創作的證據，原告訴訟代理人的說辭是不合邏輯，而且違背事實的推測，甚至是對被告含沙射影的誣蔑，我們拒絕接受這種沒有事實根據的猜測與詆譭。」

法官隨即表示：「被告確實需要先知道原告指稱的創作歌曲，原告是否應該提供一份光碟給被告？不然被告怎麼確定你們訴求的是哪一首曲子？」

真是老天有眼，法官聽懂我的說理了。只是沒想到原告律師回應法官的裁示時，依然固執己見，表明原告頂多讓步到依民事訴訟法第一百二十條在法庭上當場播放，不同意提出拷貝光碟給我們。

我聽了心中就冒火，再度起身揚高聲調說：「審判長，我身為訴訟代理人，並不具備音樂專業，今天被告出國，不克親自出庭，縱使當庭播出錄音檔案，我也無法分辨，或是回去轉述給被告了解，這會嚴重影響被告的防禦權利。更何況原告主張歌曲侵權抄襲，我們通常的作法是取得原告創作的樂曲，到錄音室用專業的音響設備，同步播放原告提出的作曲光碟與被告的專輯歌曲，對於每一個音符、每一段音節都要精確比對，才能辨認兩首曲子的異同。本件原告起訴迄今都拒絕提交原證四號，我們被告如何檢視原告所稱的侵權事實，又如何進行答辯？至於訴訟法第一百二十條第二項規定被告閱覽證據原本後，還是可以聲請複製影印，那跟原告直接提供光碟給我們不是一樣的結果嗎？原告現在的主張只是拖延訴訟、浪費鈞院的時間而已嘛！原告又要起訴，又不給證據，違反訴訟法上兩造武器相當原則，我們被告如何防禦？」

原告律師似乎也被激怒了，正待起立說明，法官揮手阻止，直接裁示：「原告大律師不用再回應了，本案被告如果沒聽過錄音光碟，確實無法針對侵權的訴求答辯，原告應在三日內提出原證四號錄音光碟給被告。兩造關於程序還有其他問題嗎？如果沒有，我們就進入今天預定的實體部分準備程序，關於本件的不爭執點，我已經整理列點，請兩造看一下電腦螢幕，看有沒有意見？」

第一回合我方略占上風，原告律師悻悻然坐下，坐在一旁的原告立刻跟他咬耳朵，似乎在研商對策。我當作沒看見，盯著電腦螢幕輕讀法官列出的五項不爭執點，回覆法官說：

「除了第一點之外，其餘都沒意見。第一點關於原告寄送電郵的內容附件及寄收的日期、時間，當事人跟我提過似乎與原告的說法對應不上，請容被告下一庭親自來向審判長說明。」

法官有點不悅，問道：「我在開庭通知上已經註記原告、被告都必須親自出庭，有些事實問題需要釐清，原告今天都來了，為什麼被告不能配合？」我趕緊致歉，表明當事人在日本東京製作專輯，趕不回來，允諾下一庭必定出席。

法官進一步表示：「這個案子涉及很多音樂專業的問題，我們法官也是外行，需要請教兩造，譬如系爭歌曲到底哪個部分侵權？被告答辯狀提到編曲與主旋律要分開看待，要求原告表明是告主旋律或編曲。我就不太了解什麼是『編曲』，它跟主旋律有何差別？原證四號的光碟我都聽過了，裡面究竟哪一部分算是編曲？分得出來嗎？」

完了！連這種音樂界Do、Re、Mi的基本事項，法官都無法分辨，這個案件審理過程將是一場災難與混戰，著作的模仿抄襲有無構成侵權，原本即為著作權爭議案件中最複雜、最難判定的議題，居然碰上一位連主旋律與編曲都無法區別的法官，天啊！這是悲慘世界的開端。

我正在心裡慘叫，不想面對法庭的悲劇之際，法官卻點名要我回答，我帶著失望及無奈的語氣說：「審判長，雖然我多年來擔任唱片公司的法律顧問，也明瞭主旋律與編曲的不同，例如〈雨夜花〉主旋律就是歌詞唱出來的音調部分，其中的前奏、間奏以抒情版、搖滾版呈現意境的音樂就是編曲，例如洪榮宏唱抒情版與五月天唱搖滾版，味道就不一樣，歌曲主旋律卻都相同，這都是編曲營造的意境與氛圍。不過我想這樣的說明，您一定還是聽不太懂，可否下一庭我請被告親自解釋，會比較清楚。」

法官聽了不置可否，若有所思地翻閱卷宗，原告律師趁這個空檔，提出聲請將侵權歌曲送交鑑定的請求，法官似乎沒有拒絕的意思。為了避免法官步入錯誤的調查方向，我立即表達反對的立場，說道：「本件並無鑑定的必要，因為鑑定的結果兩首歌的主旋律一定相同，而且無助於審判長您分辨『主旋律』和『編曲』的差異。當初這首曲子實際上是被告創作的，創作過程中，被告請國內知名的詞曲老師郭大明幫忙整理寫簡譜，又用電子琴彈奏錄下一段旋律，簡譜跟Demo帶我們有附在答辯狀後面，都可以證明是被告的創作，審判長只要傳訊郭大明出庭作證，就可以還原當年作曲的真相。至於原告提出的錄音光碟是被告指示原告去作編曲，後來編完曲的錄音檔，裡頭的主旋律就是被告創作的樂曲，因此鈞院送鑑定是沒有必要的，因為鑑定的兩個標的物其實主旋律是同一首，只是編曲有所不同，而編曲並非本案的爭點。三年前原告編曲效果不理想，所以去年專輯要收錄這首歌曲時，被告請別的老師重新編曲，也可以請編曲老師來作證。本件的重點應該在於主旋律究竟是原告或被告所創作，而不是送去鑑定。」

法官專注地聽完，沉默半晌後表示：「這個案子我還是決定要送鑑定，兩造一週內具狀陳報鑑定單位，退庭！」

怎麼有這麼「番」的法官，枉費我花這麼多的時間耐心說明，居然還聽不懂，這種欠缺音樂專業知識的法官日後下判決時，一定特別仰賴鑑定報告的專業意見，如果選錯鑑定人，這個案子就死無葬身之地了。邊收桌上卷宗邊感慨法官的偏見與固執將帶來的不歸路，適巧抬頭看到原告與律師得意之色，心情更灰暗了，我面無表情地走出法院。

回程的路上一直思索著剛剛法庭上爭議的原因，承審法官亟欲釐清音樂旋律的差異，卻苦無專業判斷的知識與技能，為什麼這個案子會讓法官如此為難？細究之下，應該不是他個人因素所致，而是法院制度的問題，牽涉到智慧財產法院如何培養專業的法官，才能正確地審理文化藝術及科學著作的爭議案件；經濟部智慧財產局又能有多少著力，提供資源予法院培訓專業法官，或在法官審理案件過程中給予專業協助。如若主管機關業務忙碌，無法跨部門提供智慧財產相關資源，文化創意產業發展法規定文化部要成立的「文創產業發展研究院」，是否可以提供文化藝術表演影像著作的專業知識與實務見解的研究與訓練，藉以充實智慧財產法院的專業法官知識與經驗？

在思索這些問題的過程中，發覺自己在法庭中的情緒慢慢沉澱消逝，因為體會到法官缺乏音樂專業並不是法官己身的問題，而是制度面造成的結果，不能怪罪負責審判個案的法官，而是需要探究個別法官背後的制度，包括專業法庭的法官養成教育、在職訓練、文化部及智慧財產局跨部門的專業知識經驗的支援與資源交流等等。這些制度面的問題如果沒有正視與解決，個別法官將無法順暢且合法地審理智慧財產爭議，進而作成判決；而且這些爭議倘若無法被合理合法地審判，遭受傷害的將是一群孜孜懇懇為台灣藝術文化奮鬥的音樂人、藝術家、文化工作者及相關聯的文創產業。如若這群文化人頻頻受傷，作品無法獲得法律保障，文創產業將分崩離析，文化藝術人日漸心灰意冷，甚至遯世遠離，台灣將成孤島，不再發光，不再擁有藝術的美好、文化的深度與溫度。

記得國學老師南懷瑾在《論語別裁》一書中曾提出警示：「文化是國家民族的靈魂，一個民族，一個國家，不怕亡國，因為亡國可以復國，最怕是把自己的文化的根挖斷了，就會陷於萬劫不復」，又在《孟子與離婁》書中期勉青年學子：「將來的時代，我們的文化要你們年輕一輩挑起責任啊，不能使自己國家民族的文化種子斷絕。」然而我們這一代是在作文化「挖根」，還是文化「植根」的事業呢？傍晚時分，我提著音樂侵權案的沉重卷宗袋，站在擁擠的捷運車廂中，望著每一張年輕學生和上班族的臉，答案在隆隆的車聲中消逝了。

兩週後當事人帶來好消息，說是詞曲老師找到當年幫他整理採譜的錄音檔案了，翌日當他在會議室透過手提電腦播放短短兩分四十五秒的樂曲時，我聽了不禁心頭一震，終於又找到一份證據了！

雖然當事人知道上次開庭時，法官執意要對於提告的樂曲進行鑑定，非常疑惑又失望，不過，當我建議可以借力使力，順帶聲請法官一併將這段兩分多鐘的旋律囑託鑑定，以證實被告才是真正的創作者時，當事人的臉色才稍稍轉憂為喜。幸好數日後智慧財產法院承審法官准許我們的聲請，在送交鑑定的公文上連同我方當事人的錄音檔案也作為附件，當事人仔細讀完這份公文，放心多了！

本件歌曲送交鑑定期間，法官為了掌握辦案時效，先訂庭期訊問證人，原告認為他已提出創作的錄音檔，送請鑑定後篤定會勝訴，於是沒聲請傳訊任何證人。我的當事人積極地找了三位證人出庭作證，一個是當初為他採譜錄音的詞曲老師，第二位是專輯製作人，最後是演唱這首歌曲的藝人。法官全數准許傳訊，當庭諭示兩造律師應於開庭前各自提出詢問證人的問題遞交法院，但毋需提供予對方，以免對造事先或當庭影響、干擾證人的問答。

我與當事人商量修改證人的問題清單後，按期陳報法院，開庭前書記官將問題電子檔拷貝到電子筆錄上，讓開庭程序更為順暢快速。而當事人也沒閒著，接洽安排證人之一的詞曲老師自首爾飛來台灣，另外兩位證人——製作人與藝人正逢專輯錄音期間，特別抽空從美國洛杉磯趕回台北，開庭前兩個小時飛機才落地，製作人與藝人直接從桃園機場奔赴法院，剛好及時趕上法庭的證人詢答程序。當他們兩人一前一後拖著行李箱走進第一法庭時，還引起旁聽席一陣小小的騷動，門口的法警請藝人脫下棒球帽報到之際，就被旁聽的民眾認出身分，一時之間法庭差點成了簽唱會現場。法官下令保持安靜後，我開始詢問第一位證人。

「郭老師，您剛剛提到三年前被告到您淡水的工作室討論專輯的幾首曲子時，有哼唱系爭歌曲，時間大約多長？有沒有唱歌詞？被告有提到什麼狀況下創作這首曲子嗎？」我集中問題，試圖將待證事項的重點一次提問完畢。

法官在證人欲開口前，轉頭對我指示：「被告訴訟代理人，請將問題分開提問，不要提出複合性問題。」原來是急著要問出事實真相，我連續的提問，把問題複雜化了。於是我連忙點頭接受後，法官指示書記官把我的發言拆開為三個問題，請證人依序回答。

證人說：「他（被告）那時大約哼唱了二、三分鐘，斷斷續續，我記得後來幫他用電子琴彈奏，全長是兩分多鐘。有唱幾句歌詞，不過不完整，他先作曲，歌詞還在醞釀中，他哼了幾句，情緒比較激動，停頓幾次，又重新哼唱，後來心情平復後，他說這首歌曲是他想到母親過世的那一天，在病床上請他幫忙寫封信，他卻趕著去公司加班，沒時間坐下來寫，後來深夜接到病危通知，衝到醫院已經來不及了，沒見到最後一面，母親就與世長辭，懊悔的情緒常常在他心頭翻騰，才寫了這首曲子。」

我接著請法官當庭播放錄音檔案，同步提問：「請老師聽聽看，現在播放的樂曲是不是您彈奏的？」

冷不防地原告律師冒出一句話：「異議！被告律師誘導。」

法官立刻裁示：「被告訴訟代理人請修正問題，證人先不用回答。」

我即時修改提問：「請問證人有聽過這段音樂嗎？」

詞曲老師毫不猶豫地說：「有啊！這就是我彈的，是依照被告哼唱的旋律我採譜後，用電子琴彈奏錄製的檔案。」

得到意料中的答案後，我接著問下一題：「您說的採譜是謄寫在紙上的五線譜簡譜嗎？請審判長提示卷內資料──被告於一〇六年二月二十日提呈準備書狀附被證三號的證物。」

法官從卷宗找出五線譜簡譜後，指示庭務員將卷宗遞給證人閱覽，證人看了點頭說：

「就是這一份，這是我幫被告整理的簡譜。」

法庭裡整個詢問證人過程中，我愈問愈順，原告律師臉色愈來愈沉。我提出最後一個問題：「請問證人這首曲子是何人作曲？您可以確定嗎？」

證人平靜地回答：「可以，就是被告作的。」

我向法官表示沒有其他問題了，原告律師已經磨刀霍霍，等不及要向證人開戰了，第一個問題就企圖擾亂證人的記憶。

「請問證人你是先把簡譜交給被告，或是寄錄音檔給他？」原告律師瞪大眼睛直視證人。

「我記得是先交給他簡譜，大約是他來我工作室隔了一個禮拜，我到台北的錄音室開會討論專輯的事，就順便拿給他，又過了幾天我才寄錄音檔給他。」證人不疾不徐地回答。

「你交給他正本或影本？」原告律師繼續鋪陳問題。

「好像是影本。」證人想了一下說。

「那麼正本呢？」原告律師再追問。

「我忘記放哪裡了，時間太久，我工作室資料太多了。」證人頓了一下答道。

幸好證人都沒答錯！因為我們提給法官的簡譜就是證人說的影本，我也曾詢問被告正本的蹤跡，被告記得詞曲老師沒交給他。顯然證人敘述的事實狀況與我們提出的文件相符，原告律師在這裡沒討到任何便宜，反而加強法官對被告證據的確信。

「當時為什麼這首曲子沒放到專輯裡？」原告律師趕緊另闢戰場，開啟下一個題組。

「這部分可能要問專輯製作人比較清楚，我當初只是參與專輯中三首歌曲的作曲及編曲工作，不過我記得那時候專輯製作已經到最後階段，十首歌都錄完了，要進行後製，時間很趕，因為專輯要趕在年底前發行，才能報名金曲獎，而這首曲子才剛作出主旋律，副歌還沒完整，歌詞也還要再填寫，一定是來不及的。」詞曲老師憶起往事。

證人的回答入情入理，符合專輯製作流程，原告律師也找不到彈劾證詞之處，轉而攻擊被告的作曲能力：「證人剛剛說你在台灣唱片界已經有二十年的資歷，創作超過二百多首歌曲，請問你有見過一個作曲人不會寫簡譜，也不會用樂器彈奏樂曲，卻說他會創作歌曲的情形嗎？」

這點著實是我方當事人的弱點，原告律師顯然打到痛處了！我與被告都屏氣凝神，定定地望著證人，想知道他怎麼回應。在法庭緊張的氛圍中，證人倒是好整以暇地答道：「有啊！也不是會寫簡譜的人才會作曲，像有些藝人他們唱久了，也有心得，有感受，他們雖然不會寫五線譜，也會邊彈邊唱，有可能他們就哼出旋律，再請專業老師幫忙採譜。在我們圈內，最有名的例子就是江蕙的〈甲你攬牢牢〉，是江蕙在家裡哼哼唱唱，很有感覺，當下就打電話哼給製作人聽，由製作人幫她採譜，她聽了製作人幫她彈奏的旋律後，自己又填詞，完成了一首歌曲，後來這首歌很紅，報紙上有登過這段趣聞啊！」原告律師本來想藉由這種不尋常的作曲方式，否定被告作曲的能力，沒料到證人引用這個國內樂壇傳為美談的實例，反而幫被告特殊的作曲歷程下了個好的注解！三番兩次的攻擊都敗下陣來，原告律師只好下台一鞠躬。

法官宣示傳訊第二位證人，庭務員到法庭門口請隔離在法庭外的製作人進入法庭作證。我先提出幾個重要問題，包括是否聽過本案爭執的歌曲？在何時、何地、如何的情況聽到？這首曲子是何人創作？證人的回答都與剛剛詞曲老師作證的重點相符。輪到對方律師提出反詰問時，似乎不甘心方才要彈劾證人的證詞卻目的不達，此番捲土重來，力道更重，製作人倒是波瀾不驚，一一回應，證詞似乎也無懈可擊。

等到第三位隔離訊問的證人入庭回答，人、事、時、地、物皆與前兩位證人的說詞吻合，我甚至再加問一題，更令原告招架不住，我問：「證人剛剛提到曾在咖啡廳與原告、被告討論專輯的歌曲配唱時，被告有當場哼唱這首歌曲，原告很有興趣，還當場用手機錄下來。請問當時原告有說這首曲子是她創作的嗎？」

藝人思索片刻，答道：「沒有。我聽到的是被告哼唱後，有稍微講一下作這首曲子的動機，因為他要交給我唱，希望我能了解他的心情，才能唱出感情。我當時有問他時間這麼趕，要放到專輯裡面來得及嗎？他說會跟製作人商量，叫我不要擔心。我又問他這張專輯收錄的都是男女對唱的情歌，放這首會不會怪怪的？他說歌詞可以改為情歌的方向，最主要是旋律足以表達他對母親的懷念，後來他就真的把歌詞寫成男女分手的失戀情歌，主旋律還是不變，他說歌詞裡頭的遺憾跟他喪母的心情是一樣的。我們那天在咖啡廳討論完了之後，要走的時候，被告就交代原告趕快回去編曲，過兩天就要交給製作人。從頭到尾原告都沒說她有作曲。」

我邊聽證人陳述，邊瞅著坐在對面的原告，她的臉色愈來愈難看，她的律師似乎正在思考如何擊破證人的說詞，神色肅穆凝重。不過當我結束證人詢問後，原告律師卻表示沒有任何問題要向第三位證人提出，我與當事人咸感訝異，可能是找不出可以挑剔證詞的地方了。法官立刻諭示全案候核辦，本案的錄音檔案將送交鑑定，囑託鑑定人針對樂曲主旋律的節奏、旋律、結構、音色、調性說明有無相同或近似之處。

走出法庭，當事人憂喜參半，喜的是今天傳訊的三位證人的證詞都對我方有利；憂的是法官表示為了公平起見，決定原告、被告提出的鑑定人名單都不採納，自己上網尋找鑑定人，如此一來原告仍可能動用其人脈關係，私下請託鑑定人，刻意影響鑑定報告。我提醒他法官已經確定鑑定人選，我們先勿杞人憂天，等待鑑定意見書出爐，再準備接招了。

兩個月後，書記官來電表示鑑定意見書已送到法院，通知兩造律師閱卷。果不其然鑑定結論認為原告與被告各自提供的歌曲，曲式結構與旋律節奏有高達百分之九十之相似，甚至加上一句「顯有抄襲之嫌」，當事人看到這句話，立刻情緒失控，大聲撻伐：「法官又沒問鑑定老師有沒有抄襲，他為什麼多此一舉，下這種結論？他怎麼知道誰抄襲誰的？難道歌曲旋律相似度高就表示被告抄原告的？對方一定有去影響鑑定人，聽說她研究所指導老師的人脈關係很好，說不定有去託人去關說，不然怎麼會冒出這麼離譜的結論？」

我只能安慰他：「這兩首曲子我們早就知道相似比例很高，是原告盜用了你的旋律，最重要的還是法官經過層層調查，足以確定是你的創作，上次那三位證人出庭不是講得很清楚，要有信心啦！」

其實我也沒把握法官心證是不是對我們有利，鑑定報告的結論確實有些不尋常。不過面對一個容易激動的當事人，我只能先收起自己的疑惑，靜觀案情的發展。法院訊明原告與被告皆無證據請求調查，立即訂出言詞辯論期日。我循例寫了辯論意旨狀，雖然書狀條理分明，人證物證逐一援引，根據著作權法的規定，我方應享有歌曲的音樂著作權，然而心中卻隱隱不安，說不上是對鑑定報告或兩邊當事人的舉措覺得詭異，卻又無法明確找到答案。

辯論庭在雙方律師激辯中結束，兩週後上網查到判決主文：「原告之訴駁回」，我方勝訴了。十天後收到判決書，法官幾乎全然接受我在辯論意旨狀析述的理由，可是不知何故，我卻毫無喜悅之情。

正在大陸辦演唱會的當事人讀畢立刻以微信致上謝忱，沒想到緊接著他誤傳的兩封微信，解開了我心中多日的謎團，卻也讓我墜入沉重的深淵。一封是他寫給詞曲老師，感謝她幾個月前幫忙寫簡譜、彈奏錄音，以及出庭作證，翻轉全案，才有今天勝訴的判決。

看完好似被雷打到，心想：所以錄音檔案與簡譜都是事後做的？不是三年前的原件或影印本？……居然連我也被蒙在鼓裡。

第二封微信更露骨，是寫給另外一個證人：「……還好在案情膠著時，你教我這一招，找了三個人出庭作證，法官就不得不信，我那個一天到晚只會叫我拿出證據的正直律師也沒話說！其實菜鳥法官哪知道這支曲子的原創不是那傢伙，也不是我，而是演唱的歌手，歌手感恩我讓她得獎，當然樂意配合出庭的說詞，一旦證人都證明是我的作品，誰還會相信原告的話？誰叫那傢伙離開公司後，在臉書不斷攻擊我，不知感恩，還造謠生事，我就讓她看清楚誰是老大，我能栽培她，也能毀了她！」

原來這段期間內心的不安，其來有自，二十多年來辦案的直覺依然可信，當案情異常發展時，心底仍會出現不一樣的感覺。只是，關鍵時刻我們法律人都被矇過去了……。

一個月後，當事人來電表示對方上訴了，詢問我何時有空，想來事務所辦理二審委任手續。顯然他對於微信誤傳一事渾然不覺，更不知我當下就刪除訊息，翌日封鎖他的帳號。我決定不提這些意外的插曲，只在電話中告訴他，由於近日接了幾件重大刑案，非常忙碌，無暇再繼續幫忙二審訴訟，請他另覓律師，有了一審勝訴判決，二審應該勝券在握。

錯愕中，他掛斷電話。我想他大概一輩子都想不透，為何一審替他打贏官司的律師卻不再接二審的上訴案了。

制度變革，給一些人帶來希望，但也奪走另一批人既有的合法利益。昨是今非，使得民眾無所適從，法律天平的平衡點應該定位在哪裡，誰能給出答案？

曲歸何處——音樂著作侵權案

唱片公司挨告後，透過同行介紹來委託我承接這樁音樂詞曲侵權案時，法院已經快開庭了，原告求償金額高達一千兩百萬元，兩家被告公司完全不敢輕忽。我讀完原告的起訴狀，立刻建議唱片公司總經理特助安排與同案另一個被告偕同律師開會討論，沒想到特助猶豫再三，經我追問下，她才托出實情：「總經理不太能接受另一家被告律師的作風，不知道能不能不要開這個會？」

吓！他們有打過交道了嗎？為什麼總經理會有這種感覺？可是同一案件利害與共的共同被告之間，如果立場不同，法庭攻防的風險會升高，法院開始審理案件之前，各個被告之間至少要先溝通，謹防提出互相矛盾的法律主張，避免自毀立場；更別提這個案子的共同被告兩家公司——唱片公司及詞曲經紀公司是關係企業，有些共通的事實或合約要讓我們承辦律師弄清楚啊！唱片公司的總經理是個明理幹練的資深音樂專業經理人，歷經各種訴訟，不可能不明白這其間的利害關係。

「律師，妳有所不知，在這個案子之前，方律師有幫音樂版權公司，也就是另一個被告，承辦另一件確認著作權的案件，一審打贏，二審居然輸了，結果要上訴最高法院的時候，方律師提出的上訴理由指稱侵權的始作俑者是我們家公司，對方也就是詞曲老師很火大，才另提侵權賠償訴訟，把我們一起告進去，所以總經理對方律師不太諒解。」特助好意地說明原委。

我答道：「原來如此！方律師的作法會不會是訴訟策略的考量？我想應該不是故意拖你們公司下水，這可能是誤會，可否請妳把另一件訴訟的判決書寄給我，聽起來兩個案子似乎有關聯，我也得研究一下，再跟總經理分析說明。」

特助很快就寄兩份判決書到我電子信箱，郵件中加個註記提醒，這個案子還沒結案，最高法院尚未判決下來。我仔細閱讀後，透過電話向總經理解釋兩個案件的關聯性，同時揣度方律師的策略考量，總經理釋懷後，立即指示秘書聯繫另一位被告公司執行長及方律師第二天開會討論訴訟的基本立場，包括：（1）兩家被告公司均不和解；（2）詞曲權利由被告音樂經紀公司擁有，原告不享有音樂著作權；（3）被告唱片公司取得音樂經紀公司的授權，才發行專輯，兩家公司都未侵權。

基本立場談定之後，兩位被告律師就各自撰擬答辯狀了。等到下週開庭時，法官請雙方律師表述法律主張後，聽到原告律師們的聲請，我跟方律師坐在被告訴訟代理人席時不約而同嚇一跳，他們居然請求法院命被告兩家公司提出十五年來的營業銷售帳冊及相關憑證，聲請法官囑託會計師公會查核鑑定被告公司帳目中與本案三十首歌有關的詞曲版稅，便於計算侵權損害賠償額。

真是離譜！這些帳務資料都涉及商業機密，我們被告怎麼可能提交到法院，供原告閱覽影印，甚至交由會計師公會檢閱鑑定，那麼豈非公司所有帳款收入都曝光了？一旦這些財務資料外流，公司往來廠商及其他詞曲老師的收入或財務資料也隨之公開，豈不釀成商業大災難？

方律師首先以個資與商業機密之保護為由，表示反對這種聲請調查證據的方式，我接著補充上述的考量，並且強調本件訴訟應該先調查被告是否侵權，倘使沒有侵權行為的存在，就毋需往下查證賠償金額了，否則浪費司法資源，也不符合著作權法侵權的規定要件。

原告律師很不服氣地指出：「審判長，這件侵權事實非常明顯，另案已判決原告享有系爭三十首歌的詞曲著作權，被告沒取得原告授權，使用這麼多年，當然構成侵權。」

方律師立刻反駁說：「另案還在最高法院審理中，還沒判決……。」

沒想到原告律師得意洋洋地提出一紙公文說：「昨天我們收到最高法院通知，載明駁回上訴，全案確定了。」

真是噩耗！第一次開庭就出師不利，方律師走到庭前確認原告提出的公文內容後，像似鬥敗的公雞回座。我見狀趕緊轉變攻防重點，提出被告第二道防線，向法官辯稱在二十年前原告已將詞曲著作權轉讓予金聲公司，而十年前被告唱片公司併購金聲公司，所有資產包括這三十首詞曲的音樂著作權及專輯CD錄音著作權皆歸屬被告唱片公司。

法官一邊聽我說明權利轉讓過程，一邊對照答辯狀附的證物——公司登記文件、併購契約書、內政部著作權委員會註冊執照與詞曲轉讓證明書。我陳述完畢後，法官隨即詢問原告律師對於這些證物是否爭執？有何回應？

「原告對於答辯狀附被證三、四、五、六號公司併購及登記的證物不爭執，但是被證七至十號的詞曲轉讓證明書否認其真正，因為上面的簽名都不是原告本人的簽名，這一部分我們在另案都已詳細解釋，二審的智慧財產法院判決書也有交代。」原告律師理直氣壯，彷彿認為我多此一舉，無濟於事。

沒等我們被告表示意見，法官竟然直接問道：「原告大律師是否主張另案判決的爭點效？」倘使一經原告主張爭點效，表示另案法官在判決認定的事實可以直接引用到本案，毋需重新調查或攻防，法官與當事人都必須接受，對我方相當不利，真沒料到在這關鍵時刻法官居然代原告提出這項主張，當庭行使闡明權。

原告律師對於善解人意的法官真是滿意極了，立刻點頭稱是。我雖料到原告有此主張，可沒想到法官居然與他一搭一唱，合作無間，主動為原告點出法律上的依據，斯可忍孰不可忍，我立即起身辯解：「報告審判長，被告唱片公司並未參與另案，縱使原告主張『爭點效』，認為轉讓書上的簽名並非原告署押而無效，另案的判決理由認定的爭點效力及於本案，但在程序上也對我們唱片公司不生效力，因為我們並非該案的當事人，並不適用『爭點效』的規定。」

法官有遲疑，轉過頭去問原告有何意見？原告律師繼續堅持：「不管被告唱片公司受不受另案爭點效所及，這幾份詞曲轉讓證明書都是假的，如果被告主張它具有法律上效力，被告必須負舉證責任。」

我也不甘示弱，向法官提出聲請：「我們請法官傳訊原告親自出庭書寫筆跡，我們要聲請鑑定，確認轉讓書上的簽名究竟是何人的署押。」

法官似乎覺得有點為難，翻閱著卷宗，詢問原告律師的意見，後者立刻表示反對之意，說：「原告是藝人，這幾個月都在中國大陸巡迴演出，沒辦法飛回台北出庭。」

我依舊堅持原告必須親自出庭，因為方律師事前透露，在另案他也作出相同請求，無奈二審法官駁回請求，逕自認定轉讓書上簽名無效，因而敗訴。在這個案件如果歷史重演，必然有負面影響，因此我不能退讓。

法官眼見雙方律師各持己見，於是作了變通的指示：「原告訴訟代理人請於一週內陳報原告近期可以返台出庭的時間。關於被告請求筆跡鑑定的部分，本院會先函調原告在台灣金融機構的開戶對保資料和戶政事務所印鑑申請的簽名文件，以供比對。」法官的決定對於兩造的立場與請求都有了對等的作法，尚稱公允，於是雙方律師都無意見，法官宣布退庭，本件候核辦。

過了一個多月，書記官電話通知我到法院閱卷，說是法院向銀行與戶政機關調閱的資料都回來了。我第二天聲請閱卷後，發現法官非常細心，調閱的文書涵蓋與本件訴訟爭執焦點——詞曲轉讓證明書相近年度的歷史資料，顯示上次開庭我提醒法官簽名筆跡，會隨時間、環境、文件性質而改變，法官留意到此點，因此發函給各單位時，特別註明請該單位提交歷史文件。

不過我看到各單位寄到法院的簽名資料依然傻眼，五份文件原告各式簽名截然不同，我趕緊拿出詞曲轉讓證明書一一比對，可惜無一雷同或近似，顯然文件上的簽名都不是原告親自為之，原告當然可以否認文書的效力。失望之餘，我進一步再核對印章的印文，發現有幾個印文似乎相同，不由得振奮了起來。民法規定印章與簽名具有相同效力，如果文件使用相同印章，仍有機會主張是出於原告本人的意思，同意轉讓詞曲著作權予金聲公司，而被告概括承受金聲公司所有資產，當然也包括本案三十首的詞曲著作權。

然而我方的主張，在下一次的庭期中，立刻遭受原告反駁，強調那些詞曲轉讓證明書上的印章不是原告蓋的，也沒授權他人使用印章。如此一來舉證責任又轉換到我們被告身上，這個難題就無法解決了，因為金聲公司的負責人已經過世，當時處理詞曲轉讓業務的職員根本無法聯繫。我與方律師正悄聲商量時，原告眼見攻下一城後，趁勝追擊，再度向法官請求命被告兩家公司提出帳冊資料以供會計師鑑定，幸好法官對於本案業已進入狀況，明曉侵權賠償金額必須由原告主張並舉證，而且公司帳冊資料涉及其他多家廠商與詞曲作家的授權金等資金流程，可能造成個資外洩或商業機密外流，因此不予准許。

原告轉而聲請法官向國內、外音樂經紀公司及卡拉OK業者函詢各該單位使用本件三十首詞曲的授權狀況及版稅支付情形。這次法官准了，不顧我們被告在法庭上力陳原告的作法是亂槍打鳥、大海撈針、違反民事訴訟法的證據原則……。

法官反問：「你們被告拒絕提出這幾年授權及使用系爭詞曲的資料，那麼原告如何舉證被告利用詞曲授權的版稅？他們只能針對市場使用詞曲情形作調查，如果這一點你們還是要反對，請你們告訴我，法院要如何調查侵害著作權的事實？」庭訊就在一陣靜默中結束，我們知道阻止無效，只好等候下游廠商函覆使用實況予法院後，再作打算了。

這一次法院大規模的調查程序，由於詢問函寄發對象涵蓋市場卡拉OK全台業者與東南亞音樂經紀公司，歷時四個多月，各家業者的回信才陸續寄達法院，等雙方當事人閱卷後，法官訂出庭期已經是半年後的事了。

開庭前，我把閱卷影印的資料掃描檔案寄給唱片公司總經理，同時分析市場業者的授權說明都是針對另一被告音樂經紀公司，函覆的版稅金額合計四十二萬元，均與我的當事人無關，因為唱片公司一收到起訴通知，立即將相關專輯CD下架，市場銷售數量無從統計，換言之，我方的賠償風險幾近於零。而且如果法院認定原告享有詞曲著作權，被告侵權成立的話，我方還有第二道防線——被告音樂經紀公司與我們唱片公司簽署的詞曲授權合約書中最重要的權利擔保條款：「授權人（音樂經紀公司）必須擔保授權標的的詞曲均屬授權人擁有著作權或其有合法的經紀管理權，如發生權利糾紛應由授權人出面理清，概與被授權人（唱片公司）無涉，並由授權人負擔所有法律責任。」有這些法律上的防線與答辯理由，唱片公司總經理聽完我的說明，充分知曉本案發展迄今，應該不具威脅了。

孰料開庭時，方律師提出一份合約書，案情又有戲劇性的轉變，方律師向法官陳明上週被告音樂經紀公司發現十年前原告就與他們簽署詞曲代理合約，雖然合約在四年前到期，但雙方繼續執行，視同續約，而本件三十首詞曲均不在這份詞曲代理合約中，可見原告早就承認這三十首詞曲著作權已轉讓為被告所有。

原告律師立即反擊，斥為無稽之談，同時主張被告音樂經紀公司支付版稅均包含這三十首詞曲。法官看到雙方僵持不下，問道：「被告今日提呈的詞曲代理合約有沒有附件？如果有附件歌單就可以核對是否包括系爭三十首詞曲。」沒想到雙方律師皆答稱合約未附歌單，法官不禁搖頭，不知如何往下調查。

此時方律師順水推舟使出殺手鐧，他說：「審判長，縱使退一步而言，依原告訴代所稱這份詞曲代理合約包含系爭三十首詞曲，而且原告也承認這十年來被告音樂經紀公司都依約支付版稅，他都有收到每一期的版稅，那麼表示被告使用系爭詞曲皆有合約之憑據，自無侵權可言！」以子之矛攻子之盾，一向是法庭攻防最佳利器，對方不但無法否認已提出之證據，反而陷入進退兩難的窘境中，無力辯解。

原告律師聞言臉色大變，法官立即聽懂被告的主張，詢問原告律師的意見，原告律師力持鎮定，答道：「我們主張十年前的版稅，依據侵權行為損害賠償權來請求，而這十年間的版稅不足之處就依被告剛剛提出的合約請求給付版稅。」

我立刻表示反對，提出理由陳述：「審判長，侵權賠償請求權與契約的版稅請求權性質不同，當初原告起訴主張侵權賠償，今天又請求根據詞曲代理合約支付不足額的版稅，原告的主張是訴訟標的請求權之追加，被告不同意。」方律師立即附合。

法官明快地裁示：「既然被告都反對原告訴之追加，那麼本件只能針對十年前的版稅是否構成侵權賠償進行調查。根據前幾個月本院發函調查，這二十五家業者的回函，與十年前的授權有關的部分，才一筆七萬元的版稅，兩造有無爭執？如果均無意見，本件下一庭進行言詞辯論，請兩造大律師兩週內提出綜合辯論意旨狀，退庭。」

我轉過頭向方律師舉出大拇指，表示對他剛才神來一筆嘉許之意，方律師謙稱：「不敢，不敢！」我們接著略微討論書狀的主要方向之後，各自離去。

一個月後智慧財產法院進行言詞辯論，兩週後宣判，果然如所預料，原告對我方唱片公司一千兩百萬元的侵權賠償請求悉數駁回，只判決被告音樂經紀公司需賠償七萬元之侵權金額，理由是詞曲轉讓證明書無法舉證是原告本人親自簽署，而有轉讓音樂著作權之真意，因此原告仍享有三十首詞曲的著作權，被告音樂經紀公司十年前未經原告授權，擅自使用系爭詞曲，故須負擔賠償責任；但實際查獲被告侵權的收益僅七萬元，故原告其餘請求均駁回。

判決書收受送達後，兩造當事人均未上訴，全案確定。

雖然表面上我幫唱片公司打贏了，公司及負責人都毋需賠償，可是關鍵的三十首歌曲的音樂著作權卻拱手讓人，心中仍覺不甘，因為判決理由在於立法者因應世界潮流，揚棄著作權登記註冊制度，自民國七十四年起改採著作權創作主義，創作一經完成，詞曲作家即取得音樂著作權，毋需透過登記制度。於是七十四年國家制度變更之前，所有唱片公司向內政部著作權委員會或經濟部智慧財產局辛苦申請取得的登記資料，皆成為法院實務認定之「行政管理文件，不得作為私權之證明」，而唱片公司或製作公司早年向詞曲作家取得的轉讓證明，在事後的訴訟中由於詞曲作家否認曾經簽署那些文件而成為廢紙，對於唱片公司是否公允？對於業已領取轉讓金或其他對價的詞曲創作者是否過度保護？

倘使立法者順應時代潮流，進行制度變革，卻忽略配套措施，許多權利失衡的現象就會層出不窮，甚至一一進入法院，受害者必然要求透過司法審判給出最終答案。這些糾紛或不公平的結果難道是當年的良法美意要付出的代價？還是只要經過細膩妥善的制度設計就能避免？我一再細讀判決書，問號仍在心底……。

建設公司的鉅型建案，最終不敵一間小小的土地公廟？當廟宇無權占有鄰地，訴請法院拆除時，不拆——違反世間法律；拆了——違背心中信仰。法官面對宗教信仰與人間法律，天人交戰之際，如何取捨？世間法遇上土地公發威，是否仍然必須靠邊站？法律遇上無形的力量，是要依法行事，或是臣服在天道之下？

土地公發威——拆廟還地案

有位代書朋友，十幾年來常常不定期介紹土地房屋糾紛給我處理，他說：「沈律師，可以解決的，在我這邊都想方設法解決了，送到妳那邊的都是高難度的棘手案件，請妳多費心了！」不過多年來，代書介紹的案件通常也都迎刃而解，多數勝訴或和解，只有最近這一件土地糾紛，居然一審敗訴，二審高院法官遲遲不敢判。

起訴前，建設公司的老闆親自到我事務所委託案件，述說案情，趁機一吐十年來的悶氣：「當初我們推這個建案時，非常看好，因為它就在著名的觀光夜市附近，生活機能極佳，又有捷運的規畫，行銷公司一作宣傳，三個月內預售屋賣了將近八成，唯獨一樓邊間的店面老是賣不成。」他邊講邊忙著找十年前的文宣與現場相片。

「為什麼？邊間旁邊是巷子，又靠近停車道，進出方便，怎麼會賣不出去呢？」我已經看完建築圖，提出疑問。看到董事長翻出的發黃相片就明白了，邊間前面斜矗一間小型土地公廟，香火鼎盛，難怪沒人想買。

「沒請他們遷走嗎？建築線看起來土地是你們公司的呀！」直覺地反問。

「律師，妳問到重點了，說起這一段故事真是一言難盡啊！」董事長搖搖頭，一副往事不堪回首的模樣，我調整一下坐姿，準備聽他說故事。當事人來到事務所討論案情，一定得先經歷這一段重啟傷口講故事的過程，讓律師在傾聽當事人的傷心往事時，抽繹淬鍊訴訟上的有利事實，作為攻防的利基；當然如果當事人夠誠實，同時揭露不利的事實，也能讓律師適時評估案件的成敗，提前準備日後法庭上防禦之道。

董事長點上了菸，理一下思緒，才開始回憶大樓與小廟拉鋸的歷史：「當初就是跟寺廟的管委會談條件，原先差不多談好了，他們同意開工前一個月遷離，我們公司答應以極低價格出售一樓的一間店面給他們寺廟管理委員會。沒想到簽約前一週他們選了新主委，獅子大開口，除了那間店面外，他們還要一個停車位，以及五年免繳管理費，我聽了很火大，拒絕他們額外的要求，和解當然就破局了。後來我們在資金套牢壓力下直接開工，建屋期間工地主任及建築師、代銷公司、代書都陸續再跟廟方洽談，他們看到整批建案銷售情況熱烈，以為我們賺了很多錢，又趁機要求我們支付現金補償搬遷費，雙方又陷入僵局。結果靠近那間廟的幾戶黃金店面都賣不出去，買主一到現場看到土地公廟，就不想簽約了，於是一直拖到現在，五年耗過了，房屋交屋結束，整個建案要結案了，看起來和解無望，只好走法律途徑。」

真是無奈！起訴是勢難避免了，我檢查過土地權狀、地籍圖、房屋登記謄本、現場相片、土地公廟管委會證明文件，覺得證據足夠了，再詳細解說訴訟程序，包括起訴、開庭、調解、調查證據及言詞辯論、法官判決的各階段處理方式。

董事長心事重重，最後只問一句話：「這個案子打得贏嗎？」

討論至今，案情大致掌握，我仍然謹慎地回答：「依照民法第七六七條的規定，公司與負責人是土地所有權人，請求無權占有的廟方拆屋還地，是合法有據的。」董事長聽完放心地走了，我趕緊撰擬起訴狀、整理證據，預定三日後送法院。

沒想到地方法院民事庭審理半年後，很單純的拆屋還地的官司，居然一審法院判決原告建設公司敗訴！

收到判決書那一刻簡直難以置信！仔細閱讀內容，發現法官只引用兩個極不合理的理由，就駁回我們拆屋還地的請求，判決書引述「所有權社會化」的思想，認為建設公司購買土地時明知土地上有寺廟仍予買受，顯然是默示容忍寺廟建物的存在，倘使准許拆屋還地，將有違房屋公示及物盡其用的原則；而且原土地所有權人「陳阿輝」從未主張寺廟無權占有，建設公司承買該土地，應繼續容忍土地上存有寺廟之事實，更何況寺廟早於大樓興建，不至於減損嗣後建竣之大樓價值，故駁回原告之訴。

心裡很納悶，這位一審法官在司法界一向評價極高，怎麼這次如此草率，寫出這種判決書？因為民法上「所有權社會化」的內涵並非如判決理由所述，而且所謂「原土地所有權人陳阿輝」，地院法官在審理期間根本未向地政事務所調閱所有權資料深入調查，也未傳訊陳阿輝出庭作證，這樣的判決結果完全無法令人心服。心懷歉意地向建設公司董事長解釋判決重點，他也很震驚，當下決定上訴。

建設公司財大氣粗，常常官司打輸就找新的律師。告知董事長判決結果後，以為他會考慮撤換律師，沒想到這回反而是董事長在電話中安慰我：「律師，沒關係啦！妳已經盡力了。才第一審而已，我們繼續努力！」

有了當事人的信任與鼓舞，上訴高等法院後，準備的法律理由更加充分，努力找了一些當年雙方往來的文件支持我方的論點。好不容易等到開庭那一天，法官掌握兩造爭執點，讓雙方律師充分陳述，見到法官不斷向對方寺廟代表及律師提出質疑，我心中暗喜，不禁慶幸還是高院法官較有經驗，法律見解較為正確，不過欣喜之色沒多久就蒙上陰影。因為退庭前，法官轉向我，語重心長地提醒：

「這個案件我們法院當然會依法審判，可是人世間有些力量是我們看不到的，一間好好的寺廟如果就這樣拆除，是否真的是本案最好的處理方式，要請你們當事人好好地思考；如果不拆，是不是更有福報？」

完了！法官會這麼說，一定有感而發，顯然對於寺廟的拆屋還地案有了心理障礙。退庭後趕緊向同道打聽，才知道這位法官篤信佛法，茹素多年，長期在精舍佛門修行，對於拆除寺廟，心中必然有所掙扎。果不其然，下一次開庭，法官除了法律觀點的闡明外，還不厭其煩地勸說雙方和解，我們只好從善如流地同意將本案移至調解庭，重談和解。

我陪同建設公司總經理與廟方管委會主委深入談判多次，開過兩次調解庭後，雙方條件差距太大，調解不成立，案件又回到法官這邊。沒想到開庭時法官依然勸諭和解，甚至殷切解說因果業報的佛理，退庭後，我想這案子沒希望了。

這幾天一進辦公室就忐忑不安，想到建設公司這件拆屋還地案，心情就開朗不起來。去年一審地方法院判決敗訴，已經覺得很對不起建設公司的董事長，上訴到二審高等法院調查了六個月，碰上篤信佛教虔誠的法官，我方一直主張那間小廟無權占有，必須拆除，法官卻是什麼都不查，只是一直勸諭和解，說這樣「才能功德圓滿，才不會……」，法官語帶保留，反而令人更加疑惑。

「才不會」怎樣？遭天譴嗎？寺廟蓋在人間土地上，也要遵行世間法啊！難道宗教寺廟就可以享受特權，先占先贏？

法官的態度在辯論結案那天益發明顯，雙方律師辯論結束，庭長宣布退庭後，走出高等法院民事第二法庭，就知道凶多吉少了，可是仍抱著一絲希望，看會不會有奇蹟出現。到了宣判這一天，趕緊交代助理上法院網站查判決主文，想知道法官最後的心證！

「沈律師，查不到判決結果欸！」助理坐在電腦桌前，滿臉困惑地回報。

「怎麼可能？法院不是宣判三日就會上傳到司法院網站，今天已經第四天了耶！」我也湊上電腦螢幕仔細瞧瞧，只見案號下方跳出「查無資料」。

怎麼回事？如果要判我們輸，也早點公布嘛，早死早超生，幹嘛這樣折磨！乾脆直接打電話問書記官，她平淡地回答：「法官說還有疑點要查，要再開辯論。」

最討厭這種情形，言詞辯論庭期前不好好調查，等到結案才發現證據沒調查清楚，再開辯論，程序又要重走一遍，浪費司法資源，也讓焦灼的當事人心底又揪成一團。回想曾有一位企業主問我，法院審判是有收裁判費的，遇上這種再開辯論的情形，可否主張法院服務不周，遲延作成判決，退款扣錢？似乎言之成理！可是天底下大概沒有一個當事人膽敢向法院抗議，要求退還裁判費吧，因為生殺大權握在法官手裡，誰敢得罪？何況再開辯論之後，說不定查出對自己有利的證據，因禍得福呢！

果然一個月後收到開庭通知，法官要傳訊一位敵性證人，頗覺不妙，趕緊轉告當事人後，建設公司的總經理立刻表示不滿：「這個證人上次對方就聲請要傳，法官不是同意我們的意見，認為不必要，拒絕他們廟方的聲請了嗎？」

是啊！受命法官也在法庭上宣示駁回對方的聲請了，莫非辯論當天三位法官評議時，合議庭中庭長與受命法官的意見不一致，庭長指示要傳訊證人？還是負責調查的受命法官事後要寫判決書時，發現心證的理由不夠堅強，所以再開辯論，補強判決理由？唉！不管是什麼原因，終歸是要開庭調查，而對方聲請傳喚這個證人明顯對我方不利，依二十年來的執業經驗，法官可能要判我方敗訴，卻擔心判決理由不充分，傳訊後用證人的證詞來支持判決。屆時如我方敗訴，關涉五、六千萬元的公司資產，當事人必然上訴，最高法院也會挑剔高等法院的判決理由，如果判決被發回，二審法官面子也掛不住，因此合議庭才會趁此時再開辯論蒐集更多補強的理由。

「那麼我方等著挨打嗎？」聽完我的一番分析後，建設公司總經理憂心忡忡地問。

「當然不！我們要想辦法借力使力，突破困境，看看可否及時扭轉法官的既定觀念。」坐以待斃從來就不該是律師的選項，看著苦惱不平的總經理，試著鼓舞他的鬥志。

突然腦海中有個場景，是證人席上證人作證破綻百出的窘境，臨機一動，立刻找出卷宗中對方提出的聲請調查證據狀列出待證事項，開始與總經理逐項討論，一一比對相關資料，包括對方列為關鍵證物的廟宇沿革調查表，上面記載的建廟時點、土地借用關係、地主姓名與承辦人員、調查日期。經過兩個小時地毯式的搜索，果然皇天不負苦心人，從對方過去提出的書證，配合建設公司提供的土地所有權變動資料，發現廟宇沿革調查表上幾個重要記載與地政機關紀錄不符之處，我逐一整理，再設定十個疑點準備反問證人，請總經理模擬證人可能的回答，沙盤演練，期待開庭時這位敵性證人的謊言不攻自破。

兩週後，高等法院人聲鼎沸，律師穿梭其間，熱鬧喧譁。第三法庭裡雙方當事人與律師各坐一方，兩軍對峙，氣氛詭譎，證人報到後，法官行禮如儀，先詢問證人基本資料，證人忙不迭地自我介紹在本案寺廟的附近區域擔任議員多年，又曾任職寺廟總幹事十幾年，眉宇之間透露他對本案的自信，企圖建立證人的可信度。法官確認證人身分無誤後，就依訴訟程序交給聲請人——廟方律師詢問。

我不動聲色，先讓證人儘情發揮，人總是在得意忘形中，才會露出破綻。端坐律師席上，突然想到小時候常玩的遊戲，兩個人面對面距離一公尺站立，握同一條繩子的兩端，繩子繞過各自的腰部，在收放繩子過程中，想辦法將對方摺倒，就能獲勝，通常我會盡量放鬆繩子，讓對方誤以為他拉住繩子快要贏了，再出其不意突然扯緊繩子，使得對方在無所防備中往前傾倒，獲得勝局，此法屢試不爽。

現在證人大放厥辭，就儘量放鬆繩子，消除他的戒心，等到他想講的全部講完，處於志得意滿的狀態中，再以反面詢問方式戳破不實的證詞。老子早在二千五百多年前不也已體悟到這個道理，教導世人：「將欲歙之，必固張之；將欲弱之，必固強之」（《道德經第三十六章》），將要收束它，必須暫且擴張它；將要削弱它，必須暫且強化它，今天就來驗證中國古老的智慧在法庭上的威力！

對方律師與證人一問一答，十分順暢，明眼人一望即知事前已經套好招，加上法官偶爾誘導性的訊問，更是推波助瀾，我也只能暫時照單全收，隱忍再三，終於對方律師訊問結束，換我上場了。

含笑地問候證人，他愈發得意，我開始第一個問題：「您剛剛說小的時候這間廟就在那裡了，請問『小的時候』是指什麼時候，大概是您幾歲？」

證人不加思索地回答：「小學六年級的時候，大約十二歲吧！」

心裡快速換算，剛才在筆錄上看到證人今年七十歲，那是五十八年前，也就是民國四十八年，而廟宇沿革調查表卻記載建廟時間是五十三年，不是證人說謊就是調查表錯誤，決定讓證人進退兩難，開始進攻：「請法官提示被上訴人上次提呈的廟宇沿革調查表給證人看，請問證人為什麼調查表上面記著建廟年代是民國五十三年？那麼你十二歲時，才民國四十八年，廟還沒蓋好，請問你『小時候』看到的是什麼？是看到土地公顯靈嗎？」

「不可能，我那時候一放學就到廟前的空地玩，我不可能記錯……」證人連看都不看法官交給庭務員拿過來的卷宗資料，急著澄清。

我迅速反應：「你為什麼沒看文件就這麼有把握，莫非你來開庭前就有人拿給你看了？」

對方律師隨即起身抗議：「請上訴人訴訟代理人不要含沙射影！」

我轉過去凝視對方律師：「你緊張什麼？我又沒說是你拿給證人看，為什麼急著對號入座？」

證人在律師相互爭執中，趕緊改變態度，仔細看桌上的文件，等看完庭務員遞給他的卷宗，臉色大變，立刻轉頭望向後座的寺廟住持示意求援，對方律師很有默契地站起來解釋：「審判長，調查表……。」

我立即阻止：「法官，現在是我的訊問證人時間，請被上訴人的訴訟代理人勿打斷，更不要幫證人回答問題。」這種關鍵時刻必須眼明手快，及時封口，否則對方律師一開口支援，證人就知道答案了。

法官明瞭我的程序請求，命對方律師坐下，請證人直接回答。證人見孤立無援，只好硬著頭皮回答：「我想是調查表記錯了，那間廟在我很小的時候就有了。」

賓果！第一箭正中紅心，打擊到對方提出的證據了，他們律師臉色有點沉了。

接下來第二題：「請問證人當初為什麼民政課要來寺廟作調查？」我依然和顏悅色提問，證人經過剛才的錯愕慌亂，知道我提出的問題不是閒聊，開始防備了。

「當初是因為廟要做戲，怕妨礙交通，去申請報備，民政課才來調查。」證人小心地回答，不知我接下來又會出什麼招。

「不是為了來調查土地狀況或是寺廟普查？」再次確認民政課調查目的，證人立刻搖頭。

「民政課的調查員有去查土地借用人或所有權人是誰嗎？」繼續追問。

「沒有啊！」證人想當然爾地回答。

「那麼調查表上為什麼會寫借用人『陳阿輝』？」我再問調查表的內容。

「是我爸爸那時候當議員告訴調查員的，我們都認識『陳阿輝』呀！他也住在那裡。」證人眼睛一亮，篤定地說。

「『陳阿輝』是地主嗎？為什麼可以出借這塊土地？」我開始鋪陳問題的架構。

證人有點警覺，緩緩地說：「他說那是他的地啊，不然怎麼敢把土地借給寺廟用。」眼睛卻不敢看審判長。

我警告他：「頭上三尺有神明，你在這裡不可以作偽證喔！」法官看了證人一眼，證人低頭看桌子，我接著問下一個問題。

「請審判長將土地異動表提示給證人看。請問民國七十年底民政課來調查時，地政機關記載土地所有權人是『王文清』，不是『陳阿輝』，這是怎麼回事？」我開始用官方資料來比對，目的在檢驗證人的說詞。

證人皺著眉頭看卷宗資料，沉默許久，低聲答道：「我不知道，可是當時我們都認為是陳阿輝的土地。」

「請問您擔任寺廟總幹事八年期間，有去查清楚土地所有權人是誰？或是跟『陳阿輝』簽訂土地借用契約嗎？」我提出合理的疑問。

「……並沒有。」證人有點心虛，囁嚅地答。

「你既然擔任總幹事，怎麼沒去問清楚土地的問題，萬一寺廟用的土地被收回怎麼辦？你這個總幹事怎麼當的？」我繼續逼問。

對方律師又站起來抗議：「法官，上訴人律師在責罵證人，這樣很不恰當！」

沒等審判長阻止，我表示：「如果證人覺得被冒犯，我撤回這個問題。」訓話只是為了凸顯證人的失職，以及可能的撒謊，只要引起法官的注意就產生效果了，撤回亦無妨。

法官見我主動撤回，就沒進一步處理程序問題；倒是證人氣勢愈來愈弱，尤其失職之處被揪出，尷尬之餘，怎敢向法官表達「被冒犯」之語？何況是被一個步步進逼的律師冒犯！

我不讓證人有調整思緒的機會，立刻啟動另一套題組：「你剛剛說建設公司買這塊土地的時候，應該知道有廟蓋在上面，請問你是明確得知，還是推測之辭？」

證人聲音愈來愈小：「我是推測的。」

對方律師眼見證人節節敗退，連忙起身補充詢問：「你剛剛回答說『建設公司買這塊土地時，我推測上訴人建設公司應該知道廟蓋在上面』，請問你是依什麼證據來推測知道的？」

這是什麼問題嘛？是來救援，還是來亂的？我立刻提出異議：「既然是『推測』，當然就是沒有證據，有必要詢問證人嗎？」

孰知法官面無表情地裁示：「請證人回答。」

證人聽懂對方律師的暗示，馬上詳加說明：「那間廟很久就在那邊了，建設公司如果要買土地，就應該會去詢問土地是誰的，還有為什麼廟會蓋在那塊土地上面，我是這樣推測的。」多了解釋的理由，還是證人的推測嘛，怎可能有證據！不過，看得出來法官漸漸失去耐心，我得儘快結束證人的詢問，丟出最後一個關鍵問題，直接針對證人的疑點：「你剛剛說寺廟借土地是那時的議員曾××向陳阿輝借的，顯然是『個人』跟『個人』借，那麼議員個人借土地是要做什麼？」

對方律師起身表達異議：「剛剛證人沒這樣講啊！」

在法庭上要眼觀四方、耳聽八方，剛剛密切注意證人的回答，不會錯的！我請書記官把電腦螢幕拉到最上面，指出螢幕上的問答筆錄給對方律師看，對方律師頹然坐下，法官示意請證人作答。

證人說：「當時就是因為要演戲，廟方要辦法會，所以需要借土地。」

我立刻反駁：「那時廟已蓋好，只是要演戲，為什麼需要另外借土地？到底是不是同一筆土地？廟那麼小怎麼演戲？廟方要辦法會或酬神應該由住持來借，為什麼是議員個人去借呢？」

連珠炮的疑問，嚇到證人了，他開始語無倫次：「因為議員關係比較好，廟要演戲對地方上有幫助啊，確實有借……。」

我嚴肅地警告：「你不要作偽證喔，偽證罪很重噢！會關七年喔！」

法官聽不下去了，大聲喝止證人：「不知道就說不知道，不要再硬拗了！」

證人呆立一旁，我見好即收：「謝謝審判長，代理人沒有其他問題了。」

退庭後，建設公司總經理在法庭外面長廊邊擦汗邊表示：「沈律師，開一次庭好像洗一次三溫暖，剛剛真是有驚無險！對方律師在問證人的時候，我想我們死定了，必輸無疑。證人都在幫對方，等到妳問的時候，情況完全翻轉，連法官都聽得出他硬拗，看來今天再開辯論我們有可能反敗為勝了！」我邊收起律師袍，邊提醒總經理，還有一次辯論要開庭，那才是決勝負之庭期，不要高興得太早了。

三週後合議庭辯論，我一一陳述後，庭長有些不耐煩，急著要結案，指示輪到對方律師說明。對方律師慷慨陳詞，猛打悲情牌，指出建設公司為了土地大漲賺取暴利才來告廟方，建廟祈福只是為了公益目的，讓路過的善男信女來拜拜，求神明保佑，何錯之有？甚至激動喊話：「為何要我們拆除？占地面積又不多，過去十幾年來相安無事，何必起訴苦苦相逼？我們只是間小小的廟，哪有錢付鉅額賠償金，更沒實力與大型建設公司相抗……。」

實在看不下對方律師又訴諸公益，又訴諸悲情，混淆視聽，顧不得庭長的不耐煩，我再爭取補充的機會，正色強調：「寺廟的興建雖然是要撫慰人心，保佑信眾，讓善男信女有精神上的依歸。但寺廟蓋在一般土地上，必須遵守世間法，如果打著宗教的名號，就可以無權占有土地，違背世間法律，顯然自失立場，如何安定人心，實行天道？我們誠摯地呼籲案件進入法院，就應該依法處理，法官要超然於宗教人情之外，依法獨立審判。」

庭長急著結案，根本聽不下去，倒是一旁的受命法官聽了臉色凝重，他負責寫判決書，在宗教信仰與世間法律交相衝擊下，想必會陷入天人交戰，且看一個月後法院的宣判了。

等候判決期間，當然還是繼續為事務所其他案件忙碌，只是每次進出高等法院民庭大樓，就會想到這個案子勝負未卜，令人牽掛！直到有一天在外面開會回到辦公室，身心疲憊，一進門，助理遞給我一張剛從法院網站列印的判決主文：「一、原判決廢棄。二、被上訴人應將○○建物拆除後，返還××平方公尺的土地予上訴人……。」

我眼睛一亮，高呼：「打贏了！」一年多來所有的擔憂掛慮一掃而空，立刻電告建設公司總經理，無人接聽電話，改傳簡訊：「王總，高院拆屋還地案二審宣判，我們贏了，恭禧！」很快地收到回傳的簡訊：「太好了！感謝律師大力幫忙，我在會議中，結束再聯絡。」

一週後，收到高等法院的判決書，仔細讀畢更是感動！法官完全接受我方的上訴理由，援用我寫的書狀中的論點，一一指出地方法院一審的判決錯誤，除了挑明我方建設公司是土地所有權人之外，最關鍵的地方是指明一審誤判廟方有權使用這筆土地，寺廟調查表的填載未經嚴謹查證，其中載明「借用關係」及「借用人」皆無合法文書佐證，核對同一時期的地政機關土地登記謄本所有權人並不是「借用人」，因此判定建設公司全部勝訴。

顯然高院法官查明廟方是無權占有，而且認定建設公司興建大樓變更建築線往後挪移，也不是「默示」同意廟方使用土地。看到這樣的判決書內容，除了感恩、欣慰，真不知如何形容對法官的敬佩。因為要推翻下級法院的判決，確實需要膽識、耐心與擲地有聲的法律見解，這三位合議庭的高院法官做到了，心中為他們喝采！不過，律師收到勝訴判決書，興奮的情緒大概不會超過二十日，因為對方多數在二十天的法定期間都會上訴到最高法院，尤其是這種一審勝訴，二審竟然戲劇性翻轉的案件，對當事人來說都是意外，當然會繼續纏鬥下去、拚個死活。

因此一個月後，收到高等法院轉寄的廟方上訴聲明狀，我們並不驚訝，倒是建設公司總經理提議要進行「假執行」，讓我心情很沉重。在會議桌上，看著高院判決書第四項寫明建設公司如繳納新台幣二百萬元擔保金，可以聲請拆除土地公廟。總經理解釋道：「公司收到判決書，非常振奮！這間小廟已經困擾我們十六年，它橫阻在我們大廈一樓左前方，造成一樓兩間商店無法出售，十幾年來光是利息就損失好幾百萬，更甭提建造資金成本，加上那間小廟香客每天膜拜上香，金紙灰燼亂飛污染環境，住戶經常不滿向管委會反映，我們已經忍耐多年，現在好不容易法官准許我們訴請拆除，公司董事會已撥出二百五十萬元準備繳納擔保金及執行費、其他雜支，請律師儘快幫我們處理，希望拆掉這間小廟後，這兩間商店可以順利出售。」

我沒立刻答應，要拆土地公廟，心底總有罣礙，決定先試探建設公司對於和解的接受度，問道：「我可以理解公司的立場與期待，這個案子廟方又上訴到最高法院。萬一最高法院審理後發回高等法院更審，案件在高院與最高法院之間上上下下，不斷改判，不知道還會拖多少年，能早日拆除違章建物是公司首要迫切的事。可是這個違章不是一般的房子，而是一間土地公廟，善男信女每日膜拜絡繹不絕，不只工務局不敢來拆這種違章建築，法院執行處真要來拆，恐怕也會遭遇不少阻力，你們真的要試嗎？還是先探問寺廟的管理委員會，看可不可以談談和解？請他們自行遷移，這樣可能阻力比較小。」

總經理搖搖頭，捻熄手上的菸蒂，說道：「律師，妳有所不知，他們不會答應的！當年大樓要蓋時，我跟他們管委會的前、後任主委談了將近三、四年，他們非常堅持，而且和解條件多得嚇人，不僅要我們公司支付搬遷費，還要我們贈送大樓後面一塊土地，讓他們把土地公廟移到那邊，另外還要求公司送他們一間一樓的商店附加兩個地下室停車位給他們寺廟管理委員會用，這不是獅子大開口嗎？當然就談判破裂了，後來才會告他們，現在官司打贏了，當然我們可以依法請法院幫我們拆除。」

看來建設公司非常堅持這個決策，毫無轉圜的餘地。因此明知執行拆除建物的任務會比法院審判難度提高百倍，我還是硬著頭皮接下來，雖然心頭隱憂強烈，可是這個節骨眼拒絕接辦拆廟「假執行」的程序，似乎人情事理上都說不過去，於是答應了。接下來撰擬假執行聲請狀、繳納擔保金、向台北地院民事執行處聲請，都不是難事，行禮如儀、循序漸進，可是在每一個程序中，心頭總是隱隱不安，彷彿有什麼不祥的事即將發生。

律師牛涯中，幾乎每個案子進行的過程中，難免產生或多或少、或輕或重不確定的焦慮感襲擊心頭。責任感重的律師特別有這份跌宕起伏的感受，一旦控制不了，可能就以身體或心理的病症呈現，例如：恐慌症、甲狀腺亢進、自律神經失調或高血壓、心臟病……等等，無預警地就出現，重挫律師生涯，同行之間時有所聞。我十幾年前也曾因工作壓力與親人驟逝而罹患重病，大病初癒後，除了在中國傳統經典哲理中尋求力量外，開始習佛禪修，以佛陀「四念處」法門，靜觀本心，看到每個案件接辦過程起心動念中，各種念頭的升起與消滅，在辦公室、法庭中、家裡反覆行禪靜坐練習，漸漸能在忐忑焦慮的交織情緒中，面對案件的各項不確定因素，淡定沉著地依序前行。

只是這一次似乎衝擊極大，花了一段時間整理靜觀心緒，我想應該是「拆掉土地公廟」

的作法，與從小家庭接受的信仰發生衝突。那間小廟已經不是單純的違章建築，而是有神像代表民間信仰的廟宇，其間透露人世間不可知的力量讓我莫名所以，究竟是恐懼觸怒「神威」？或擔心違背「敬天、畏天」的傳統思想？苦思數日，在自己無法理出確切思緒與答案的情況下，我決定回到法律人的本分上，依法行事、靜觀其變。

台北地院民事執行處很快地核准建設公司「假執行」的聲請，以公文通知寺廟管理委員會在文到十五日內自行拆除，如逾期未拆，將於一月七日前往現場測量，定期拆除。收到通知後，我聯絡建設公司總經理的特助，請他兩週後到現場觀察進度，了解廟方的動作，才能向法院回報。

我明知廟方不可能輕易屈服自行拆除，因為聽說這間小廟靈驗，香火鼎盛，香油錢收入豐厚，管委會當然捨不得放棄財源。只是不曉得土地公有無指示下一步的命運？公司特助到現場打探後回報說：「沒拆啊！土地公還端坐在裡面，有看到廟公跪在神像前喃喃自語，似乎要擲筊，旁邊圍一些人，好像是土地公廟管委會的人，擋住了，我看不到廟公擲筊結果，到底是聖筊還是笑筊，只是他們看到的人好像都愁容滿面。」

希望土地公會安排好自己的出路，不然一樁拆廟還地的強制執行案，搞得天怒人怨，我們身為律師也無法安心！

然而法院的程序是不等候土地公神明指示的，很快地現場測量的日子到了，建設公司很低調，只指派特助陪我去現場，總經理在我出發前傳來簡訊表達關心之情：「律師，請一切小心，不會有事的。」

我提早到了現場，寺廟委員會各委員到齊，一字排開，還請善男信女到場支援，特別是老弱婦孺，有坐輪椅的、有抱小孩的，信徒們圍在土地公神像前，我沒走過去，只是站在小廟對面等候法院書記官到來。

廟公看到我，大聲叫道：「律師小姐，為什麼一定要搞到拆我們的廟呢？這樣對土地公很不敬，你們不怕有報應嗎？」看來廟方除了祭出人海戰術，還打悲情牌、恐嚇牌，我沒回應，只是靜默佇立。

特助趕緊走到我旁邊，悄聲說：「如果他們衝過來，律師妳就先到巷口，我會馬上報警。」

我笑一笑，說：「不會啦！他們不會這麼衝動的，我相信土地公也不會叫他們這麼做。」我望著對面的土地公神像，忽然腦海中湧現小時候跟隨父母親在年節祭拜土地公的景象，覺得對神明很有信心，祂不會傷害好人的。

法院人員只遲到十分鐘，我卻覺得好似時光停滯，彷彿等候了一世紀之久。書記官拿出卷宗確認我的身分，一面請我在法院履勘筆錄的報到單簽名，一面要我指出建物占用土地的範圍，接著指示地政機關人員測量現場面積，確定拆除範圍，這時廟方主委跑過來說：「法官，可不可以不要拆？不然土地公要怎麼辦？沒地方安置啊！我們這些信徒以後就沒有土地公可以拜了……。」

書記官抬頭說：「我不是法官啦！法官派我來看現場，上次有通知你們，啊你們又不拆，只好由法院來執行了，今天是一月七號，預定一月底前拆，會再發通知給你們，這樣過年前就可以結案了。」書記官動作純熟，看來經驗豐富，完全不受建物性質的影響，我在他旁邊，心情隨之安定多了。不到半個小時測量結束，送走書記官及法院人員，我與特助疾步走出巷道，迅速離開現場，免得廟方人多勢眾，場面失控。

一週後收到法院定期拆除的通知，上面記載：一月二十九日上午十時執行。我望著法院公文，想像拆除的景象——怪手、警察、信徒、廟公、神像和磚塊粉塵……，又開始不安，真的要走到這一步嗎？心裡依然祈禱這些景象不要發生！

到了拆除前夕，心情沉重的我正在辦公室準備第二天要到現場的文件資料，書記官突然來電通知明日取消拆除程序，原因是寺廟管委會來法院繳交免執行的反擔保金，法官作成停止執行的命令。心頭一塊巨石砰然落地，警報解除，是土地公有保佑吧！總算能暫時維持現狀，等到法院三審定讞再決定小廟的命運。

半年後，建設公司收到通知，最高法院決定廢棄高等法院的判決，全案發回更審，唯一的理由是高等法院對於寺廟管理委員會在法律上有無「事實上處分權」，可否拆除廟宇還沒調查清楚，必須發回高等法院，由二審法院查明建設公司提告對象是否合法。

讀完最高法院的裁定書，我開始憂心忡忡，思忖著萬一發回高等法院後，法官認為建設公司提告對象錯誤，駁回我方的訴求，這三年多來的訴訟不就白忙一場，必須從頭告起，那真是悲慘的噩夢。可是當初在地方法院起訴時，我已研究清楚，土地公廟是信徒捐贈，經過會員大會決議成立管理委員會，以管理委員會為被告，當然符合民事訴訟的規定，程序上管委會可以到法院應訴，也可以承擔拆除廟宇的責任，告他們是合法的呀！不然要告誰？告信徒嗎？信徒來來去去，當年捐贈廟宇的創會信徒皆已作古，無從提告；難不成直接告土地公廟，那麼誰來代表寺廟出庭應訊？土地公本尊嗎？別鬧了！

案件發回高院，法官開庭時，針對最高法院發回的意旨，要求建設公司提出強有力的說明，我提出一些學者的論點及法院實務見解，強調我方的立場，表示訴訟主體對象完全合法，受命法官依然不滿意，開了三次庭還是明示建設公司上訴人這一方理由不夠充分，要求再補正資料，甚至退庭前法官略施壓力，指示建設公司應該展示誠意，出面與廟方商談和解。建設公司總經理在我強烈建議下，不情不願地前往廟方指定的辦公室洽商和解條件，會議桌上廟方還央請議員及民意代表到場協調，建設公司提出法官開庭時提議的和解方案：建商一樓商店出售予廟方，寺廟毋庸拆除，全案撤回。

結果和解會議激烈討論三個小時後，由於一樓店面售價金額差距過大，和解談判破裂，案件回到法院審理，法官獲悉和解沒達成共識，臉色難看，對我方再下最後通牒，諭知必須提出法律上的依據，說明訴訟主體的合法性。我只好再努力尋找法律見解，好不容易才提出數項學說意見及相關的判決，戰戰兢兢地在辯論庭上，據理力爭，可是看看合議庭三位法官時聆聽時陰晴不定的表情，真的全無把握。尤其結束前三分鐘，庭長神色幽然地又問起寺廟管委會的性質，顯示法官還是心存疑慮，尚未被說服，幸好我的回答，似乎獲得庭長的認同，嚴肅神情閃過一絲釋然的光采，稍微減少我多日來的憂慮。

言詞辯論程序結束退庭後，旁聽的總經理迫不及待地問我勝算如何？我保守地說：「看起來庭長似乎有被我方說服，可是受命法官好像仍然認為我們舉證不足。我希望下午他們合議庭開會討論時，庭長可以支持我方提出的法律觀點，讓受命法官及陪席法官也認同，作成有利的判決結果。」

法律案件在法院辯論終結後，律師根本無法預測判決結果，承審法官在法庭上諱莫如深，不會輕易透露心證的，我只能安慰當事人，給個模稜兩可的答案，至少讓他們在宣判前好過一些。

三週後，我緊張地親自上網查詢宣判結果，當拆屋還地案的案號輸入後，心跳加速，很擔心電腦跳出來的字是：「上訴駁回」，那就慘了！等待的幾秒中大腦一片空白，突然螢幕上出現一長串判決主文：

1.原判決關於駁回上訴人○○建設股份有限公司之訴部分，及各該部分假執行聲請之裁判均廢棄。

2.被上訴人應將坐落台北市○○區○○段二小段七三五地號土地上如附圖所示面積十五平方公尺部分之建物拆除，將土地返還予上訴人○○建設股份有限公司及其他共有人。

3.第一、二審訴訟費用及發回前第三審訴訟費用，由被上訴人負擔。

4.本判決第二項所命拆除部分，於上訴人〇〇以新台幣貳佰萬元為被上訴人供擔保後得為假執行，但被上訴人以新台幣陸佰萬元為上訴人〇〇供擔保後，得免為假執行。

法官判我方勝訴，判命廟方拆屋還地了。提心吊膽將近一年，終於可以安心地向當事人交代了！回想高等法院更審期間，在法官強力勸諭下，廟方始終不願意拉近和解金額差距，也許是仗恃著法官不斷強調「事實上處分權」，認定我方無法突破，如今高院合議庭接受我們法律上的理由，判決勝訴，是否雙方還會有和解的契機，或是廟方繼續上訴，雙方猶然纏訟？接到高院判決書的那一天，欣慰之情轉眼間又被心中的隱憂掩過，很想問問那間小廟的土地公，天道流轉、人事變遷，這個案子將會如何發展或結束呢？

不到兩週的時間，謎題揭曉了，對方又上訴了，只不過這次他們換了個律師，可能寺廟委員會認為這個案子打了四個回合，一路從地方法院、高等法院、最高法院，又發回高院更審，原來的律師黔驢技窮，無法突破敗訴的困局，更換律師上訴最高法院，期待案情會有轉機。

我收到對方的三審上訴理由狀之後，倒是放心了不少，因為書狀中提出的理由非常薄弱，毫無新意，我只花一天的時間就列出五項反駁的理由，擬妥答辯狀遞送最高法院。當事人來電關心第三審的狀況，我說如果沒有意外發生，這次最高法院應該會全案駁回。

果然半年後，我們就收到最高法院駁回對方的上訴，打了五年的官司終於三審定讞，當事人喜不自勝，我卻了無欣悅之情，隱約中似乎感受到接下來強制執行拆廟的壓力。

一個月後收到法院核發的判決確定證明書，建設公司總經理立刻請我重新啟動強制執行程序，我再度試探地問：「不談談和解嗎？如果聲請強制執行，程序繁雜，時間必然拖延，現在全案確定，寺廟管委會一定預料到我們會儘快拆廟，他們和解的意願應該會提高很多吧！」

總經理透露公司立場：「律師，昨天董事會開會交代我直接拆除，因為現在不動產買賣採實價登錄制，那邊地段靠近信義計畫區，房屋加上土地市價接近八千萬，上次高院法官勸過和解，我們不是有去他們管委會辦公室談嗎，議員也有出面，主委一直堅持他們願意支付的最高價就是三千萬元，雙方差距這麼大，怎麼可能和解？一樓的店面耶，加上地下一樓的兩個停車位，總共六十坪，我們公司已經退讓到五千八百萬元了，還是差了二千八百萬。律師妳想他們有可能提高這麼多嗎？我認為雙方很難談成，何況他們管委會在隔壁巷子已經有一間辦公室了，要再叫他們買這間店面，雖然就在廟的後面，恐怕對他們而言，誘因不大。沒關係啦！律師請妳向法院直接聲請執行，如果對方要談和解隨時可以談啊！」

過了一個禮拜，我把強制執行聲請狀送到台北地院，執行處很快就分案，書記官循例通知寺廟管委會定期拆除廟宇，並且要求聲請人建設公司屆期須陳報拆除情形。收到法院通知翌日，管委會請託議員去電建設公司表明欲洽談和解，董事長透過總經理請我安排雙方協調和解事宜，我聽了鬆一口氣，連忙聯繫上次代表廟方的施議員約定雙方會面時間及地點，事不宜遲，趕在執行處通知債務人自行拆除日之前，如果能達成共識，和解成立，就毋需大動干戈拆除那間小廟了。

可惜事與願違，談判當日管委會的主委並未現身，只有一位議員單刀赴會，我們這邊倒是當事人總經理、代書、律師全員到齊。會議持續兩個半小時後，建設公司的和解金額已從上次五千八百萬元降到五千二百萬元。那位代表廟方的議員卻是從頭到尾都不觸及金額，只是用一些類似政治語言的悲情訴求，懇求建設公司體恤管委會財力不足，辦公室又遭查封，和解金額希望能再大幅調降，甚至到最後他表示今日出面，只是個人名義，不能代表管委會，也無決策權……。

聽到這裡，實在難忍怒氣，我回應道：「施議員，這個案子雙方能不能和解，也要看天時、地利、人和，如果因緣不俱足，談不成和解，也不要勉強，畢竟我們都努力過了！可是您今天來講了半天，一直要求建設公司降價，卻都沒相應地調高一點點價格，您真是把政治人物的談判能力發揮到極致，到會議要終了，您才冒出一句話說您沒有代表性，那麼為什麼要出面談呢？這整個下午不都是白談了？如果管委會沒授權您來談和解，就早說嘛！何必浪費大家的時間?!」對於這種沒有擔當、耍嘴皮的政客，我絲毫不假辭色，免得他以為用這套台灣政客的嘴臉，可以暢行無阻，認定大家都會買他的帳。

「哎呀！大律師，您誤會了，我不是來浪費大家的時間的，我知道總經理日理萬機，非常忙碌，大律師也是時間寶貴，我只是不忍心看到地方上一間歷史悠久、香火鼎盛的廟宇就這麼被拆除，自願出面談一談，看事情能不能圓滿，也算是功德一件，服務地方嘛！」施議員堆起笑臉，忙不迭地解釋。

「對不起！要談和解就要有授權依據，這不是選民服務，跳出來喬一喬，成了算你的功勞；不成就當作喝茶聊天！這個官司打了五年，建設公司花下很多時間、勞費心力，沒時間陪議員作選民服務。今天既然議員無法代表管委會作任何金額的決定，那麼就到此為止，我們會繼續進行強制執行的動作的。」我示意要散會走人了，深知總經理平素以和為貴的作風，不方便當場發作怒氣，我只好扮演黑臉，強勢終結不可能有結果的談判，施議員訕訕地看著我們離開，不敢再發一語。

法院公函預定的自行拆除期限屆至後，當事人電話告知現場寺廟並未拆除，我即向民事執行處陳報現況，法官很快就定出履勘現場及測量界址的日期。建設公司本來要指派工務主任陪我前往，不巧那個禮拜公司舉辦自強活動，員工全體南下旅遊，我只好隻身前往現場。

烈日下只見到寺廟管委會的主委滿臉愁容地佇立小廟前，一旁站著神色不悅的財務委員。環顧四周，法院及地政事務所的人員都未到場，於是我刻意駐足遠觀，免得又與對方發生言語衝突，沒想到主委眼尖，一眼望過來，疾步趨前打聲招呼後，不解地詢問我上週再次透過施議員託請建設公司老董商議和解的事為何無下文？

「我有接到這個訊息，董事長有囑咐我安排和解時間，不過我想今天就要測量了，時間很趕，乾脆今天先來測量，讓執行程序繼續走，等一下測量完，我們再約見面談和解的事。」我表面平和地說明，實則心底懷疑他們和解的誠意，萬一又像上次一般樣，議員單刀赴會，毫無決策權限，豈不浪費時間？而且執行程序如果未到現場付諸行動，恐怕這些寺廟管委會的委員都抱著隔岸觀火的心情，緩談慢拖，建設公司與我哪有時間與耐心陪這些老廟公永無止盡地商談下去？

主委聽到我不帶溫度的話語，一時無言。適巧法院公務車駛達，司法事務官與書記官下車後，開始攤開判決書附的複丈成果圖，詢問雙方關於拆除標的物的細節，同時指揮地政機關測量人員勘測界址。地政人員架設測量設備、拉線找界址，不一會兒附近派出所機動巡邏網兩名警員也趕到場。因為法院擔心現場發生肢體衝突或信徒抗爭，特別發函請求警察分局支援警力，小廟前登時眾人聚集，緊張氣氛隨之升高。

「律師，建設公司有沒有人來？有帶噴漆與鋼釘嗎？現在地政人員的界址一確定，你們債權人要負責用油漆及鋼釘註明界址，下次來拆除才有個依據。」司法事務官一邊指示書記官製作筆錄，一邊轉頭問我。

「啊！我以為拍照就可以，建設公司這幾天人都不在台北，今天只有我來，沒帶這些用具耶。」我愣住了，書記官也傻眼，趕緊翻開卷宗裡的法院測量通知書，上面載明聲請人測量當天應攜帶的器具。平常都是當事人會準備法院執行的工具，今天完全沒想到律師來現場還得帶油漆、鋼釘……望見司法事務官沉下的臉，我當機立斷答道：「我立刻到附近買。」

我先詢問附近有無油漆店？主委與議員都推說不知道何處有這些工具，他們一定巴望我買不到，測量程序就無法完成了。我決定自力救濟，快步走進便利商店尋找紅色油漆桶，店員搖頭表示沒賣，看我著急的臉色，提議我到下一條路的賣場試試，頂著攝氏三十八度的夏日高溫，穿著窄裙，我小跑步衝過了三條街，終於找到一桶紅色油漆及一把鐵鎚、一包鋼釘。等我衝回現場，等候多時的測量人員已經露出不耐煩的神色。我立刻打開油漆罐，蹲在地上，朝地政人員指出的界址上畫圈標記，畫完五個界址點之後，已是滿頭大汗，顧不得頭髮零亂、汗滴直流，我又一一拍照，依規定將現場實況拍攝存證，向法院陳報。

接著司法事務官預定執行處的時程，指示我們要先提出建物補強報告，因為判決認定拆除的面積只占小廟的三分之二，未拆除的梁柱或香爐剩下一半，惟恐倒塌毀損，必須先作補強工程，補強完畢後再進行拆除。我點頭應允，事務官又問道：「拆除當天神像如何處理？廟方是否先行取回？」我正等著寺廟主委肯定的答覆，沒想到主委不知是賭氣或刻意刁難，居然拒絕取回。

司法事務官指示：「律師，那就要由你們債權人這邊處理了。」

吓？是他們供奉的神明耶！我們怎麼處理？難不成請回建設公司安置？誰來照料祭拜？心頭瞬間冒出無數問號，還來不及整理思緒之際，司法事務官又下了一道難題：「我剛剛進到香壇仔細看，總共有三尊神像，其中一尊是『陰』的，你們在拆除前，可能要先請道士來作法事喔。」

啊！「陰」的？還要請道士來現場？我真的很懷疑自己今天站在這裡，究竟是不是以律師身分執行法律業務，除了蹲趴在地上漆油漆，還要化身廟公兼辦祭壇法事？司法事務官約莫看出我臉上出現六條線，好意地提供資訊：「我聽說新店那邊有個道場專門安置流浪神像，妳可以建議債權人先去了解看看，如果拆除當天，廟方不處理神像的安置問題，你們建設公司可以考慮把這三尊神像送到那裡。」

我感激地點點頭，以為今天的執行程序要結束了，正想目送法院人員上車，孰料司法事務官又回頭不放心地望了界址旁我剛剛畫的不規則圓圈，問道：「這一陣子台北都下大雷雨，下個月又有颱風，到拆除的時候，如果油漆被沖掉了，找不到界址，就無法拆了！律師，妳還是把鋼釘釘一釘吧！」

對噢！剛買的鋼釘、鐵鎚還沒派上用場哩，我趕忙從公事包掏出來，正要打開鋼釘的塑膠袋時，廟方的人阻止說：「律師妳鋼釘買錯了，這種旋轉型的只能用電鑽，不能用鐵鎚，鐵鎚釘不下去，萬一釘不好，地板裂開，或是鋼釘頭露出一截絆倒來上香的善男信女，誰要負責？」

另一位廟公又加碼恐嚇：「我們廟的對面數十年前是夜總會，很陰，妳如果釘下去，可能很不好……」我苦著臉，不曉得如何回應，司法事務官坐在車上，隔著車窗交代：「律師，妳這幾天還是找建設公司的當事人來釘鋼釘，務必要完全釘下去，跟地板齊，不要凸出來，這樣下次拆除時才確定有鋼釘的頭可以找到界址，拉出拆除界線。」我硬著頭皮答應了。

法院公務車離開後，警員及地政人員相繼離去，寺廟主委與我約定商議和解的時間後，我提著那桶油漆正準備要走時，廟公又開口了：「律師，妳要不要來上個香拜一下，讓我們過兩天談和解順利一些？」

「不方便吧！今天這種情況，等真的談好和解，再來拜吧。」我怎有心情拜神明呢？上香要說些什麼呢？難不成要告訴神明：「我們準備把祢的家給拆了！」唉！這些人在想什麼？怎麼都不想想別人的心情呢？揮揮手提起油漆罐，我腳步沉重地走了。

到了週五約定的和解日期，建設公司董事長與寺廟主委偕同議員準時來到我的事務所，當我進入會議室時，想到雙方上次和解金額的差距：建方五千二百萬元／廟方三千萬元，心裡很悲觀，直覺今日和解無望！不料廟方主委絮絮叨叨述說他這幾天血壓都衝到一百八十，擔心突然中風，後繼無人，寺廟慘遭拆除，於是直接開出買價四千三百萬元，足足比上次加了一千三百萬元。

我們聽了都嚇一跳，議員示意建設公司也要表現誠意，董事長與代書趕緊關室密商，而且立刻電詢公司股東，同意降到四千八百萬元，如此一來依然有五百萬元的差額，談判持續兩個小時，似乎差額無法打破。建方董事長堅持小廟後面的這間店面十幾年來賣不出去，利息資金累積下來已經虧損幾百萬元，廟方如果要買下來作為管委會辦公室，建設公司只是設定停損點，毫無利潤可言。廟方主委則不斷慨嘆管委會有極大的財務缺口，無法再提高買賣價金，代書見狀則建議雙方可以詢問銀行貸款之可行性，如果貸款利息是廟方可以承擔支付的，也許可以填補廟方的資金缺口。

我也順勢勸說雙方回去再考慮價額調整的空間，主委答應再召集廟方委員們開會商量，董事長則表示要再聽聽股東的意見，雙方約定隔週再作最後一次協商。我私下提醒代書可以先製作買賣契約書，因為看來雙方和解可以談成。果然到了下週五，最後一次和解會議上雙方同意各自讓步二百五十萬元，最終以四千五百五十萬元成交，其中二千五百五十萬元由銀行貸款支付，建方允諾撤回強制執行程序，不再拆除廟宇；廟方答應買下一樓店面，所有訴訟及執行程序之裁判費、執行費及律師費各自負擔。

終於圓滿達成和解，一樁訴訟了四年多、強制執行半年的拆屋還地官司，畫上了句點。長達五年期間持續「拆與不拆」持續壓在我心頭的巨石，今日完全卸下！

在這過程中，深深體會到訴訟有時不是擔心輸贏勝負，而是在世間法與無形力量之間的角力與衡平。在這個案件裡，小廟無權占有他人土地，如果拆廟還地，符合世間法的規範，可是卻違逆了無形的神祇；如若不拆，建設公司的權益永遠被侵凌竊占，雖然顧全神祇的供奉，但卻違背世間法。雙方的對立衝突纏縛將近二十年，最終能夠在各自讓步中，保全了小廟，同時價購彌補土地所有權人的損失，這是各方盡人事之後，天意的妥善安排吧！而我只是努力讓世間規範在法庭中發聲，不斷堅持法律的公平正義，終究獲得無形力量的尊重與解決，更加堅信天地人鬼神終是能和諧相處的。

INK PUBLISHING MAGIC 24

法庭天平的兩端一樣重嗎？——法庭實戰攻略

作　　者　蘭天律師
總 編 輯　初安民
責任編輯　宋敏菁
美術編輯　黃昶憲
校　　對　潘貞仁　蘭天律師　宋敏菁

發 行 人　張書銘
出　　版　INK 印刻文學生活雜誌出版股份有限公司
新北市中和區建一路 249 號 8 樓
電話：02-22281626
傳真：02-22281598
e-mail：ink.book@msa.hinet.net
網　　址　舒讀網 http：//www.sudu.cc

法律顧問　巨鼎博達法律事務所
施竣中律師
總 經 銷　成陽出版股份有限公司
電　　話　03-3589000（代表號）
傳　　真　03-3556521
郵政劃撥　19785090　印刻文學生活雜誌出版股份有限公司
印　　刷　海王印刷事業股份有限公司

港澳總經銷　泛華發行代理有限公司
地　　址　香港新界將軍澳工業邨駿昌街 7 號 2 樓
電　　話　852-27982220
傳　　真　852-31813973
網　　址　www.gccd.com.hk

出版日期　2019 年 6 月　初版
ISBN　978-986-387-296-2
定　價　450 元

國家圖書館出版品預行編目資料

法庭天平的兩端一樣重？
——法庭實戰攻略／蘭天律師著
--初版, --新北市中和區：INK印刻文學,
2019.06 面；14.8 ×21公分. --（Magic；24）
ISBN　978-986-387-296-2　（平裝）
1.訴訟程序 2.個案研究
586.4　108007605

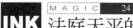